世紀の啓示書『オアスペ』の謎を解く！

——創造主ジュホヴィの教えと人類７万８０００年史の真相

著者　秋山眞人・布施泰和

まえがき――布施泰和

二〇一九年四月二一日、各国のメディアのヘッドラインにおぞましい事件が飛び込んだ。スリランカの教会やホテルなど計八カ所で連続爆破事件が発生、日本人を含む二五〇人以上が死亡したからだ。またもやテロの発生である。捜査当局の調べでは、イスラム過激派がキリスト教徒の多く集まる教会などを爆破したのだという。

このテロ攻撃自体、恐ろしい事件であることは間違いないが、それ以上に仏教徒の多いスリランカで起きた「イスラム過激派によるキリスト教徒を狙ったテロ」であったことが衝撃的であった。対立の構図がこれまでとはまったく異なったからだ。

スリランカでは長らく、人口の多数を占める、主に仏教徒のシンハラ人と、ヒンドゥー教徒が多い少数派のタミル人の間で激しい内戦（一九八三～二〇〇八年）が繰り広げられてきた。内戦は終結したとは言え、そのしこりは残っている。そこへキリスト教徒を狙ったイスラム過激派のテロが発生したとなると、世界にある四つの宗教の対立という図式が、インド洋に浮かぶ小さな島国を舞台にして、極めて象徴的な形で繰り広げられていることになる。

そのことがなぜ大きなインパクトを持つかというと、本書で取り上げる一九世紀の奇書『オアスペ』

（実際は「オアスピ」が正しいとみられるが、日本では「オアスペ」として知られているので、そのように表記した）に、この四つの宗教の対立とその未来の話が予言的に記されているからだ。『オアスペ』では、堕落した人間が崇拝する宗教として「バラモン教（ヒンドゥー教の前身）」「仏教」「キリスト教」「イスラム教」が出てくる。それらを四頭の獣にたとえ、「四頭の獣がなくなったとき、地上から戦争が消える」とまで言い切っているのである。

まるで世界中の宗教関係者を敵に回すかのような文言である。その意味で『オアスペ』は、明らかに禁断の書と呼べるものだ。だが、既存の宗教をそこまで批判する背景には何があるのか。その予言の真意は何か。そして、その予言は果たして成就するのだろうか。

『オアスペ』は、知る人ぞ知る精神世界のバイブルのような謎の啓示書である。

一九世紀のアメリカの歯科医ジョン・ニューブローが天使からの啓示をタイプライターで「自動書記」したのだという。そこには、天使が明らかにする地球創生期の真相や、人類誕生と人類史の秘密、地球を統治した神々の記録などが詳細かつ鮮明に語られていた。一八八二年に出版され、それ以後のスピリチュアリズム運動にも多大な影響を及ぼした。

その中で日本人にとって面映ゆいのは、日本こそがかつて太平洋に存在した、地上でもっとも神の栄光に包まれ繁栄した謎の大陸「パン」の残骸であり、そこに住む人々はもっとも古く、もっとも神に近い人間であったと書かれていることだ。不思議なことに、その奇想天外な物語は、日本で『オアスペ』と相前後するように世に現れた謎の古文書「竹内文書」とも似通っている部分が多い。

竹内文書のことを知らない人のために簡単に紹介すると、竹内文書とは、五世紀末に成立したとされる、宇宙創成から神武天皇以降の歴史時代までを、主に天皇（すめらみこと）の統治年代別に記した壮大な「歴史書」だ。宇宙から来た神々は最初に日本に降り立ち、日本がかつて世界の中心であったなどと荒唐無稽な議論を展開していることから、学界からは偽書扱いされている。この文書を公開した天津《あまつ》教教祖の竹内巨麿（一八七四?～一九六五年）は、一八九二年に養祖父から竹内文献・神宝類（あわせて竹内文書）を譲り受けたと主張している。つまりどちらも、ほとんど同時期に現れた魔訶不思議な宇宙創成史なのだ。

いったいどうして、同時代に同じような奇書が世に出たのであろうか。その謎を解くカギが実は、『オアスペ』にある。

幸いなことに、最近『オアスペ』の現代英語による復刻版が出版され、誰もが簡単に入手できるようになった。ただし、その分量は膨大で、すべてを紹介するのは不可能だ。そこで本書では、『オアスペ』全体の主張を総括的に表わしている第一章「タエの祈り」から第四章「ジェホヴィの書」までを要旨として詳述、その他の章は要約や骨子として巻末に記し、後は適宜、重要な部分を抄訳・説明する形で紹介して、議論を進めていくことにした。

その際、共著者の秋山眞人氏とともに、同様に啓示的色彩の強い『旧約聖書』や神様の歴史を記したとされる『古事記』『日本書紀』、前出の「竹内文書」、それにギリシャ神話やスメル神話など世界に残る神話と対比させながら、「米国版古事記」とも「米国版竹内文書」ともされる、歴史的な奇書を解読してゆくことにした。そのほうが、『オアスペ』の背景にある、より大きな流れをつかめると思ったからだ。

秋山氏も私も『オアスペ』が完璧な啓示書であるとは思ってはいない。啓示には個人の主観や心の傾向、深層心理が反映される場合が多々あるからだ。かといって、これだけスピリチュアリズム運動に多大な影響を与えた奇書を紹介しないことは、日本の読者にとっても大きな損失であると考えた。

実際に『オアスペ』を読むと、その物語の奇抜さや発想性、構成力にただただ驚かされる。まるで「よくできたおとぎ話」のように、壮大な地球史や人類史、宗教史が見事にそれなりの統合性や整合性を持って語られているのである。同時にそこには、我々人類が進むべき道の方向性がそれとなく示唆されている。しかも、未来における日本と日本人の役割についても明示されている。

我々はどちらに進めばいいのか。地球の未来はどうなるべきなのか。そのヒントをこの本で読者に提示できればと思っている。

世紀の啓示書『オアスペ』の謎を解く！

——創造主ジュホヴィの教えと人類7万8000年史の真相

目次

■巻末資料

『オアスペ』関連年表

『オアスペ』イラスト集

『オアスペ』用語解説

※『オアスペ』に出てくる固有名詞の日本語表記について

・基本的に現代英語版『オアスペ』に準じて翻訳・編集した。

・英語の名前は極力、現代英語でどのように発音するかを基に日本語にした。「モージズ」のように明らかに「モーゼ」であるとわかる英語名については、日本語で知られた名前を採用するか、あるいは丸カッコ内に表記した。ただし、実際にどう発音するかは定かではない。

・「まえがき」で断ったように、「オアスペ」は「オアスピ」が正しい発音のように思われるが、日本では「オアスペ」として知られているので、そちらの表記に従った。

これが禁断の書『オアスペ』だ！

出版年

一八八二年。

著者

ジョン・ニューブロー

（一八二八年六月五日～一八九一年四月二二日）。

○ジョンの父はスコットランド系、母はスイス系アメリカ人。四男で、下に弟二人、妹が一人いた。オハイオ州生まれ。幼少時より透視能力があり、精霊からメッセージを受け取るようになると、厳格な父親にムチ打たれたという。

○一八四九年クリーヴランド医科大学を卒業。しばらく見習いをした後、カリフォルニアに行き、金を採掘。一八五一年には金で二万五〇〇〇ドルを得て大金持ちとなり、世界旅行に出る。

ジョン・ニューブロー
『オアスペ』を自動書記したジョン・ニューブロー

一八五五年にアメリカに戻り、最初は医者、すぐに歯医者として働くようになる。
○フィラデルフィアやニューヨーク州で歯科医として働く一方、小説や詩も書いた。一八五五年にカリフォルニア・ゴールドラッシュの小説を出版。その後も小説を何冊か書き続けた。
○金鉱仲間の妹レイチェルと一八六〇年に結婚。二男一女をもうける。長男は土木技師に、次男は二歳で死去。長女は芸術家になった。
○三三階級のフリーメーソンであったとされる。菜食主義者で、熱心な宗教研究家。発明家でもあり、数々の特許（歯形を取る装置や入れ歯関連）を持つ。

出版までのいきさつと、その後の人生

○ジョン・ニューブローは一八六〇～七〇年ごろ、自動書記をするミディアム（霊媒）の存在を知って、一〇～一五年間にわたって二〇〇人以上のミディアムを研究、自分もある程度できるようになった。しかし、亡くなった人間ではなく、天使からの啓示を受けるためには、肉体と精神を純化すべきだと判断。肉食を止め、ミルクとバターも摂らず、早起きして一日に二度入浴して身を清めることにした。
○六年間これを続けたところ、一一三・五キロあった体重は八一・七キロまでに減り、リューマチは完治し、頭痛もなくなり、軽快かつ活発になった。すると自動書記の方法も変わった。彼の手

を天使が持って書かせるのではなく、天使が彼の頭の上に手をかざすと、彼の手を包み込むように光が当たり自動書記が始まったのである。天使の声も聞こえるようになった。

○その後、ジョンはピアノのようにキーを叩くタイプライターで自動書記をするように指示され、試行錯誤を重ねた。

○大きな転機は一八八〇年に訪れた。ある朝、突然光が手に当たり、自然にタイプライターに向き合うと、一五分間タイプを叩き始めた。そのとき、彼は自分が書いたものを読まないように指示された。それから毎朝、同じようなことが起きるようになった。

○そんなある日、自動タイプをしているとき、彼がたまたま窓の外を見たら、まるで電線のように空から光線が下りてきて、自分の手を照らしていることを目撃した。しかも、彼の頭の上には三人の天使の両手が置かれ、後ろにはもう一人の天使がいて、彼の肩に手を置いていた。その間にも彼の手は自動タイプを続けていた。

○そしてそれは、毎朝、夜明け前の約三〇分間、五〇週間にわたって続き、後に「オアスペ」と呼ばれる原稿の全文が完成した。それはまさに、創造主ジェホヴィの教えと地球人類史が記された〝新しい聖書〟であった。ジョンはそれをまとめ、一八八二年に『オアスペ』を出版した。

○一八八四年一月、歯科助手のフランシスがジョンの子ジャスティン（娘）を産む。同年四月、妻レイチェルはジョンをニューヨーク市の家から追い出す。一八八六年離婚が成立し、ジョンはフランシスと再婚した。

○一八八四年ごろ、『オアスペ』に書かれている信仰者のための集落「シャラム・コロニー」が完成。信者や孤児らとニューメキシコのコロニーに移り住んだが、本人は一八九一年にインフルエンザで死去。残されたフランシスらがコロニーの維持を図ったが、一九〇〇年ごろまでには、資金が尽き、消滅した。

『オアスペ』の基本概念

○「オアスペ」は空（オ）と地（ア）と霊（スペ）の意味。その時点での物質界と霊界（スピリチュアルな世界）の情報の集大成である。
○宇宙にはエーテリア界とコーポリアル（物質）界があり、その中間にアトモスフェリア界がある（図1）。地球の天国はそのアトモスフェリア界にある（図2・表1）。
○創造主であるジェホヴィは、大地と水とともに世界（物質界）を丸く創った。それらの例が、太陽や地球、月などの恒星

図1　地球と、針のような形で立ち昇るアトモスフェリア界の水蒸気、そして天国の高原。

表１　宇宙を構成する材料とその世界

<table>
<tr><td colspan="3">密度希薄 ←――――――――――――――――――→ 密度濃厚</td></tr>
<tr><td colspan="3">←―――――――― イーズ ――――――――→</td></tr>
<tr><td colspan="2">エス（神、霊）</td><td>コーパー（肉体）</td></tr>
<tr><td>エーテリア界
（神界）</td><td>アトモスフェリア界
（霊界）</td><td>コーポリアル界
（物質界）</td></tr>
<tr><td>イーサー
（エーテル）</td><td>ジアイ、アジ、ネビュラ
（星雲）</td><td>気体、液体、個体</td></tr>
</table>

コーポリアル界の人間が死ぬと、アトモスフェリア界で霊として生きる。やがて人間の霊もエーテリア界の住人として生きるようになる。イーズはどこにでも存在する素粒子か。

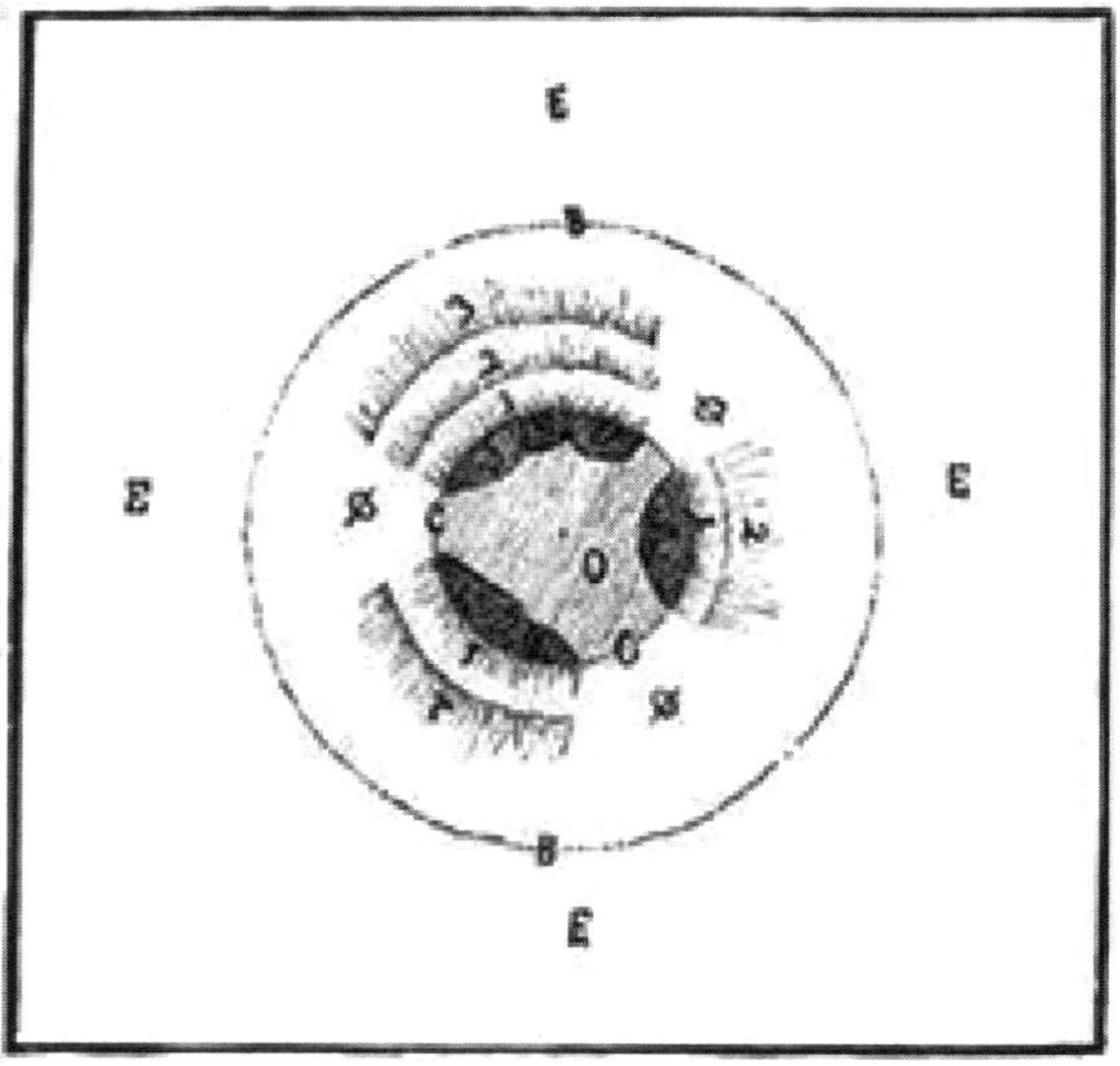

図２　地球と、低い天国の高原。Ｅはエーテリア、Ｂは地球のヴォルテックスの外縁部。チンヴァットと呼ばれる。Ｂの内側にアトモスフェリア界がある。中央の丸は地球で、陸地は黒く、海洋はＯで表わされている。

や惑星、衛星である。
○エーテリア界は透過、通過できるが、物質界は透過、通過できない。
○地球の霊界と物質界の人間の歴史は、最初にエーテリア人が地球の神となった約七万二〇〇〇年前に始まった。
○第一サイクル担当のエーテリア人であるセザンテスの時代（約七万二〇〇〇年前～六万九〇〇〇年前）から第二四サイクル担当のエーテリア人リカの時代（紀元前一五五〇年～紀元後一八五〇年）に至る七万二〇〇〇年（一サイクル約三〇〇〇年）の霊界と地上（物質界）の歴史が記されている。
○これとは別に「エスクラの書」は紀元前一五五〇年から紀元後一四五〇年まで、「エスの書」は一四五〇年から一八五〇年までの歴史の記録について書かれている。「神の言葉の書」は、九〇〇〇年ほど前のゾロアスター教の教えについて書かれている。
○『オアスペ』（原文）には上段と下段があり、上段は宇宙で起きた出来事の話（エーテリア界から見た大天使の歴史）で、下段はそのとき地球で起きた出来事の話（地球の神や諸首長から見た歴史）で構成されている。
○地球人類の七万八〇〇〇年の歴史（パン大陸沈没前の五万四〇〇〇年間の人類創生史と、沈没後の二万四〇〇〇年間の地球の宗教史）が書かれている。
○創造主の名前には、Jehovih（ジェホヴィ）、The Great Spirit（偉大なる精霊）、Ormazd（オルマズド）、

Egoquim（エゴクイム）、Agoquim（アゴクイム）、Eloih（エロイ）、The I Am（我であるもの）、Jehovah（ジェホバ）の八通りある（本書では通常、ジェホヴィを使う）。

○ジェホヴィは男であり女である。女性的な面を示すときはOm（オム）という呼称を用いる。

○天空・エーテルが惑星を支配するように、霊（es／エス）が肉体・物質（corpor／コーパー）を支配する。

○ジェホヴィは、見えない物質エスを二つに分けた。エーテリア界（神界）とアトモスフェリア界（霊界）である。それぞれに濃淡がある。物質世界はコーポリアル界と呼ばれた。（表1「宇宙を構成する材料とその世界」）

○ジェホヴィは、エーテリアの世界にイーズ（Ethe）を創った（図3）。イーズは創造物の中でももっとも繊細な存在で、どこでも通っていくことができ、どこでも存在できる。もっとも物質的な世界でも存在できる。イーズはアトモスフェリア界とコーポリアル界の両方を支配する。

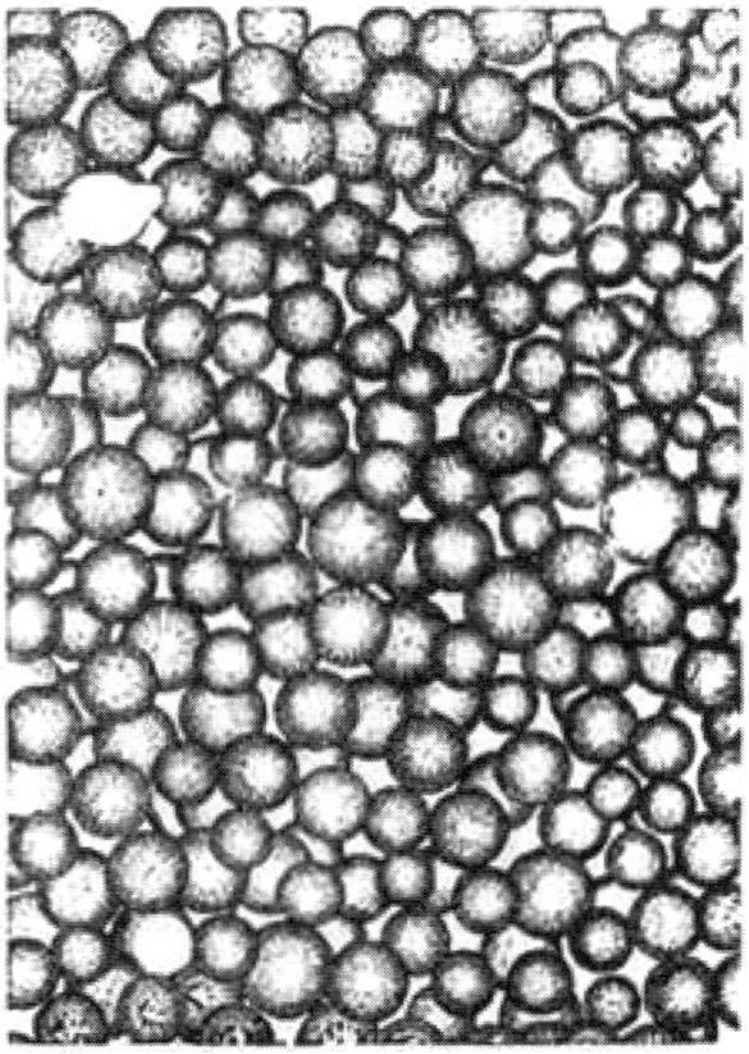

図3　イーズと呼ばれるエーテリア界の材料。すべての世界に存在する。

○エーテリア界よりも密度の濃いアトモスフェリア界とコーポリアル界は、ジェホ

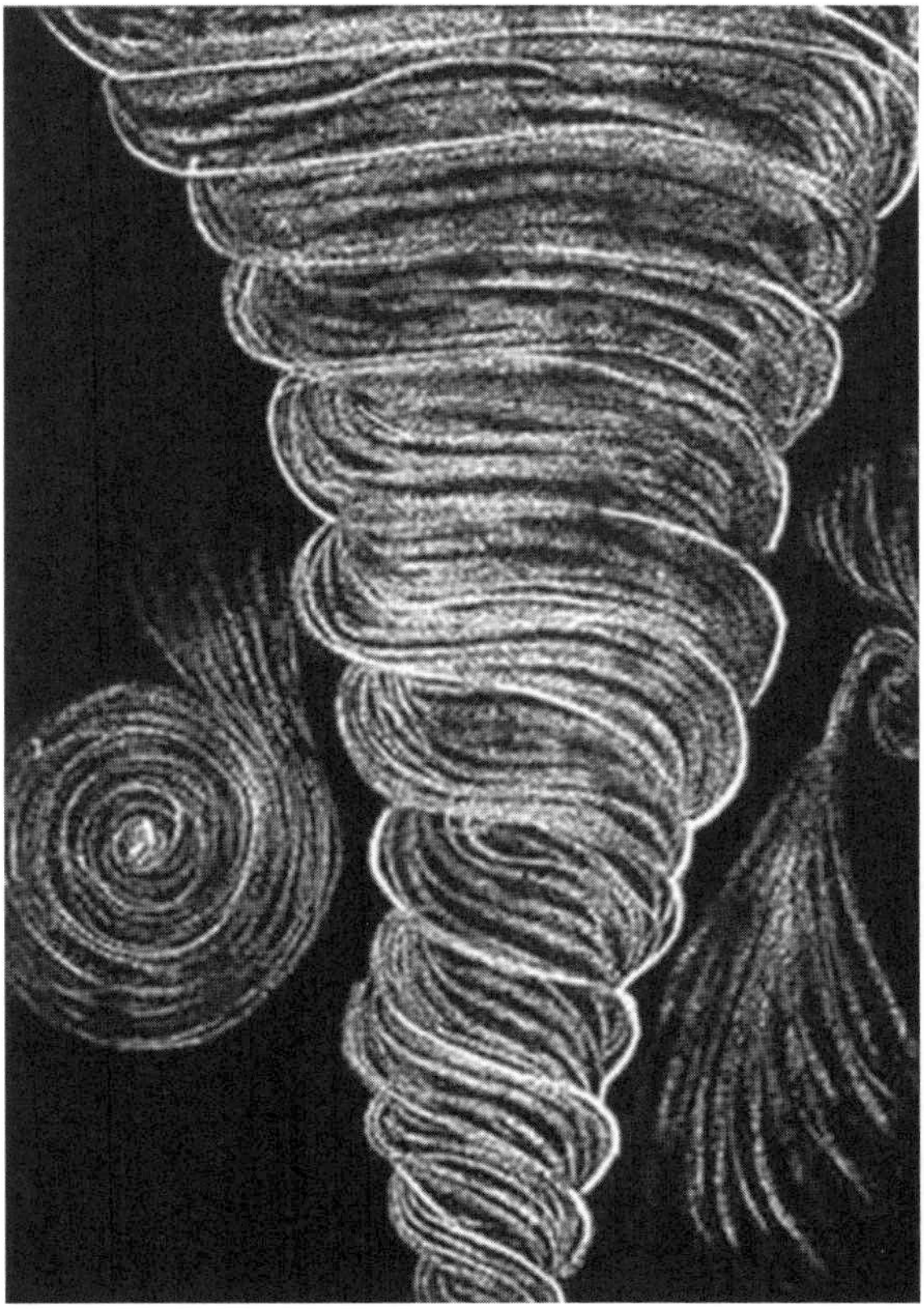

図５　第二段階では、アトモスフェリアの材料である
ネビュラ（星雲）を集めながら、周回を始める。

**ヴォルテックス発達の
四段階**

図４　第一段階では、惑星を生む力をすでに持っている。彗星のように移動を始める時期でもある。標準的なもので、直径50万〜400万マイル、長さ1000万〜３億マイルある。

ヴィがエーテリア界の空に創造した渦巻き・旋風であるヴォルテックスによって材料が集められて創造された（「ヴォルテックス発達の四段階」図4、5、6、7）。

○人間は死んでも（肉体は滅んでも）、アトモスフェリア界（地球の天国）でスピリット（霊）として生きる（第一の復活）。やがて人間の霊もエーテリア界（ジェホヴィの天国）の住人として生

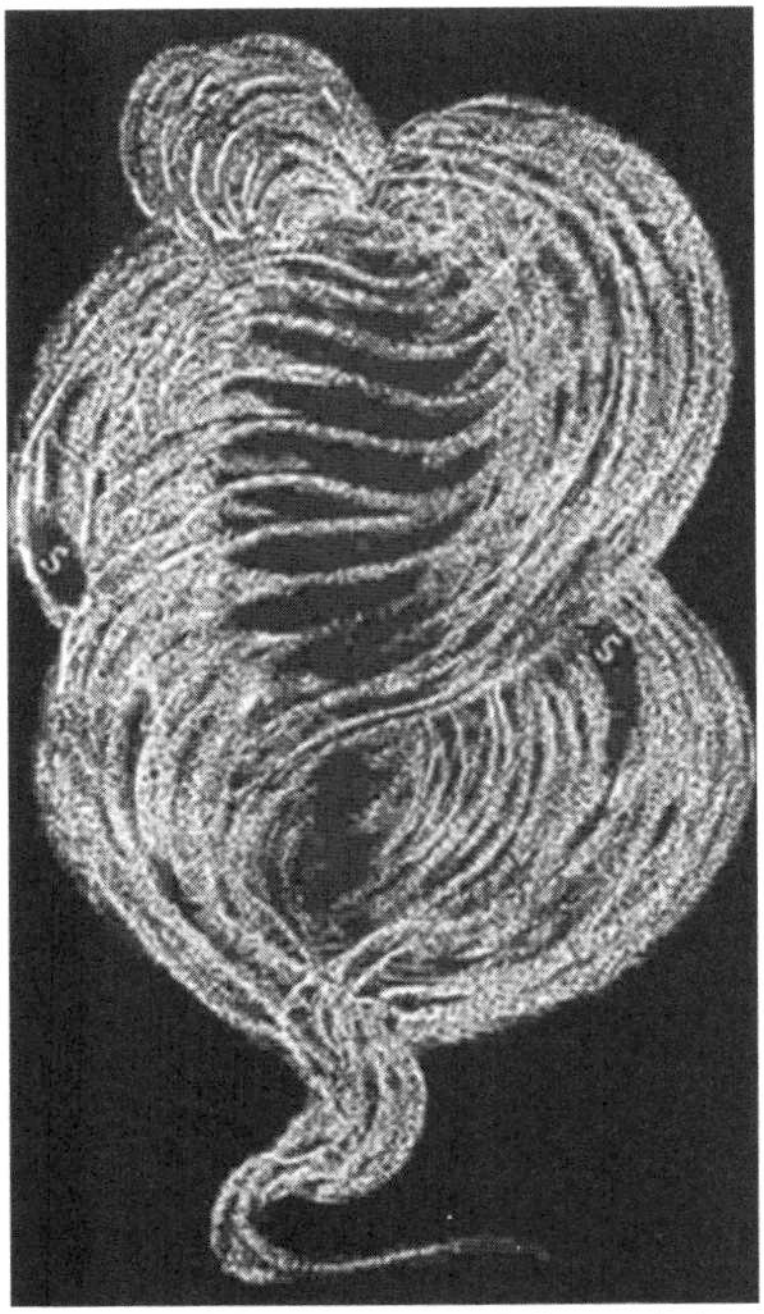

図6　第三段階では、渦の中央で、密度の濃くなったネビュラが熱を持ち始め、中央部で惑星が形成されようとしている。ウォークとも呼ばれる。渦の左右にあるＳは、形成されつつある月（衛星）を表わしている。

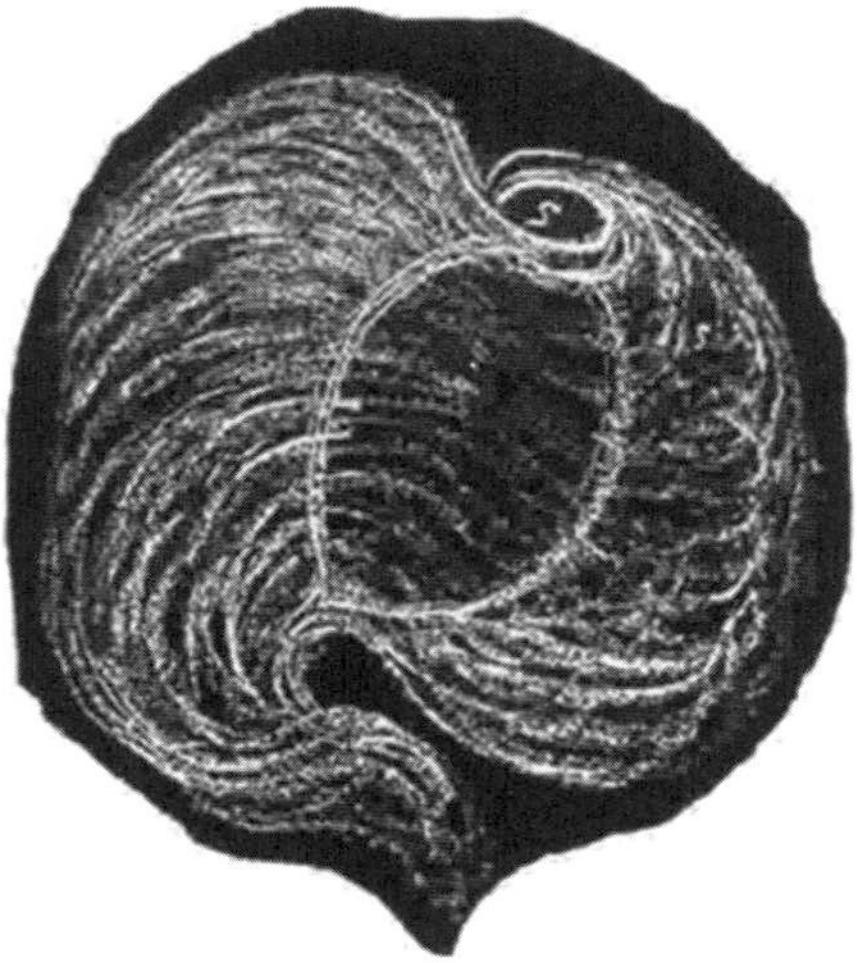

図７　第四段階では、まさに中央の黒い部分で球状の惑星ができ上がっている。インクアとも呼ばれる。Ｓは月（衛星）。

きるようになる（第二、第三の復活）。第二、第三の復活は「収穫」とも呼ばれる（図8）。

○地球の神には、各サイクルの時代の初めのころはエーテリア人が就任し、その後、基本的にアトモスフェリア界の天使たちが交代して、そのサイクル（約三〇〇〇年間）の終わりまで担当する。天使たちは、人間が霊として進化できるように、天国の学校や職場などで学ばせることによって彼らを導く。

○天国には組織化された天国と組織化されていない天国があり、地球のそばには組織化されていない低い天国がある。低い天国の中には地獄のようなところもある。

○生前、どのような行ないをしたかによって地球の天国の場所が決まる。

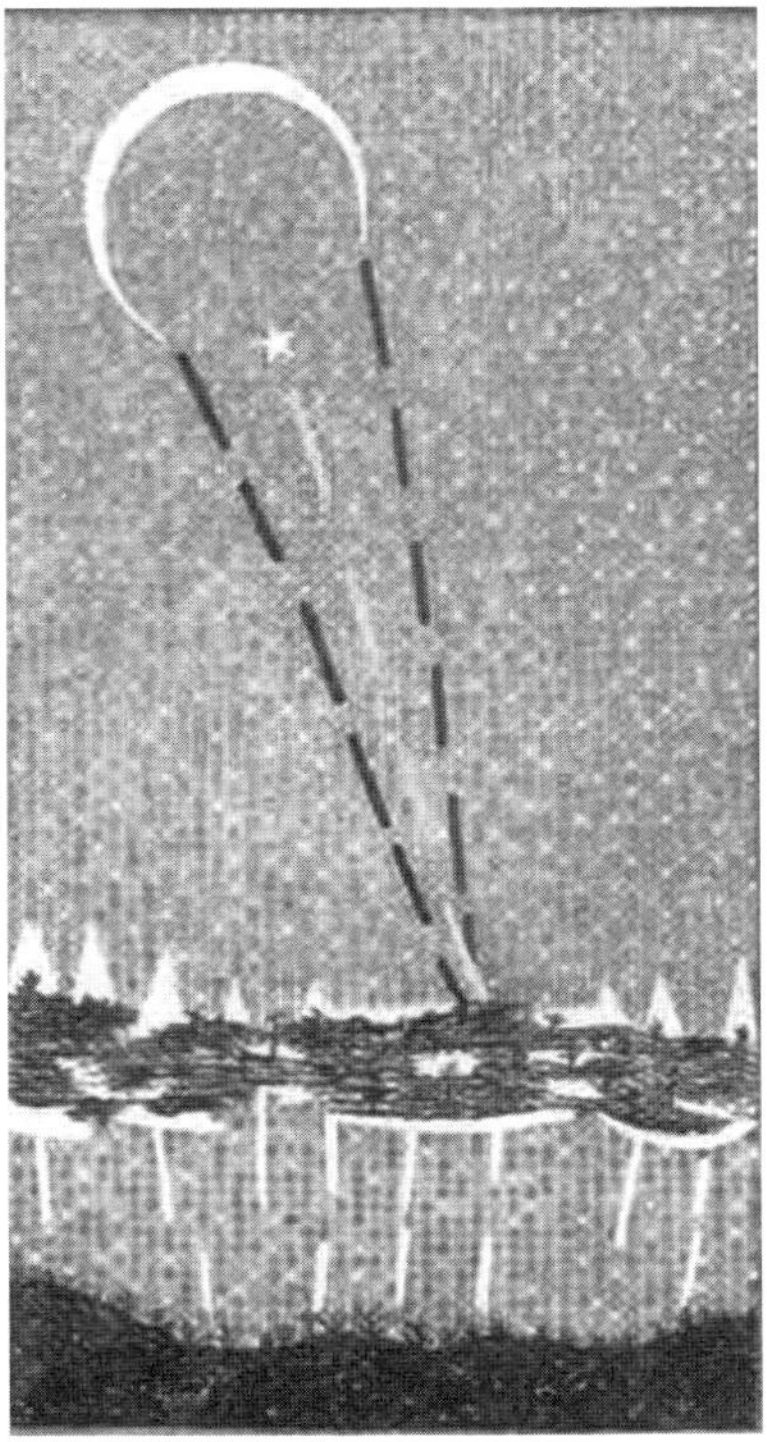

図８「最初の収穫」
地球の天国からエーテリア界に解放される天使たちを移送するため、エーテリア人の三日月型の火の船が地球にやってきた場面。下が大地で、「三日月」の先端などから放たれた光線が地球の天国に差し込んできている。

○人間の進化はサイクル的で、一歩後退二歩前進によって成し遂げられる。平均三〇〇〇年が一周期である。
○基本的に、菜食主義、平和主義、利他主義（他人に尽くすことでグレードが上がる）の必要性が強調されている。輪廻転生は、一部の例外を除き、ありえないことになっている。

地球創成史

○地球は、渦を巻きながら物質を集める彗星から太陽を周回する惑星になった（図9）。その間、地球はいくつものエーテリア界の領域を通過した。
○太陽系は四七〇万年周期で動いて（回って）いる。その中で七万二〇〇〇年単位、二万四〇〇〇年単位、三〇〇〇年単位のより小さな周期がある（図10）。
○宇宙のさまざまな領域を管理するエーテリア界の存在（エーテリア人）がたくさんおり、彼らは「神（God）」とか「女神（Goddess）」、「天使長（Chief）」とか「大天使（Archangel）」などと呼ばれている。
○エーテリア人には階級のようなものがあり、上から「イーオン人」「エタン人」「ニルヴァニア人」「オリアン人」がいる。それとは別に至高の存在であるジェホヴィがいる（表2）。
○エーテリア人の年齢は数万歳から数十万歳、それ以上までさまざまで、ジェホヴィの息子、あるいは娘と呼ばれる。名前は『聖書』に出てくる聖人の名もあれば、アポロ（太陽神）やトール（雷神）など他宗教の神の名もある。

○エーテリア人の天使長、神、女神、大天使は、進化した天使（霊）のことである。ほとんどは、かつては肉体を持っていた人間であった。

○ジェホヴィは、霊（es）と肉体・物質（corpor）を創った。地球を創って天に置いた。

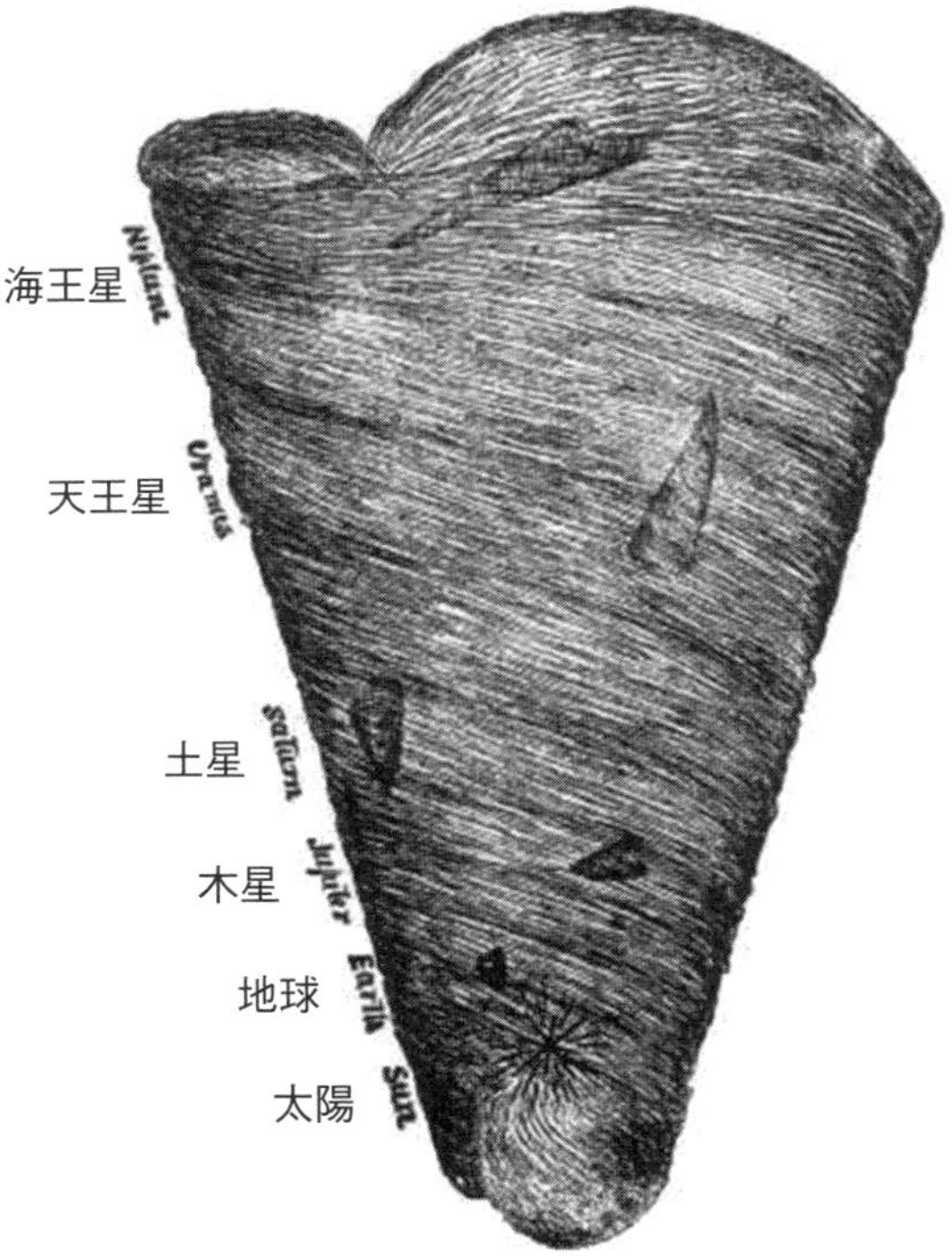

図９　太陽団（太陽系）のヴォルテックス
トウサングと呼ばれる。太陽のヴォルテックスの中に、地球や木星、土星など他の惑星のヴォルテックスがある。

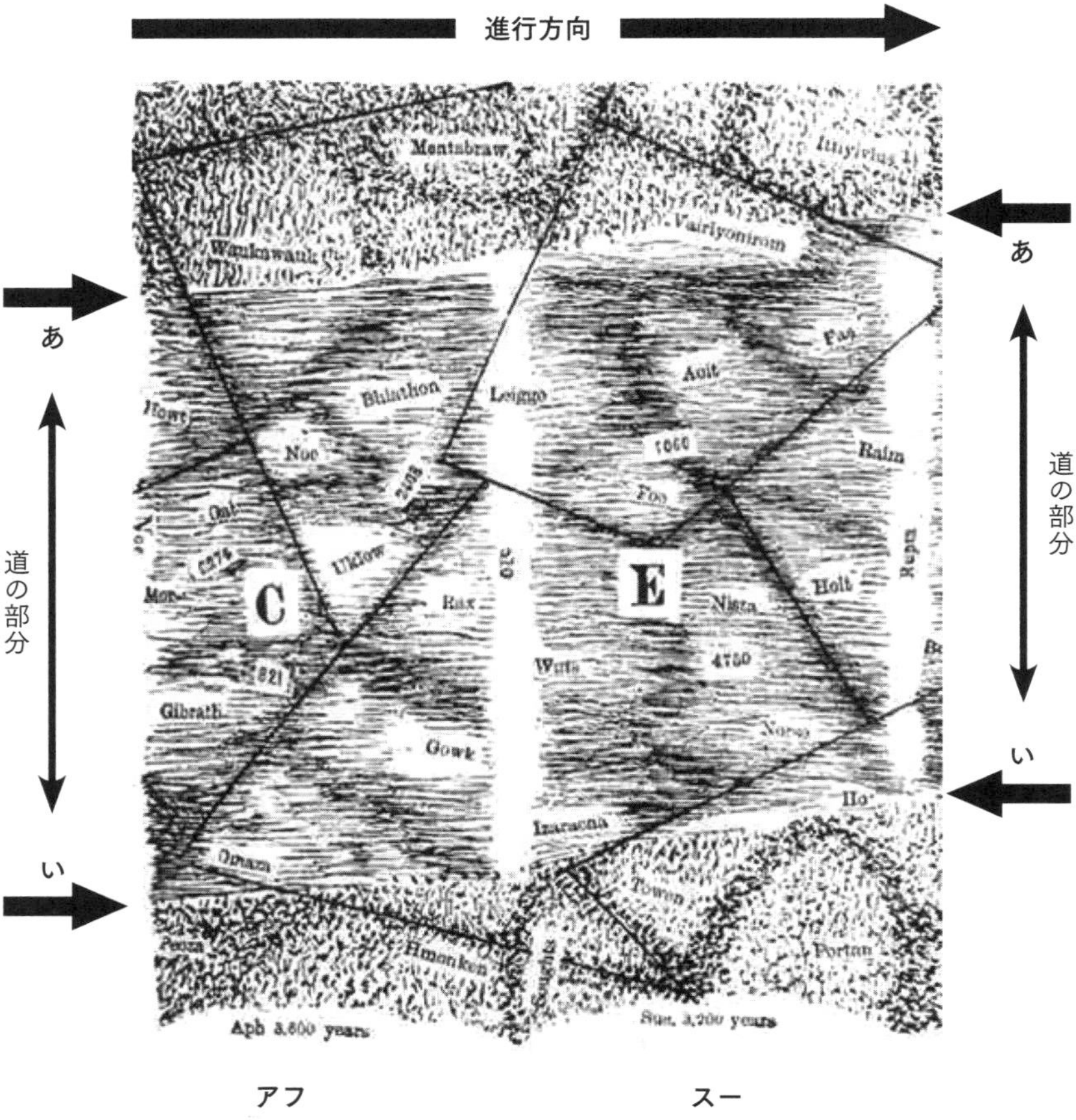

図 10　太陽団が通ったエーテリア界の道
(「あ」から「い」にかけて、通った跡は横線が引かれたようになっている)。左から右へ、アフ、スーの領域をそれぞれ 3600 年、3200 年かけて通った跡が描かれている。縦の白い部分はそれぞれのダンハを表わしている。

表2　エーテリア界からコーポリアル界までの階級

《エーテリア界＝ジェホヴィの天国》

ジェホヴィ（創造主＝ Jehovih）

イーオン人（Eon）
エタン人（Oe’tan）
ニルヴァニア人（Nirvanian）
オリアン人（Orian）

天使長（Chief）

副天使長（sub-Chief）

大天使（Archangel）

神、女神、検査官、監督者、建設者など

その他の天使

《アトモスフェリア界＝地球の天国》

地球の神（God）

統括神（Lord God）

首長・氏神（Lord）

従神（sub-God）

天使（霊 =angel, spirit）

エスヤン（生まれたての霊）

《コーポリアル界＝地球・物質の世界》

人間（肉体 =man, copor）

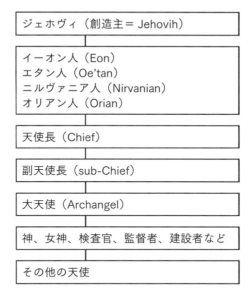

図 11　大洪水前の地球の地図　太平洋に巨大なパン大陸（ワーガ）が描かれている。

○ジェホヴィは、宇宙の暗い領域から地球を取り出して、エーテリア界の光を地球にもたらした。これにより動物の創造が完了した。

○惑星が冷却すると、地球で誕生した生物も、野獣から人間へ進化した。この進化は人間が草食動物になって初めて最終段階に入る。

○ジェホヴィは、コロイド状の物質セム(se'mu)から人間を創造した。地球の木に生命を与え、人間には生命と霊（スピリット）を与えた。

○かつて太平洋に、失われた大陸パン(Pan)、あるいはワーガ(Whaga)があった(図11)。

○もともとの言語、地球語はパン語(Panic Language)であった。この言語は音をまねるという人間の能力によって作られた。

○地球の神の天国（神殿）は、パン大陸の山の上空に築かれた。
○最初の地球の神には、エーテリア界の大天使セザンテスが選ばれた。

地球人類史（表3、表4）

■第一段階

○最初に創造された人類は、約七万八〇〇〇年前に誕生したアス（Asu）であった。聖書ではアダムと呼ばれている人種で、動物のようであり、スピリチュアルなことを理解しなかった。土（地球の物質）で造られたからである。
○約七万二〇〇〇年前、創造主ジェホヴィは宇宙の他の物質界で亡くなった霊（天使たち）を地上に降ろして、肉体をまとわせアスと交わらせた。それによって、第二の人類が創造された。それがイヒン（I'hin）である。聖書ではアベルとして知られている。イヒンはスピリチュアルなことを教えれば、それを理解することができた。土と天（精霊）によって造られたからである。
イヒンは常に二足歩行をした。
○神はイヒンに命じて、服を着させた。天使たちは肉体の衣を捨て去ったが、神の命令により、地上

表3　地球人類創成史の年表

① アス誕生（78000 年前）② イヒン誕生（72000 年前）③ 地球文明第一期（42000 年前）④ パン大陸沈没（24000 年前）⑤ コスモン始まる（西暦 1850 年）

注）1 メモリが 3000 年

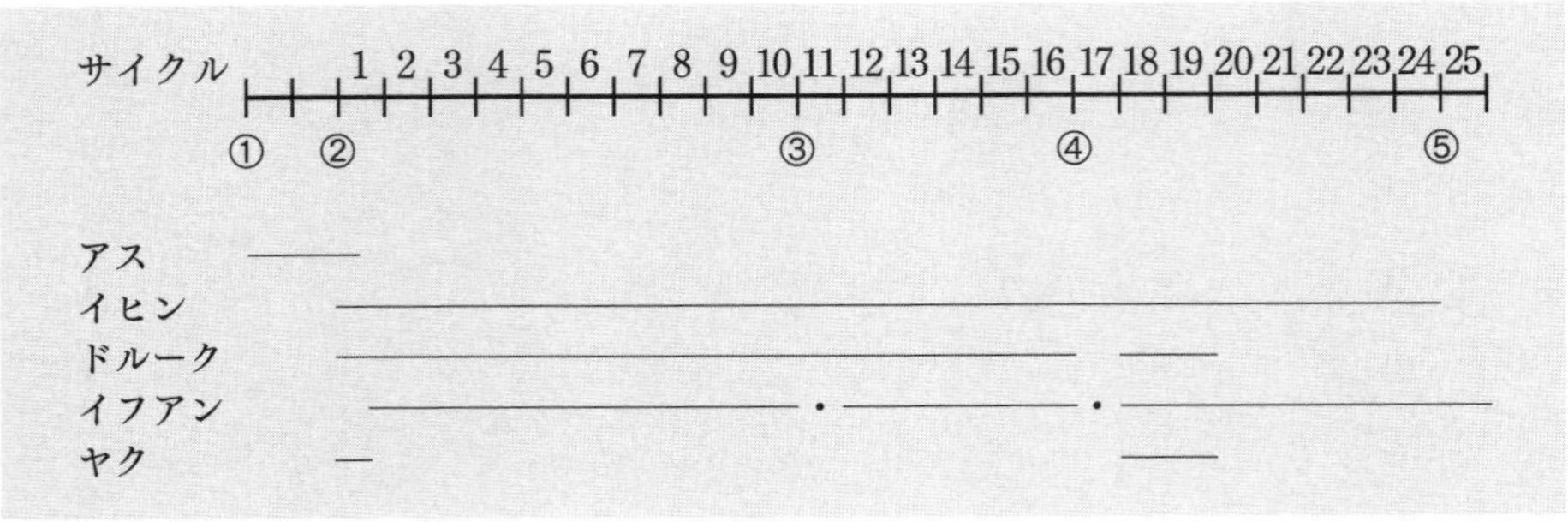

生存時代を「—」で示している

- アスは、①から第 1 サイクルまでの間、生存。
- イヒンは、第 1 ～第 24 サイクルの間、生存。
- ドルークは、第 1 ～第 16 サイクルの間、生存。その後、第 18 ～ 19 サイクルの間、生存。第 17 サイクルでは事実上、絶滅していた。
- イファンは、第 1 サイクルの終わりごろから現在まで生存。途中、第 11、第 17 サイクルで一時絶滅状態となった。
- ヤクは、第 1 サイクルと第 18 ～第 19 サイクルの間、生存。

表4　人類の系図（左に行くほど野獣に近く、右に行くほど天使に近い）

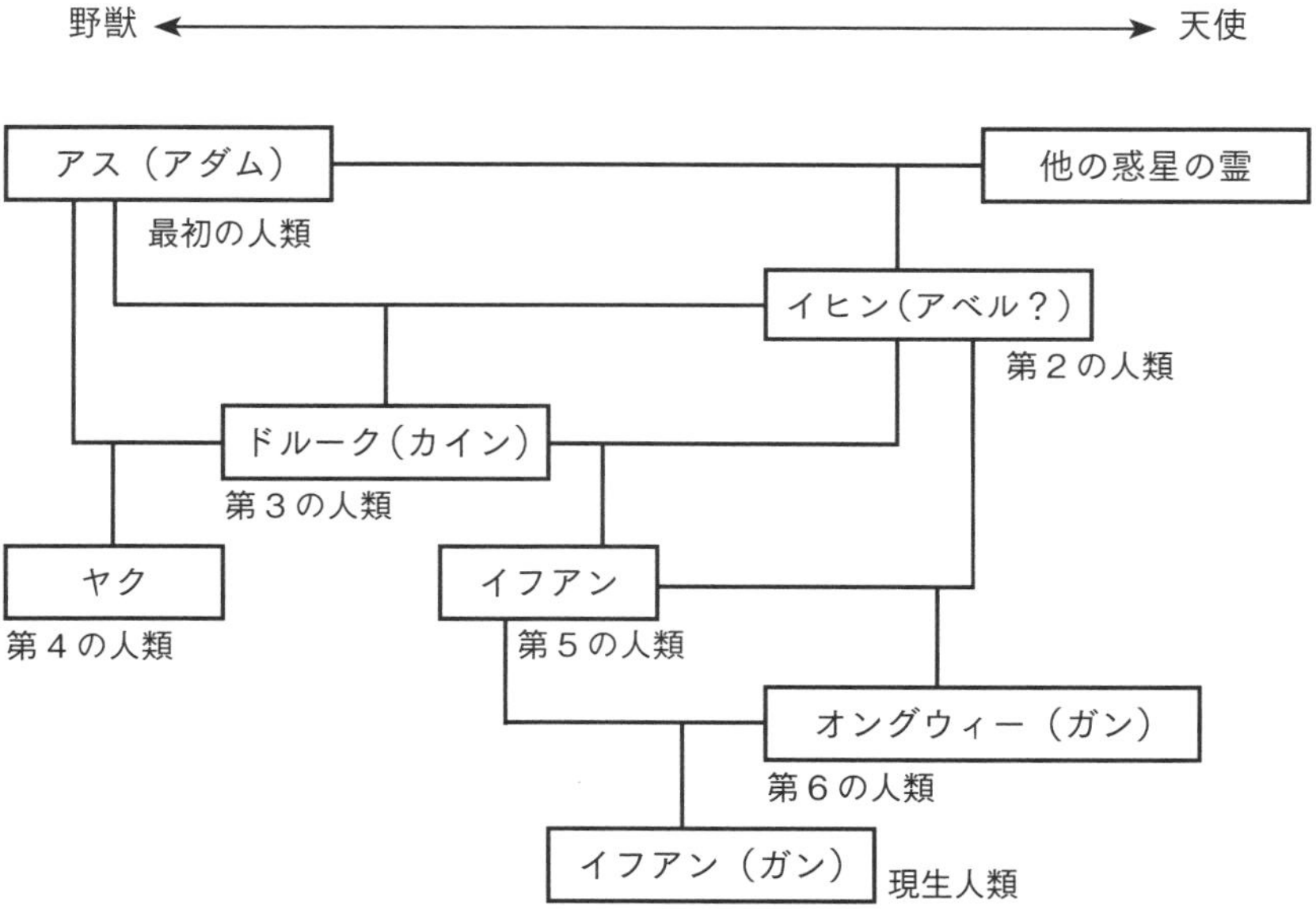

に残って六世代にわたりイヒンの面倒を見ることになった。地上に残った天使たちはイヒンに道徳を教えた。

○天使たちはイヒンにアスと交わらないように教えた。イヒンが闇に落ちないためである。天使の指導もあり、イヒンは霊感を得て、地上で繁栄することができた。

○ところが、しばらくして、イヒンはうぬぼれるようになり、神の命令に背くようになった。そして、楽園を離れてアス（アダム）と一緒に暮らすようになった。イヒンとアスが交配したことにより、第三の種族ともいえるドルーク（Druk）が生まれた。聖書では、カインと呼ばれる人種である。

○ドルークは二足歩行をしたが、神の心を宿していなかったため道徳を理解せず、殺し合いもした。そこで神は、ドルークを神の地から追放し、「争い」を意味する「血の陰」の烙印を押した。

○一方、イヒンは神のことを理解したため、神によって選ばれた民となり、その印として割礼が施され、ドルークと区別されることになった。イヒンの居住区とドルークの居住区は明確な国境が定められた。

○イヒンはその後、服を着て真面目に働いた。追放されたドルークは、アスと交配した。

■第二段階

○アス（アダム）は八〇〇〇年間、この地上に存在した（図12）。最初の六〇〇〇年間はアスだけが唯一の種族だったが、イヒンが誕生したため、最後の二〇〇〇年間はイヒンとアスが共存した時代となった。

○この共存していた時代に、イヒンとアスの交配によりドルークが誕生した。そのドルークはアスと交配してヤク（Yak）が生まれた（図13）。

○イヒンは白色と黄色の肌色で、小さく、やせている。スピリチュアルなことを理解したので、「聖なる人々」「選ばれた人々」と神に呼ばれた。

○ドルークは茶色と黒色の肌色で、背が高く、がっしりとした体格である。「肉食の人々」と神に呼ばれた。

○ヤクはくる病のように背中が湾曲しており、手が長い。主に四足歩行をして、穴倉に暮らした。

○ヤクは滅びるであろうと神は明言した。

○ドルークもイヒンと暮らすことがなければ、滅ぶと明言した。

○天使たちはイヒンに去勢の仕方を教え、ヤクを去勢し、召使として使った。

図 12　最初の人間種アス。霊界のことが理解できなかった。

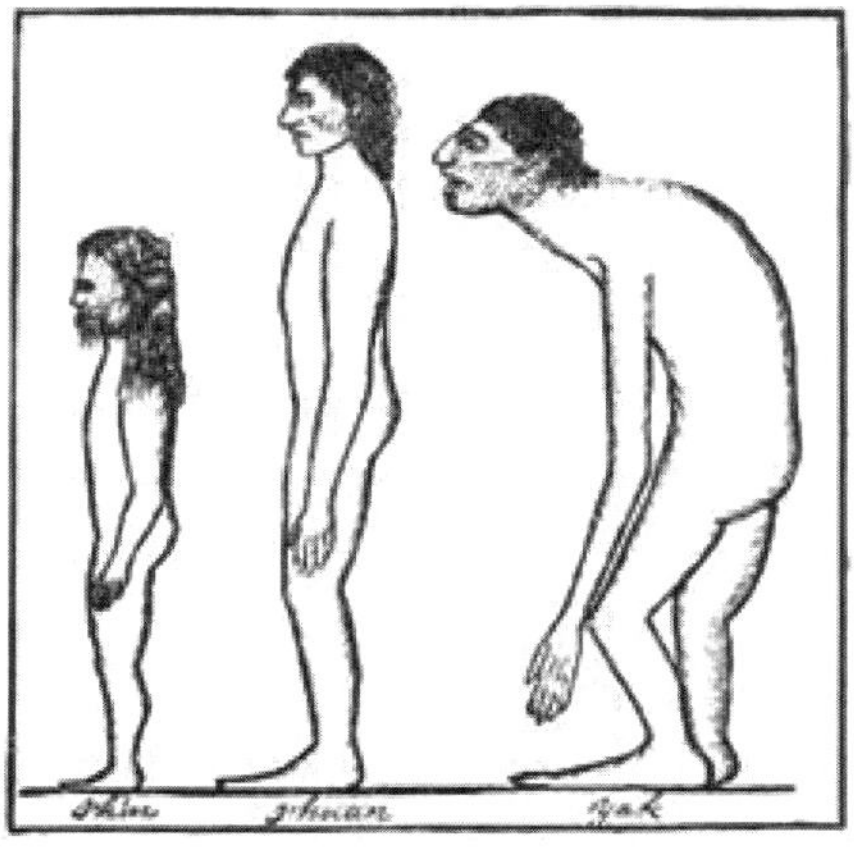

図 13　左からイヒン、イフアン、ヤク。

■第三段階

○イヒンとドルークが交配してイファアン（I'huan）が誕生した。これがアスから数えて五番目の人種である。
○イファアンは銅のように赤い肌色で、背が高く、強かった。
○神はイファアンに、聖なる人々であるイヒンを支えるように命じた。
○やがてイファアンの人口は飛躍的に増大し、イヒンを圧倒し、神の教えにも背くようになった。
○イファアンとイヒンの混血も進み、その中からオングウィー・ガン（Ongwee-ghan）と呼ばれる天使の声が聞ける種族も現れた。これが第六番目の種族である。
○オングウィー（ガン）は、肌の色は茶色で、イヒンのように腕は短く、長い黒髪であった。また、イヒンのように均整がとれた体形で、イファアンのような荒々しさも持っていた。
○オングウィーは神の教えに従い、当初はイヒンともイファアンとも交わらなかった。
○神はイヒンに命じて、オングウィーに儀礼や法を教えさせた。
○下級天使たちもオングウィーに、敵の去勢の仕方や道具の作り方、火の作り方を教えた。
○三〇〇〇年で、オングウィーはイファアンたちを数で凌駕した。
○アポロの時代には、イヒン以外からも神の言葉を聞くことができる預言者が出るようになった。
○やがて、オングウィー（ガン）とイファアンの交配も進み、その両人種を指してイファアンと呼ぶようになった。現生人類はこのイフアン種のことである。
○交雑を続けたことにより、神に選ばれし民である純粋なイヒン種は地上から姿を消した。

地球の言語とシンボル・紋章

○地球の言語系には、中国、インド、ヨーロッパ、アメリカの四つの枝があり、それらは一つの樹の根（パン語）から派生した（図14）。
○パン語　もっとも古い地球の言語。言葉に近い喉音《こうおん》であった。
○ポイト語　唇を使った語音の始まり。
○ガウ語　おそらく物事を説明するのに最初に用いられた言語。
○ヒウト語　最初に暗黙の了解として受け入れられた言語。
○フス語　書き言葉のような印が使われた言語。
○チャイン語　単音節の言語。
○イーハ語　組み合わせ語。
○アブラム語　最初の言葉。最初の文章。
○フォネス語　話し言葉。シンボル的な表意文字のない言語。
○アハム語　融合語。

○エブラ語　古くて、神聖な言語。
○ヴェーデ語　純粋で完璧な言葉。光の言葉。
○サンスクリット語　混合語。
○アラバ語　最初のエジプト語。
○アルゴンキン語　神聖な名前であるエゴキムに由来する言語。
○ラテン語・ギリシャ語・フランス語・スペイン語・ドイツ語・英語　現在の言語。
（言語やシンボル、紋章のイラストに関しては、巻末「『オアスペ』のイラスト集」参照のこと）

図 14　地球言語の系統図
ONE（1）から EIGHT（8）まで、八段階で言語が枝分かれしていった様が樹形図として描かれている。太い幹の一番下に、パン語と書かれている。地球の人間が使った最初の言語であるという。

地上に降りた救世主たち

■約九〇〇〇年前

〇ザラザストラ（ツァラトゥストラ）　紀元前七〇五〇年ごろ（フラガパッティのサイクルの時代）のペルシャの預言者（立法家）。彼によって最初の宗教と聖典が地上にもたらされた。キリスト教と仏教は、主にこの預言者の数々の奇跡や歴史から作られた宗教である。三九〇年と六四〇年にキリスト教聖職者によってアレクサンドリアの図書館が焼かれ、彼の教えの歴史も葬り去られた。彼は巨大な体を持ち、性別を持たない中性の「i-e-su（イエス）」であった（図15）。

図15　ザラザストラ（ツァラトゥストラ）

■約六〇〇〇年前

〇ポー　紀元前三九五〇年ごろ、アブラムと同時代（クペンタ・アルミジのサイクルの時代）に生きた、ジャフェス（後の中国）の預言者。ザラザストラ同様に、創造主の教義を中国にもたらした。中性のイエス（図16）。

図16　ポー

図17　アブラム

図18　ブラーマ（左）とユーティヴ

○アブラム　現在アブラハムとして知られている、ポーと同時代のペルシャの預言者。種族はイファンで、体は大きく、茜色（銅のような赤色）の肌をしており、黒髪で長い顎髭をはやしていた。魂は女性のように優しかった。ヘブライ人の祖であり、信者をエジプトへと導いた（図17）。

○ブラーマ　ポーやアブラムと同時代の東インドの預言者。大きな体で、力が強かった。もっとも気高い心の持ち主で、ザラザストラの宗教をインドで再確立した（図18）。

○ユーティヴ　ブラーマの妻。彼らの子供たちがインドの聖典（ヒンズー教最古の経典「ヴェーダ」）を表わした（図18）。

○イワタ　ポー、アブラム、ブラーマと同時代の北アメリカの預言者。背が高く、銅色の顔を輝かせていた。創造主（エゴクイン）の教えを北アメリカにもたらした。今日のネイティヴ・アメリカンのほとんどに彼の教えが残っている。後にヒアワタとして知られるようになる（図19）。

○ソースマ　エジプトのピラミッドを建造した預言者。神と会話ができ、幽体離脱で冥界（低レベルの天国）への出入りも

図19　イワタ

図20　ソースマ

図21　カピリヤ

自由にできた。ただし、バール神とエグプト神の仲介により偽の神オシリスから霊感を得ていた。不死の肉体を作ろうとしたが、一〇〇歳になったちょうどその日に亡くなった（図20）。

■約三五〇〇年前

○カピリヤ　紀元前一五五〇年ごろのリカのサイクルの時代に、インドに現れた預言者。インドの王の里子となって育ち、インドの民を導いた。中性のイエスであった（図21）。

○モージズ（モーゼ）　カピリヤと同じ時代のエジプトの預言者。大きな体をした純粋なイフアンであった。里子だが、エジプト王の王子として教育を受け、何カ国語も話すことができた。迫害をまぬがれるため、神の名を隠した（図22）。

○チャイン　カピリヤ、モーゼと同時代に中国で生まれた預言者。中性のイエスで、髪はキツネのように赤かった。小食でやせており、ほとんど話をしなかった。だが、一六歳のときに突然大きくなり、肌の色が濃くなった。二二歳になると話

図22　モージズ（モーゼ）

図23　チャイン

図24　サカヤ

しはじめ、その後四年間、偉大な叡智を語り、中国中にジェホヴィの教えを広めた（図23）。

■約二七五〇年前

○サカヤ　紀元前七五〇年ごろ、インドに生まれた預言者。「偉大なる精霊」のみを信奉し、ザラザストラがもたらしたゾロアスター教の教え（法）を再確立した。誤って仏陀と同一視されることもあるが、仏陀ではない。他者のために生きることを説いたが、バラモン教徒に毒殺された（図24）。

○カユ　サカヤと同時代に中国で生まれた預言者。「偉大なる精霊」のみを信奉し、ジェホヴィの教えを広めた。古代の一万八〇〇〇冊の本を要約して二〇冊の本にまとめた。現在、孔子として知られている（図25）。

図25　カユ

図26　ジョシュ

■約二一五〇年前

○ジョシュ　紀元前一五〇年ごろ、エルサレムのそばで生まれた預言者。ユダヤ教エッセネ派の家系で、中性のイエスであった。「偉大なる精霊」のみを信奉し、真のモーゼの教えを復活させようとした。だが、エルサレムで逮捕されて、投石により処刑された。『新約聖書』でキリストがガリラヤ湖畔の山頂で行なったとされる「山上の垂訓《すいくん》」は、ジョシュの説教の盗用であるという（図26）。

『オアスペ』年代記（表5）

○過去七万二〇〇〇年の天国（天界）と地球（物質界）の歴史（人類史）が語られている。

○一サイクル約三〇〇〇年で、紀元前一五五〇年〜紀元後一八五〇年の第二四サイクルが、コスモン時代前の最後のサイクルであった。

表5　地球を担当したエーテリア界の神々

地球の各サイクルの担当エーテリア人と収穫数　※()の数字は推定、収穫数は概数

	サイクル	担当エーテリア人	担当期間	収穫数
第1ガドル	第1サイクル	セザンテス	3000年	15億人
	第2サイクル	アーションング	3000年	72億人
	第3サイクル	フー・ル	(3000年)	37億人
	第4サイクル	スペ・アバン	(3000年)	48億人
	第5サイクル	パソダイシズ	(3000年)	64億人
	第6サイクル	ゴーマガク	(3000年)	79億人
	第7サイクル	ゴーペンズ	(3000年)	93億人
	第8サイクル	ハイシス	(3000年)	94億人
第2ガドル	第9サイクル	シーイットシシウス	(3000年)	101億人
	第10サイクル	ミセリティヴィ	(3000年)	108億人
	第11サイクル	ゴバス	(3000年)	67億人
	第12サイクル	ファイイス	(3000年)	26億人
	第13サイクル	ジニーシーズ	(3000年)	12億人
	第14サイクル	トースセンターガ	(3000年)	6億人
	第15サイクル	ニミーズ	(3000年)	4000万人
	第16サイクル	ネフ	3000年	0人
	(パン大陸沈没)	アフ／ネフ	200年	?人
第3ガドル	第17サイクル	アフ	3600年	26億人
	第18サイクル	スー	3200年	30億人
	第19サイクル	アポロ	2800年	305億人
	第20サイクル	ソー(トール)	3200年	190億人
	第21サイクル	オシリス	3300年	70億人
	第22サイクル	フラガパッティ	3100年	(470億人)
	第23サイクル	スペンタアルミジ	2400年	(240億人)
	第24サイクル	リカ	3400年	(640億人)
第4ガドル	第25サイクル	コスモン	(3000年)	?人

○第二五サイクルの時代（約一八五〇～四八五〇年）において、創造主ジェホヴィの御国が地上にもたらされ、新しいコスモンと呼ばれる時代になる。
○コスモン紀元は一八五〇年（厳密には一八四九年）に始まった。それ以前はコスモン紀元前となる（1ガドルは約二万四〇〇〇年）。
第1ガドル＝紀元前七万七一五〇～同四万七一五〇年（第一サイクル～第八サイクル）
第2ガドル＝紀元前四万七一五〇～同二万三一五〇年（第九サイクル～第一六サイクル）
第3ガドル＝紀元前二万三一五〇～紀元後一八五〇年（第一七サイクル～第二四サイクル）
第4ガドル＝西暦一八五〇～二万五八五〇年？（第二五サイクル～）

第一章

『オアスペ』とは何か

《あらすじ》

天使と交信するため菜食主義になって身を清めたアメリカの歯科医ジョン・ニューブローは一八八〇年春の夜明け前、手が自然に動き出して自分の意志とは関係なく、自動的に文章をタイプし始めた。自動タイプ（自動書記）はその後、毎朝一五〜三〇分ずつ五〇週間にわたり続いた。一年後にそれらの文章をまとめると、天使を通して伝えられた創造主の言葉であることがわかり、彼はそれを一八八二年に啓示文書『オアスペ』として出版した。

私は菜食主義になって毎日二回入浴し、早起きして創造主に祈り、体と心を清める努力を六年間続けました。すると、一一三・五キロあった体重は八一・七キロまでに減り、リューマチは完治し、頭痛もなくなりました。何よりも軽快かつ活発になりました。健康で幸せな、新しい人生が目の前に広がったのです。

同時に私の自動書記のやり方にも変化が現れました。実体を持ったかのような天使が現れ、私の頭に手をかざすと、私の手に光が当たって手が勝手に動くようになったのです。天使の声も間近で聞くことができるようになりました。

（一八八三年一月二一日付けで、スピリチュアル系の雑誌『光の旗』の編集長宛てに書かれたジョン・ニューブローの手紙より）

1　ジョン・ニューブローと『オアスペ』

幼少期に禁じられた「天使との交感」

『オアスペ』を書いたジョン・ニューブローは一八二八年六月五日、アメリカ・オハイオ州アッシュランドのモヒカンビルから北に約四〜五キロほど離れた自宅の農場にある丸太小屋で生まれた。父はウィリアム・ニューブロー、母はエリザベス・ニューブロー（旧姓ポルスリー）であった。

父ウィリアムは、イギリス・スコットランドのアバディーンシャーから渡ってきた移民の子で、アメリカのメリーランドで生まれた。

母エリザベスは、スイスから移住してきた移民の子で、アメリカのウェスト・ヴァージニア州モーガンタウンの生まれだった。

ニューブロー家は、当時多くの家がそうであったように自給自足をする農家であったが、父ウィリアムはヴァージニア州にある名門「ウィリアム・アンド・メアリー大学」（ハーバード大学に次いで二番目に古い歴史を誇る大学）に学んだ教養人で、モヒカンビルの地元にある学校の校長も務めていた。

ジョンは、四番目の子で、ほかに二人の弟と一人の妹がいた。全部で六男一女の七人兄弟（ただし長男はジョンが生まれる前に亡くなっている）であった。

スピリチュアリストであった母は、少年のジョンに天使との霊的な交感が可能であることを教えた。ジョンはほどなく、家のそばの大きな樫の木とプラタナスの下で、天使からメッセージを受け取る体験をしたという。ちなみに、プラタナス、カエデ、モミジなどの近くで、啓示を受けたとする人は多い。

しかし、厳格でスピリチュアルなことを認めなかった父は、霊的なメッセージを受け取ったことを知ると、ジョンをムチ打ち、天使との交感を禁じた。その厳格な父親も晩年、妻が亡くなり、その妻から霊的なメッセージを受け取るという神秘的な体験をして、最後はスピリチュアリズムを是認するようになったという。

一八四四年、ジョンが一六歳になると、同じオハイオ州のクリーヴランド高校で学ぶようになった。同時に地元の歯科医宅に下宿しながら、歯科医の助手として働き、学費を稼いだ。母親も毛織物や卵を売ったお金をジョンの生活費などにあてた。

彼はそのままクリーヴランドの医科大学に進み、二一歳で医学部を卒業。卒業後は、短い間であったが、〝精神病患者の保護施設〟の医長であったおじのところで医者の見習いとして働いた。

おりしもアメリカは、ゴールドラッシュに沸いている時代であった。

金鉱探し、世界旅行、歯医者、結婚、ミディアム

そのゴールドラッシュがジョンの冒険心に火をつけた。一八四九年、医者の見習いもソコソコにして、カリフォルニアの金鉱へ向かった。しかも、すぐに金を見つけて、一財産を築いた。その富を手に一度オハイオ州の実家に戻り、両親や弟妹たちとその富を分かち合った。

しかし、ジョンの冒険心はそれだけでは終わらなかった。一八五一年ごろ、スコットランド出身のジョン・タンブルとチームを組んで、今度はオーストラリア・ヴィクトリア州のバララット金鉱へと旅立った。

テント暮らしの日々を過ごしながら、ここでも金脈を掘り当て、わずか二、三年の間に当時の金額で約二万五〇〇〇ドル（現在の貨幣価値に換算すると八〇〇〇万円ほどとみられる）稼いだという。ジョンはこのお金を使って、ヨーロッパ、中国、インド、アフリカなど、遠い異国の地を旅して歩いた。

世界旅行からアメリカに戻ってきた一八五五年、ジョンはオハイオ州シンシナティで開業医となる。最初は医者として開業したが、すぐに歯科医となり、その後長年にわたって一定の成功を収めた。

一八六〇年、ジョンは金鉱探しのパートナーだったジョン・タンブルの妹レイチェル・タンブルと、レイチェルの故郷であるスコットランドで結婚した。

二人は当初、アメリカのフィラデルフィアに新居を構え、そこで二年ほど、ジョンは歯科医をして

いた。だが、ニューヨークに移り住み、以降一八八四年までの二〇年以上、歯科医として暮らした。二人は二男一女を儲けたが、男の子一人は早くに亡くした。もう一人の男の子はやがて土木技師となり、女の子は芸術家になった。

おそらくジョンの経済的な成功と独立、そして結婚によって、彼は父親から封じられていたスピリチュアリズムに再び傾倒するようになった。一八六〇年代から一八七〇年代にかけて一〇〜一五年間、ことあるごとに全米を旅し、二〇〇人以上のミディアム（霊媒。霊と人間を仲介する人）を調査して、スピリチュアルな存在との交信の可能性を探った。ミディアムの何人かをしばしば彼の家に呼んでは、心ゆくまで実験を行なった。

その結果、スピリチュアルな世界が存在することは疑いの余地がないと信じるようになった。中でも彼が熱心に研究し、マスターしようとした技術は「自動書記」と呼ばれるものであった。自動書記とは、霊的な存在と交信する際、自分の手が自動的に文字や絵を描くことによって霊的な存在からメッセージを受け取る技術である。

多くのミディアムがこの方法を使って、死者の霊と交信していたが、ジョンが交信したい相手は親戚や死んだ人の霊ではなく、もっと高尚な天使たちであった。交信内容も俗世界的な話にはまったく興味がなく、興味があるのは、神の計画や天使たちの暮らしぶりといったスピリチュアルな世界の真相についての話であった。

減量して始まった天使たちとの密な交流

一体、どうしたら高尚な天使たちと交信できるようになるのか——。

ジョンの試行錯誤は続いた。そして、天使たちから受けたとみられる霊感の助けもあったのだろう、ジョンは自分の体と心を清める必要があると考えるようになった。というのも、ジョンの体は、長年の運動不足と過食により体重が一一三・五キロもある肥満体になっていたからだ。

そこでジョンはいっさい、肉や魚、ミルクやバターを食べることを止めることにした。いわゆる、乳製品を含む動物性食品をまったく摂らない極端な菜食主義者「ヴィーガン」になったのだ。そして朝早く起きて、日に二度入浴する規則的な暮らしをした。利益を度外視して、困った人を助けるように努めた。日の出の三〇分前には起きて、小さな部屋に一人でこもり、自分の至らなさを創造主に懺悔した。

そうした規則正しい、隠者的な生活を約六年間続けたところ、ジョンの体重は八一・七キロまで減り、かなりスリムになった。しかも持病のリューマチや頭痛に悩まされることもなくなり、なによりも軽快かつ快活になった。

天使からもたらされる霊感もより鮮明かつ具体的になり、一八七六年ころまでには、見えない天使の手に導かれて自動書記をするのではなく、視覚化した天使が自分の頭に手をかざし、天からの光が自分の手に注がれる光景を見るようになった。同時に天使の声もそばではっきりと聞こえるようになったという。

ジョンは、当時開発されて間もないタイプライターを購入するよう、霊感による指示を受けた。一八七八年のころだ。ジョンは早速、まだほとんど普及していなかったレミントン社製の「ショールズ・アンド・グリデン」のタイプライター（大文字しか打てない古いタイプ）を購入し、タイプの練習を始めた。

タイプライターの習得に二年ほどかかったが、それでもジョンのタイプの腕前はそれほど上手ではなかった。二年間の練習期間中、天使たちはジョンに天国や地球に関する問題を投げかけてきた。質問は、「普通の人間には知的に答えることは不可能なこと」ばかりであった。

この二年間の謎めいた経験について、ジョン自身は次のように語っている。

「おそらく人間はどんなに気張って見せても無知であり、私自身も生来の性質を改める必要があったのだろう」

実際、後に天使たちはジョンに、謎めいた問答の目的は人間の誤った推論の癖を取り除き、なるべくジョンの考えや考え方が、これから始まろうとしていた本格的な自動書記に影響を及ばさないようにするためであったと告げたという。

突然『オアスペ』の自動書記が始まった

転機を迎えたのは、一八八〇年春のことであった。

いつものように夜明け前、自室のタイプライターの前に座っていると、両手の甲がスポットライトの光のように明るく照らされたのだ。すると、手がひとりでにタイプライターに向かい、それから一五分間、非常に力強くタイプを打ち始めた。

自動書記が始まったのだ。

ジョンは何がタイプされているか読んでみたい衝動に駆られたが、天使たちから決して読まないようにと諭された。この新しい自動書記の能力を失うのを恐れたジョンは、天使の言いつけを守り、タイプされたものを読まないことにした。

次の朝も、その次の日も、同様な自動書記（むしろ自動タイプ）が同じ時間帯に始まった。その自動タイプのセッションは、夜明け前の一五～三〇分間、実に五〇週間続いた。だが、ジョンはそのことを誰かに告げることはほとんどなかった。

ただ、黙々と手が自動的にタイプするにまかせた。そして同様な自動書記の方法で、ジョンは鉛筆でいくつかの特別な絵を描かされた。

その五〇週の間のある朝、ジョンは自動タイプをさせている天使たちの姿を見ることがあった。いつものように手が勝手にタイプしているときに、ジョンがふと窓から外を見ると、空から電線のような光線が延びてきて、彼の両手を照らしているのを目撃したのだ。

同時に彼は、自分の頭に三人の天使の手がかざされており、後方にはもう一人の天使が立っていて自分の肩に両手を乗せているのを見た。

ジョンがその光景を目撃したからといって、自動タイプが中断されることはなかった。ひたすら指は動き続け、タイプされた紙が次から次へと押し出されていくのであった。

こうしてカレンダーが次の年になり、五〇週が経過したとき、ジョンは初めてタイプしたものを読むことを許され、それを『オアスペ』という本として出版するように告げられた。

一八八一年にはジョンの友人の印刷業者ジョン・ラントの力を借りて校正刷り（未完成版）ができ上がったが、ジョンがラントをプロジェクトから外したため、出版されることはなかった。

だが、翌一八八二年の秋、賛同者の寄付などにより組織された「オアスペ出版協会」によって、四つ折り版（二五センチ×二〇センチの大きさとみられる）で九〇〇ページを超える大作『オアスペ』が出版された。天使による自動タイプが終わってから、一年半が経過していた。初版は三〇〇〇部であったという。

同年一〇月二一日に掲載されたニューヨーク・タイムズ紙の記事によると、『オアスペ』の売り上げはすべて「孤児のための幼稚園」の建設に使われると書かれている。

以上が、ジョン・ニューブローの前半生と『オアスペ』誕生までのいきさつである。

このままニューブローの後半生や『オアスペ』の内容の説明に進む前に、早くからこの本に着目していた秋山眞人氏とともに、『オアスペ』出版の意義や、ニューブローの人となりや彼の能力、とりわけ自動書記について、議論を展開していきたい。そのほうが『オアスペ』の全体像が読者によりわかってもらえると思うからである。

2 『オアスペ』の意義

人間の想像を超えた宇宙船の登場

布施 秋山さんはどうして『オアスペ』に興味を持つようになったのですか。

秋山 私が翻訳を監修したアメリカの古代文明研究家ジョージ・ハント・ウィリアムソンの『神々のルーツ』の中で、重要な文献として紹介されていたからです。ウィリアムソンは、太古から宇宙人（以下スペーススピープル）は地球に来ていたと主張したUFOコンタクティ（UFOを目撃したり、スペースピープルと交信・交流したりする人）でした。その彼が、『オアスペ』を読んで涙したとまでいわれているのです。興味を持たないはずはありません。

布施 ウィリアムソンはなぜ涙するほど感動したのでしょうか。

秋山 大昔にスペースピープルが地球に来て、人間の進化に影響を与えたとする彼の主張を肯定し、裏づけるような物語が『オアスペ』に書かれているからです。『オアスペ』はおそらく最初に「スターシップ」や「炎の船」など、宇宙空間を航行する宇宙船という概念を紹介した本でもあります。

布施　たしかに『オアスペ』が出版された一九世紀の後半といえば、フランスのSF作家ジュール・ヴェルヌ（一八二八〜一九〇五年）が『月世界旅行』を発表したころです。大砲で宇宙船を打ち上げるという発想でした。それ以前にも、一七世紀のフランスの哲学者で作家のシラノ・ド・ベルジュラック（一六一九〜一六五五年）が、多段式ロケットのような「火薬を用いた火矢」で月に行く『月世界旅行記』を書いていますが、いずれもロケットや大砲といった火薬の爆発を使った乗り物に乗って、せいぜい月か太陽といった身近な星に行く程度の宇宙旅行です。

これに対して『オアスペ』には、光よりも速い超高速で星雲間を移動する「スターシップ」が出てきます。しかも、「三日月形の船」や「矢の船」、炎のごとく輝く「炎の船」、生物のような形をした巨大な船などさまざまな宇宙船が登場します。その大きさも半端ではありません。太陽系を包み込むほどの大きさの船もあるわけです。完全に当時の人間の想像力を凌駕しています。

秋山　まさにそこがポイントなのです。『オアスペ』に出てくる船は、現在目撃されているUFOに非常によく似ています。しかも明らかに、物質的に宇宙空間を移動してくるのではなく、「エーテリア界」（詳細は後述）という別の世界から物質界の地球にやってくる点でも、私の知っているUFOの移動方法と酷似しています。宇宙船の記述に関しては、かなりリアリティーがあるといっていいでしょう。

また、『オアスペ』には、太古の地球においてスペースピープルの介入があったと思わせる記述があります。これは私がスペースピープルから聞いた地球人類史と似通った部分があります。

布施　ほかにも、『オアスペ』にはかつて太平洋に沈没した「パン」という謎の大陸が出てきます。米国在住のイギリス人ジェームズ・チャーチワード（一八五一〜一九三六年）が一九二六年、ムー大陸という超古代文明が栄えたという伝説上の大陸が太平洋上に存在したと主張する『失われたムー大陸――人類の母国』という本（一九三一年に改訂版出版）を出版して話題になりましたが、その五〇年近く前にニューブローはパン大陸のことを書いていたことになります。

秋山　そこも重要なポイントです。チャーチワードの主張したムー大陸の種本が『オアスペ』であった可能性が出てくるからです。

もちろん、別々のルートで太平洋の謎の大陸の話が伝わった可能性もあります。日本でも四国に伝わった宮地神道に太平洋上に浮かぶ謎の大陸の地図があるという話を聞いたことがあるし、竹内文書にも太平洋上に「ミヨイ」「タミアラ」という大きな島があったことが描かれています。古くはギリシャの哲学者プラトン（紀元前四二七〜同三四七年）が大西洋に没したというアトランティス大陸について言及していますし、『聖書』にもノアの洪水伝説があります。そういう失われた大陸伝説が、世界中に残っていたのかもしれません。

しかし、『オアスペ』が出版された年を勘案すると、少なくとも太平洋上に大陸があり、太古においてそれが沈没したとする明白に書かれた出版物は『オアスペ』が最初であったとみていいと思います。

3　ミディアム（霊媒）と自動書記

霊的能力を拒む後ろめたさ

布施　『オアスペ』は天使からの啓示を自動書記で書いたとされています。秋山さんも自動書記をされるそうですが、これはどのような能力なのでしょうか。

秋山　自分の意識とは無関係に手などが動いて、その自動作用によって筆記を行なう能力です。心理学用語で「オートマティスム（筋肉性自動作用）」と呼ばれることもあります。

この能力で有名なのは、一九世紀のイングランド国教会の牧師ウィリアム・ステイントン・モーゼス（一八三九～一八九二年）で、「インペレーター」と名乗る未知の霊と交信し、そのメッセージを「霊訓」として出版しました。一九世紀以来、自動書記は世界中で広まり、今でも精神世界で人気があります。

日本では、霊術団体・太霊道の創始者・田中守平（一八八四～一九二九年）が、自動書記に似た能力を紹介しました。彼は、ものに手を触れると振動すると言っていました。その振動を味わうことによって、霊能が発現すると彼は言います。霊子盤という板を作って、そこに手を置いて霊の動きを引き出すわけです。要するにコックリさんと原理は非常によく似ています。というのも、自動書記の初歩的な練習というのは、手を置いて振動を感じるところから始まるからです。

布施　よくコックリさんをやったことのある人の話を聞きますが、同じものなのですか。

秋山　注意しなければならないのは、コックリさんとは何かということを正しく把握することです。不確かなものに触れれば、不確かな始まり方をして、不確かな終わり方しかできないわけです。コントロールできないで終わります。ですから明確にこういうものだと設定して、明確にそのイメージの中に呼び込まなければならないのです。

布施　不明確な設定をすると、雑多な霊と混信したり、自分の欲望や願望と交信したりしてしまうということでしょうか。

秋山　そういうこともあるのではないでしょうか。

布施　ニューブローも地上のものや死者の霊ではなく、天上界の天使と交信したくて、二年間試行錯誤を重ねたと書いています。そこで、一日二度風呂に入ったり、菜食主義に転じたりしたところ、天使と交信できるようになった、と。

秋山　ニューブローのように、食事を律するという発想は多いです。菜食主義になる人もいます。しかし、菜食主義になると長生きできないという話もあります。医学的にも議論が分かれています。顔相術の水野南北などは、小食から無食に向かいました。とにかく食べなければ、霊感が働くとしたわけです。では、最低限の食事とは何か。霊的にプラナが供給されると、人間はだんだん、非常に効率的な体の栄養分で生きていけるようになるという発想があります。ただし、それが正しいかどうかは別の話です。

要はうしろめたさなのです。人間は穢《けが》れているという元の発想があるのです。汚れているから何か犠牲を出さなければいけないと思ってしまうのです。だから、それがなされないと神と交信できないと思い込んでしまう。うしろめたさがあると、神と交信しづらいのです。そのうしろめたさはなんなのか、ということです。人を許し、自分を許すという力を身につけていけば、うしろめたさは消えます。人を七割許し、自分を三割許すことでしょうか。これぐらいでちょうどいいと思います。

うしろめたさは誰にでもあります。ニューブローの場合は、暴飲暴食の果てにメタボになってしまったという後ろめたさがあったのではないでしょうか。

ニューブローは本物のミディアムか

布施　それではニューブローはホンモノのミディアム（霊媒）であり、自動書記の内容も正しいと言っても間違いないのでしょうか。

秋山　一概にはそうともいえません。第六章の「『オアスペ』の矛盾点と問題点」でも詳述しますが、完璧なミディアムなど、まず存在しないからです。しかしながら、かなり納得のゆく部分があるのはたしかです。

第一に評価できるのは、全米を回って実際にミディアムと呼ばれる人々を訪ねて研究していることです。幼少時から霊媒的な能力を持っており、天使との交感能力もあったニューブローが、二〇〇人以上のミディアムに実際に会って話を聞いたのであれば、かなり自分を客観的に見ることができるようになったはずです。能力者でありながら、研究者であることは、直感と思考、感覚と感情のバランスを取るのに必要なのです。

私も若いときは、本当に多くの能力者を訪ね歩き、彼らから多くのことを学びました。そうすることによって、自分だけの思い込みとか、主観性や客観性の問題を明確にすることができました。

次に着目すべきは、当時の最先端の技術であるタイプライターを購入して、タイプによる自動書記をしたことです。タイプライターのような道具を使うと、チャネリング（霊媒術の一形態。高次の霊的存在や宇宙人といった超越的・常識を超えた存在との交信）がうまくいくことが多いからです。

布施　道具というと、金属の棒や振り子を使うダウジング（手に持った道具を使って水脈や鉱脈、あるいは探し物を探し出す技術）と同じですか。

秋山　そうです。主観の入りづらい中立的な道具には、その人の潜在能力を引き出したり増幅させたりする補助的な力があるからです。特にニューブローは、タイプの技術には長けていなかったわけですから、なおさらいいです。それだけ先入観が入り込む機会が少なくなるからです。

布施　天使はニューブローにタイプしたものを見てはいけないと命じたようですが、これも関係ありますか。

秋山　大いに関係があります。これが三番目に重要なポイントです。もしニューブローが自分で自動タイプした原稿を読んでしまうと、前日の自動書記の内容を自分で勝手に解釈して、『オアスペ』が紡ぐ物語を自分の意識のフィルターを通して改変してしまう可能性があるからです。そうなると、「天使のメッセージ」は正確に伝わらなくなります。

布施　自動書記にはいくつか注意すべき点があるようですね。

秋山　とにかく自分の好み、考え方の癖、偏見、思い込みなどを介さずに、メッセージを純粋に受け取る必要があるのです。それは決して簡単なことではありません。

布施　ほかに気をつけることはありますか。

秋山　ニューブローは毎朝一五〜三〇分だけ自動書記をしたということですが、その設定は非常にいいです。自動書記はコックリさんと同じで、よく止まらなくなるからです。すると、収拾がつかなくなります。始まりの時間と終わりの時間をコントロールすることが重要なのです。

ちゃんと初めてちゃんと終わるということを習慣づけると、質がよくなってきます。私も必ず、三〇分なら三〇分と時間を決めて自動書記をします。「止まらない」とかいう馬鹿なことはやらないことです。きちっとテーマを設定して行なえば、そんなに時間がかからずにサーッとできます。意識はあるので、終えたいときは自分でペンを離せばいいだけです。

時間を決めると、始まりと終わりにもっともスピリチュアルな力が働きます。真ん中はダレます。最初の五分と終わりの五分が重要になってきます。重要な二つの集中点があるのに、終わりをだらだらとさせると、だめになってしまうわけです。すると、飽きたり、後味が悪くなったりします。後味が悪いと、次に始めるときには後味が悪いまま始めなければなりません。

天使の介添えは趣味の問題

布施　ニューブローは、ヴィーガンになったことによって、自動書記の仕方が劇的に変わったと言っています。自然に手が動くという点では同じだが、天使が頭に手をかざすだけで自動的に手が動くようになった、というようなニュアンスです。

秋山　天使が加勢するという話は、元ＮＡＳＡの科学者でヒーラーのバーバラ・アン・ブレナンが書いた『光の手』にも出てきます。ヒーリングしていると、天使が来て介添えをしてくれる、とはよくいわれます。ニューブローもおそらくそう感じたのでしょう。そこに特に意味はありません。

布施　秋山さんの場合はまったく違うのですか。

秋山　ニューブローが書いているような大げさな感覚は、私には必要ありません。ニューブローはおそらくビジョンをはっきりとつかめる感覚が欲しかったのです。初期のころは孤立無援で、サポートはなかったはずです。ですから自動書記を続けるには、よほどすごい経験をしなければ本人は続けられなかったと思います。それが天使たちのビジョンであったのだと思います。そのために天使たちは仰々しく、儀式的に演出して見せてくれたのではないでしょうか。あるいはそのように見えた、ということだと思います。

『光の手』の著者も、科学者だったからヒーリングのほうに向かったのです。

私の場合は天使が出てくることはありません。あっ、チューニングしているな、感応しているなと感じることはあります。最近は、実感もありません。ただ勝手に手が動き出します。

チャネリングをして絵を描きたいという衝動があったとします。で、チューニングしても、その日によっては調子が出ないということもあります。そういう日は、グダグダしたものがいっぱいあって、書けないなと思います。グダグダしたものがあるということは、今日は環境がだめだなというときと、体がだめだなというときがあります。どちらかがOKであれば、だいたい描きたくなるものです。

「今日は環境のエネルギーがいいね」というときは描きどきです。「さっき食べたイクラがだめなのかな」というときは、何か波動の悪いものが体に入っている感じなのです。そのときはうまく描けないです。だから、ニューブローのように「一日に二回風呂に入らなければならない」ということでもなくて、しばらく気持ちを切り替えればいいだけです。**どんなものが入ってきても、体が汚れるなんてことを思わなければいいのです。身体はそもそも神聖な寺院です。**

米国で活動したアイルランド出身の著述家で牧師のジョセフ・マーフィー（一八九八～一九八一年）は、ネガティブな感情や感覚は、心臓と同じような弁があって、本来は自分の心の中に入っていかないようになっているのだと言います。それなのにそれを怖がっているようではだめなのだ、と言います。

私もそう思います。

一日二回風呂に入って、菜食で、天使が介添えしなければ自動書記できないというのは、その人の趣味の問題、というか、うしろめたさや恐れを消すための個人的な作法にすぎないのです。まだ能力が試行錯誤の段階なのです。

ニューブローは発明家（歯形を取る装置や入れ歯関連の特許、計算機の特許などを持っている）であり、時代の寵児でいたいとの思いもどこかであったでしょう。だから最新式のタイプライターで自動書記をしたわけです。背景にあるのは、発明ブームです。自動車が普及して、生活が向上し、最先端の物質工学によって機械類が飛躍的に発達し、人の世界が便利になっていきました。ですから、そうした時代を反映するような産業革命で生まれた最新機器でなければいけなかったのです。片やタイプライターが登場し、片や天使が介添えする――この対照的な組み合わせが当時のアメリカを象徴しているのではないでしょうか。

能力者は時代性の影響を受けるのです。時代霊の影響といってもいいです。菜食に向かったのも、このころの宗教的背景があったのだと思います。ケロッグ社のシリアルとも関係があるように思います。シリアル食品「コーンフレーク」の生みの親である医学博士ジョン・ハーヴェイ・ケロッグ（一八五二～一九四三年）も、菜食主義者でセヴンスデイ・アドベンチスト協会（イエス・キリストの再臨を待望するキリスト教系の新宗教）の信者でした。

実は先日、非常にコーンフレークが食べたくなったのです。そして「コーンフレークのファースト・フード店が作れないかな」という思いが降ってきました。今あるファースト・フード店では、ハンバーガーも牛丼も動物食で油ギトギトではないですか。そろそろヴェジタリアンのファースト・フードがあってもいい、と思いました。牛乳ヒタヒタのコーンフレークに具が乗っているお店はどうでしょうか。これは啓示です。そういうもの食べると、体が軽くなるかもしれませんね。

4　ニューブローの後半生

離婚と孤児院「シャラム」の創設

自動タイプの技術を得て、『オアスペ』を一年で書き上げたジョン・ニューブローのその後の人生はどうなったのであろうか。

ジョンの再婚相手であるフランシス・ヴァンドウォーター

『オアスペ』出版後のニューブローの人生は、公私ともに劇的に変わった。プライベートなことでは、結婚生活がうまくいかなくなった。そもそも歯科医であるにもかかわらず、全米の霊媒師を追いかけ回すようなジョンに、妻レイチェルが愛想を尽かしたとしても、それは無理からぬことであった。しかも、自らミディアムになるべく、完全な菜食主義者になるなどして身と心を清め、日の出前から創造主に祈るような生活は、妻がジョンの母親のようにスピリチュアリストでなければ、受け入れるのは難しかったであろう。実際、ジョンと妻は同じ屋根の下で事実上の別居生活をしていたようである。夫婦生活は破綻の危機に直面していた。

その対立が決定的になったのは、一八八四年一月一日にジョンの歯科助手フランシス・ヴァンドウォーターとジョンの間に娘が生まれたことであった。つまり不義の子だ。妻レイチェルがこの不義を許すわけがなかった。同年四月、レイチェルはニューヨークの自宅からジョンを追い出した。二年後の一八八六年には離婚が成立、ジョンはほどなくフランシス・ヴァンドウォーターと結婚した。

一方、『オアスペ』の出版により、新しい動きが出てきた。出版から約一年が経った一八八三年一一月、『オアスペ』の主張に賛同する六三人の人々がニューヨーク州のパール・リバーに集まり、「フェイシストのオアスペ支部」（フェイシストとは、ジェホヴィの言うことを理解できる信仰者のこと）を結成したのだ。彼らの目的は、『オアスペ』に描かれてい

フェイシストの共同体「シャラム」。

るジェホヴィを信仰する孤児院「シャラム」（シャラムとは、ジェホヴィの寺院のこと）を造ることであった。

ニューヨークの自宅から追い出されたジョン・ニューブローとヴァンドウォーターも、パール・リバーの農場に引っ越した。ニューブローはそこを「ホアド野営地」（ホアドとは、神の最初の王国という意味）と名づけた。

一八八四年の後半、ニューブローは、『オアスペ』の読者で、捕鯨で財をなしたニューイングランド地方の名士であったアンドリュー・ハウランドの経済的援助を受けて、孤児院「シャラム」のための用地としてニューメキシコ州ラス・クルースのそばのドナ・アナに一四九〇エーカー（約六〇三ヘクタール。ニューヨーク・セントラルパークの二倍弱ほど）の土地を手に入れた。同年一〇月、ニューブローと十数人のフェイシストのボランティア、それに何人かの孤児は、その新しい土地に移り住んだ。

しかしながら、ドナ・アナでの孤児院の運営は順風満帆とはいかなかった。出資者ハウランドとの土地の所有権をめぐる紛争や、施設運営方針をめぐる意見の食い違いといった障害がほどなく表面化して、一八八五年暮れに五〇人以上いたメンバーは一八八六年春ごろから次々にニューブローのもとを離れ、ニューブローを含め数人が残るだけとなった。子供たちの世話は、ほとんど妻のフランシスの仕事になった。

一八八七年ごろに土地問題をめぐる民事訴訟が始まると、ニューブローらもハウランド一人を残して、ルイジアナ州ニューオーリンズに引っ越した。

引き継がれたニューブローの遺志

それから二年後の一八八九年、訴訟問題の熱《ほとぼり》が冷めたころ、ニューブローらは再びハウランドのいるドナ・アナに戻った。ニューブローはハウランドと『オアスペ』の改訂版を出版する作業に入った。「シャラム」を悲劇が襲ったのは、まだ改訂版の編集作業が行なわれている一八九一年春のことであった。ハウランドが改訂版出版に向けてボストンに出かけているとき、「シャラム」でインフルエンザが発生、猛威を振るったのだ。ジョンは必死に病人の看病に当たったが、ジョン自身も病に倒れ、四月二二日に帰らぬ人となった。それから数カ月後、一八九一年版の『オアスペ』が完成、六〇〇〇部が出版されたという。

ジョン・ニューブローの死後、ハウランドと未亡人のフランシスは、施設を立て直すために躍起になって働いた。同じ屋根の下に住む男女は結婚していないと世間体が悪くなるという当時の慣例に従って、一八九三年にハウランドとフランシスは結婚した。ハウランドの計画は、酪農を営みながら自給自足できる、より生産的で規模の大きな孤児院を運営することであった。

しかし二人の努力にもかかわらず、施設運営の経済状態は一向に改善しなかった。加えて一九〇〇年には近くのリオグランデ川が氾濫、施設の建物が押し流されてしまうという不幸にも見舞われた。運営資金は底を突き、ハウランドは一四歳未満の二四人の子供たちを手放し、他の施設に送らなければならなくなった。

一九〇七年一一月、ハウランドとフランシスは巨費をつぎ込んで建設した、ドナ・アナの「シャラム」を引き払って、残されたわずかな孤児らとともに、テキサス州のエル・パソに引っ越した。

一方で、『オアスペ』に感銘を受けた人々は、コロラドやカリフォルニア、ユタの各州で支部を立ち上げ、ハウランドが孤児を引き受けなくなった一九〇一年以降、独自に『オアスペ』の思想に根差した孤児院を建て、孤児を引き取る活動を始めた。今ではその多くは活動を停止していると思われる。だが、少なくともジョン・ニューブローの遺志は、細々ではあるが引き継がれ、今日に至っているのである。そうでなければ、『オアスペ』の復刻版とその現代語版が、一二〇年以上の時を隔てた二一世紀に出版されることはなかったのではないだろうか。


以上が『オアスペ』誕生のいきさつと、ジョン・ニューブローの人生の顛末である。

次の章からは、ニューブローが世に出した『オアスペ』の内容について具体的に論じていくことにする。最初は『オアスペ』が描く宇宙創造と地球創成の秘密を取り上げようと思う。

第二章

宇宙創造と地球創成の秘密

《あらすじ》

ジェホヴィは、時空を超えたすべての中に存在する「私はある！」あるいは「至高の人格」である。ジェホヴィは、もっとも希薄な「エーテリア界」（至高の天国、自由な天国）と密度の濃い「コーポリアル界」（物質界）、それにその中間の「アトモスフェリア界」（低い天国、束縛された天国）を創造した。

ジェホヴィは、見えない世界につむじ風（旋風）を創り、その力を利用してアトモスフェリア界の材料を集めて、物質界の恒星や惑星を創造した。そして「強力である見えないもの」と「それ自体は無力な、見えるもの」という二つの実在を通し、自分自身に似せて人間を創り、男女を創造した。

人間は祈りながら見上げて、地球と天国にあるすべての創造物の生成過程を知りたいと思った。これに対してジェホヴィ（創造主）は答えた。

「私が創造した世界の成り立ちを人間に知らしめる印として、私はつむじ風を創った。つむじ風が地上の埃《ほこり》を寄せ集めるように、天国の天空で私がジアイ、アジ、ネビュラ（星雲）を寄せ集めたのだということを知りなさい。旋風の力によって、私はコーポリアル界（物質界）の太陽や月や星々を創ったのである。私は人間に、エーテリア界の空に存在するつむじ風に名前をつけるように命じた。すると人間は、その形状からヴォルテックス（渦巻き）とウォーク（環状および球状の旋回）と呼んだ」

（『オアスペ』第四章「ジェホヴィの書」の第三節）

1　宇宙を創世した創造主ジェホヴィの正体

万物を創造したジェホヴィ

『オアスペ』の構成およびその物語は、非常にドラマチックだ。最初の章である「タエの祈り」では、人間の中の無垢の声を象徴する「タエ」（子供の声）が創造主に教えを乞う。「人間の生命が永遠だという証拠はどこにあるのですか」、「約束された天国はどこにあるのですか」と。

これに対して創造主であるジェホヴィは、「物質的なことを学べるように、私は人間に肉体を与えた。しかし、人間が天使として霊性を高め、エーテリア界（物質にまったく縛られない霊的な世界。神界）に住むことができるように死を創造したのだ」と答え、肉体が滅んでも人間の生命は永遠であると諭す場面から始まる。

こうしたやりとりが、オペラ的に展開される。人間側にも、天使側にも、地球の神側にも、大天使側にも、そして創造主の側にもそれぞれの言い分があり、それが高々と謳われる。地球の神の戴冠式などの描写も、極めてきらびやかで、絢爛豪華だ。まさに壮大な歌劇を観客席で見ているような気持になる。そしてこのオペラ全体の通奏低音のように、途切れることなく謳われるのが、創造主ジェホヴィの言葉なのだ。

では、創造主ジェホヴィとは何者なのであろうか――。

簡単にいえば、この宇宙とその仕組みを創造した存在である。そのことは第四章「ジェホヴィの書」の第一節に詳しいので、それを紹介しよう。

すべてが、過去、現在、未来にわたって永遠に存在する。すべてが語られており、運動も過去、現在、未来にわたって永遠に存在する。建設的なことは「彼（創造主）の御業」と呼ばれ、すべての運動は彼の言葉から始まった。

彼は言った。「我はある！」――。すると、彼は見えるものも見えないものも、すべてのものを理解した。全宇宙の中で、彼の一部でないものは存在しない。

彼は言った。

「私はすべてのものの魂である。そして、見えるものすべては、私の人格であり、私の体である」

「私の存在によって、万物があり、生命があり、生き物が生まれる。私は胎動させるものであり、運動を生じさせるものであり、創造主であり、破壊者である。私は最初であり、最後である」

「私は二つのはっきりした実在である。にもかかわらず、私はただ一つの存在である。二つの実在とは、『力のある、見えないもの』と、コーパー（肉体・物質）と呼ばれる『それ自身無力の、見えるもの』だ」

「この二つの実在を使って私は、私に似せて、生きとし生けるものすべてを創った。というのも、生命が強力な部分であるように、肉体は無力な部分であるからだ」

「地球に暮らすすべての存在の首長である私は、人間を創った。男と女を創造した。そして、人間が私を区別できるように、私に名前をつけるよう人間に命じた。人間は地上や天国にすでにあるものの中から私に名前をつけようとはしなかった。私の意思に従って、人間は風が生じさせる音にちなんで私を『エ・オ・イ！』と名づけた。今日では『ジェホヴィ』と呼ばれ、そう書かれている」

ここには、ジェホヴィが成し遂げた創造の概略が書かれている。一種の創造主による自己紹介のようなものだ。簡単に要約すると、ジェホヴィは過去、現在、未来のすべてにおいて存在する万物であり、「生きとし生けるものすべてを創った」まさに全知全能かつ至高の存在なのだ。

神の名は？

この創造主の自己紹介で面白いのは、ジェホヴィの当初の名前は「エ・オ・イ」であったと明確に示されていることだ。

古代においては、「神の名をみだらに唱えてはならない」という戒め（モーゼの「十戒」の一つ）がイスラエル人の間にあったため、神の名を「ＹＨＷ」「ＹＨＷＨ」などと表記し、本名が隠されることが多かった。そのため、現在では神の本名は忘れ去られて、便宜上「ヤハウェ」「エホバ」などと呼ばれる場合が多い。だが、実はどれが本当の神の呼び名なのかわからなくなっているのだ。

そう考えると、『オアスペ』は明確に神の名を由来まで言及しているだけでなく、創造主自らが人間に命じて名前をつけさせたとまで言い切っているので、異彩を放っている。

名前に関して言えば、実はジェホヴィにはほかにも名前があると『オアスペ』は言う。それらは「偉大なる精霊」「オルマズド」「エゴクイム」「アゴクウイム」「エロイ」「我であるもの」「ジェホバ」だ。創造主自身が、預言者や地域によって、呼び方を変えさせている節がある。

また、創造主は男であり女であることから、とくにジェホヴィの女性的な面を示すときは「オム」、男性的な面を示すときは「ナ」という呼称を用いるとまで書かれている。そこには「みだりに神の名を唱えてはならない」という姿勢はまったく見られない。

むしろ人間のために便宜上つけただけの名前なので、ジェホヴィがそれほど名前にこだわっていないようにもうかがえる。これは、非常に興味深い。というのも、共著者の秋山氏自身、宇宙人（スペースピープル）と出会ったばかりのころ、同じようなことを彼らから言われているからだ。

秋山氏は言う。

「私が初期にコンタクトしたスペースピープルは、レミンダとベクターでした。彼らはヒューマノイド系の宇宙人でしたが、二人とも『本当は名前がないのだけど、そうするとあなたが混乱するので、便宜上そう名乗ります』と話していました」

では、なぜ彼らには名前がないのか。「それはテレパシーが発達すると、名前などなくてもすぐに誰だかわかるようになるからです」と秋山氏は説明する。「感じた瞬間に、すぐになんでもわかる。内面深くまでわかってしまうので、名前すら必要ない。創造主もスペースピープルもそのような境地にいるのではないでしょうか」

そう言われてみれば、自然界で名前をつけ合っている生物は人間だけに思えてくる。犬同士が名前で呼び合っているようには思えないし、イルカ同士がそれぞれ名前をつけて会話しているようにも見えない。おそらく名前がなくても、臭いや気配、鳴き声で誰（何）がいるか察知できる能力を持っているのだ。

ウィリアム・シェークスピアの戯曲『ロミオとジュリエット』では、ジュリエットが「名前にいったいどのような意味があるっていうの？　私たちが薔薇と呼んでいるモノは、どんな名前で呼んでも、甘い香りがするでしょ」と、格式を重んじる人たちがモンタギュー家、キャピュレット家という名前にこだわる風潮を嘆く場面が出てくる。

「神の名」を必要とするのは、内面的なものよりも、体面や体裁、物質的なものばかりに目を奪われている人間だけなのかもしれない。

スペースピープルも認めた「意志」の存在

このいくつもの名前を持つ創造主・ジェホヴィによる天地創造を、秋山氏はどう考えるであろうか。秋山氏は言う。

「おそらく、プラトンが言うように絶対世界がまずあったのだと思います。絶対世界は物質的な法則には拘束されません。その絶対的世界がアプリオリ（発生的意味で生得的なもの）にあって、そこからいろいろなことが始まるのです。『オアスペ』も『古事記』もみなそうです。神々の世界から神が降りてきてでき上がったのが、この世界です。

我々が想像もできないような絶対世界というのは、実在すると思います。その絶対世界とこの世界の共通点は、意志と創造なのだと思います。だから『神（神々）が創った』という話が出てくるのではないでしょうか。

スペースピープルも、かつて私に『純粋に科学的にアプローチしていくことによって、我々は宇宙の秩序・法則があり、その根幹には明確な意志があることを突き止めた。それは意志だけが単体で存在している。つまり、意識だけの存在である。そこには初めも終わりもなく、たくさんは一つであり、一つはたくさんである。そして過去・現在・未来は同時に変えられる』と教えてくれました。

『旧約聖書』では、『神が光あれ』と言ったことによって光が生まれ、天地創造がうまくいったことになっています。想像するに、絶対的な世界には『光』があったのでしょう。その『光』をこの世界に持ってきた。その『光』は、魂の力というか、霊的な光明や発光のようなもの、あるいはスペースピープルが私に教えてくれた『ワ』『ウォウ』『ムー』という波動や、『ルンク』『エルテ』『バダ』といった因子ともかかわってくるのだと思います。

我々が推し量ることもできない、根源的な意味とつながる基礎的な力が存在するような気がしてなりません。おそらく宇宙は、一つの大きな意志で満ちているのではないでしょうか。時間も空間もすべてを包み込んだ一つの意識が宇宙の本質としてあるのです」

2　宇宙創造の秘密

宇宙に存在する三つの世界の謎

『オアスペ』がユニークなのは、この宇宙をいくつかの世界に明確に分けていることだ。大きく分けて、三つの世界と二つの実在があるのだとジェホヴィは言う。

それによると、二つの実在とは「強力であり、目に見えないもの」と「それ自体は無力な、目に見えるもの」だ。人間は、前者の見えない世界を「エス（es）」と呼び、後者の見える世界を「コーパー（corpor）」と呼んだと書かれている。エスはおそらくエスプリ（精神・霊魂）と同じような意で、コーパーはコープス（肉体）と同義語であるとみられる。厳密には違うかもしれないが、あの世（神霊界）とこの世（人間界・肉体界・物質界）くらいの分け方であろうか。

ただしエスは、密度によってさらに二つに分けられる。非常に希薄なエーテリアと密度の濃いアトモスフェリアだ。これによって、この世界はエーテリア界（神界）と、アトモスフェリア界（霊界）、そしてコーポリアル界（物質界・肉体界）に分けられている。

また、エス（厳密に言うと、アトモスフェリア界）の密度は、三段階に分けることもできる。それが、この章の冒頭で紹介した、より希薄な密度のジアイ、比較的濃い密度のアジ、そして非常に濃い密度のネビュラ（星雲）である。

エスとコーパーの関係で言えば、目に見えない世界のほうが強力であるのだから、当然、「それ自体は無力な、目に見える世界」であるコーポリアル界はエスに従属することになる。つまり、『オアスペ』によると、この世界は見えないものが見えるものを支配しているわけだ。

この世界の構造について、秋山氏は次のように言う。

「私の体験から言っても、この世界は見えないものに支配されています。よく霊的なものが形を支配すると言いますが、『オアスペ』の言い方は、「霊的」ではなく「見えないもの」という言い方をしています。本質は常に見えない側にあるのだとの前提で、モノを考えるべきなのです。見えているものは皮一枚にすぎません。その奥に本質があります。そう思ってモノを見なさいと言っているのは、重要なメッセージだと思います」

ジェホヴィや秋山氏が言うように、見えないものがこの見える世界を造り、それをコントロールしているのだろうか。『古事記』でも、天地創造の際に現れた天之御中主神《あめのみなかぬしのかみ》、高御産巣日神《たかみむすびのかみ》、神産巣日神《かみむすびのかみ》ら七柱の神は、姿かたちがなかった、あるいは目に見えない神になったかのように書かれている。彼らは天地創造にかかわる非常に力の強い神であった。

ジェホヴィは『オアスペ』の別の箇所で、『見えないものから見えるものができる様子が人間にもわかるように、雲の形成をわかるようにした』とも述べている。おそらく『古事記』で、姿かたちを現さずに出てきた七柱の最後の神が、雲の神様とみられる豊雲野神であったことも偶然ではないのだろう。

それにしても、水が蒸発して雲になることを目で観察できるようにすることによって、見えないものが見えるものを支配していることを示す証拠にするのだという『オアスペ』の主張は、非常に面白い。というのも、よく「念は水に転写されやすい」という話を聞くからだ。私自身も、念によって水の味が変わる実験をやった体験があるので、それはよくわかる。

ニューブローが一日に二度入浴するようになったのも、自分の心の中に生じた雑念や欲望、こだわりなどを水に転写して流す（文字通り「水に流す」）ためだったのではないだろうか。

水からわかる三つの世界の存在

この「水」と「見えない世界」の関係について、秋山氏は説明する。

「見えない世界との関係でいうと、やはり水がキーになります。たしかに、水に念を転写するような現象は起こりやすいです。その意味で、水は見えないものと見えるものを結ぶ、明確な道具であるとも言えます。

また、魂は水の中にポチャンと浮いているような感じがよくします。人間の内臓も同じですね。なんとなく、体液など水分の中にポチャンと存在しているでしょう。そのような感じを受けます」

こうした話を聞くと、霊的なものの周りには水に近い物質があるように思われてくる。つまり、霊的なものや見えないものを理解するのに、水は身近な物質なのだ。

ジェホヴィは、「コーポリアル界の周りに、より希薄なアトモスフィア界を同時に創った」、「創造されたすべての中で、何ひとつ同じものがない」などと述べたうえで、それを象徴するのが雪の結晶であるとも語っている。その部分を引用しよう。

ジェホヴィは言った。

「私は、陸と海で丸い形状のコーポリアル界（物質世界）を創って、物質世界を通り抜け（透過）できない世界にした。というのも、私はその物質世界の表面に生き物を創造するからである。だが、私のエーテリア界も同じように丸くて透過できない世界だと思ってはならない。というのも、私が創造したすべてのものの中で、何一つ同じものはなかったからだ」（中略）

ジェホヴィは雪の結晶を作って、それを降らせたので、人間は結晶の構造の美しさと壮麗さをよく見ることができた。そして、ジェホヴィは自由な天国（エーテリア界のこと）からエーテリア人を地上に送った。彼らは人間に、人間が今までに聞いたどのような栄光も、エーテリア界の美しさと荘厳さの光に比べれば、闇に過ぎないことを教えた。そしてエーテリア人は、雪の結晶を手に取って告げた。
「ジェホヴィの名において、私たちは宣言しよう。エーテリア界は地球よりも大きく、しかも透過することもできる。エーテリア界は、結晶体、アーチ、曲線の道、それに角度のついた道で溢れているので、人間が独りで一〇〇万年かけて旅をしても、そこに存在する美しさと壮大さの半分も見ることはできない。天国の天空には何百億ものエーテリアの世界がある。あなた方はここにある雪の結晶を、エーテリア界にある無数の世界の、極微の模様・パターンであると思って見なさい。（後略）」

「通り抜け（透過）できない世界」とは、文字通りコーポリアル界では密度の濃い物質でできているので、透過できないという意味だろうが、通り抜けできない閉ざされた世界と訳すこともできる。つまり、コーポリアル界は閉じられた球体の世界というわけだ。

それは水が形として見える雨粒を象徴しているようでもある。丸い水滴だ。その水が蒸発すると、希薄なアトモスフェリア界となる。では、それよりも希薄なエーテリア界は、水でどのように表わされるのだろうか。それが、水蒸気が空中で昇華した雪である。エーテリア界は目には見えないが、そのパターンは、この雪の結晶の美しさと壮麗さで象徴されているのだ。

自然界における水の変化を観察することが、三つの世界の存在を知る手がかりになると、ジェホヴィは告げているのである。

物質世界の形は球状だった

「陸と海で丸い形状のコーポリアル界（物質界）を創った」というジェホヴィの言葉にも着目してみよう。直接的には丸い地球のことを指しているのは間違いないが、わざわざ原文ではコーポリアル界(the corporeal worlds)と複数形を使っていることからみても、コーポリアル界がそれ自体、外に閉ざされた球状の世界であるように創造されたと解釈することができる。

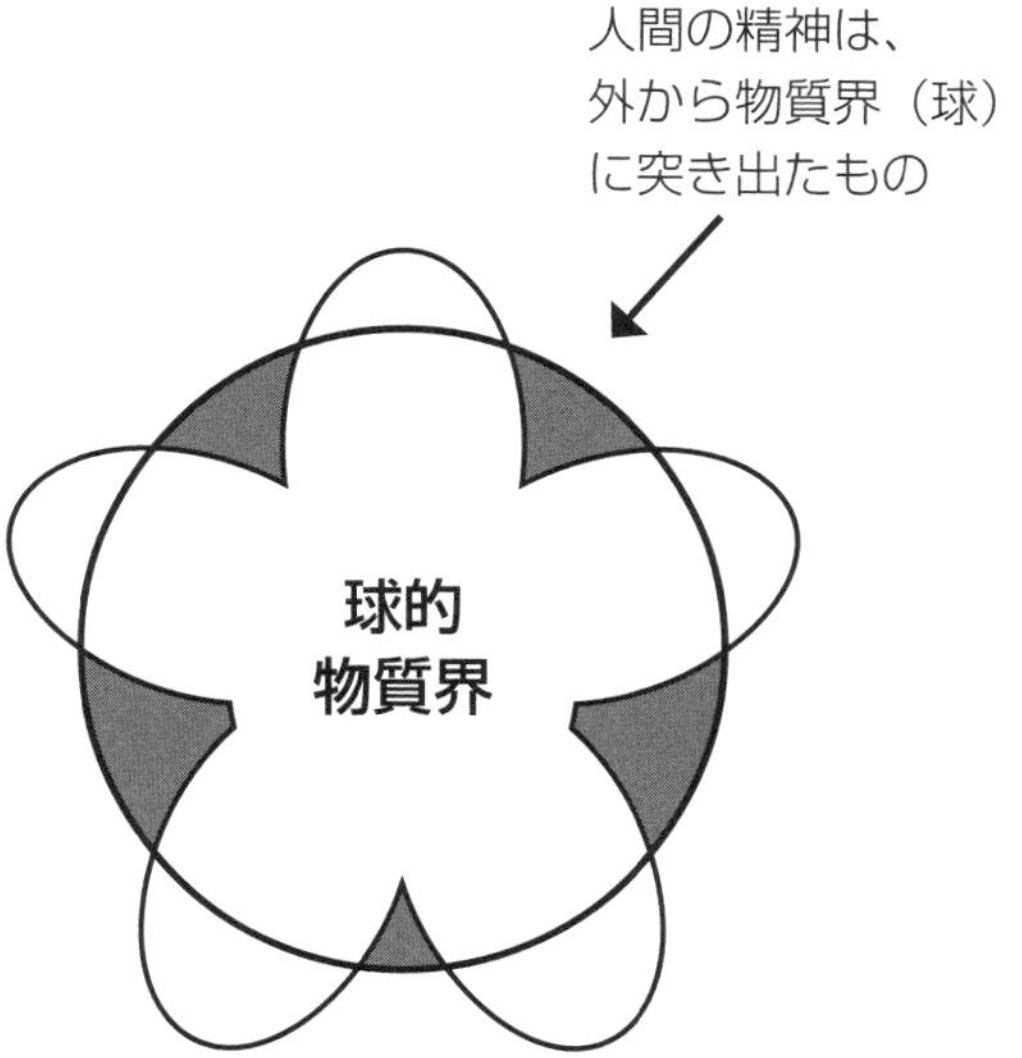
人間の精神は、
外から物質界（球）
に突き出たもの
球的
物質界

図27　秋山氏による球的物質界と人間の精神の概念図。

　秋山氏がこれに関連して面白いことを話しているので紹介しよう。

「私にも物質界は丸い世界のように感じられます。その球体に外から首を突っ込むようにして突き出た部分が我々なのです。本体は球体の外にあります。ですから閉ざされた球体の中がまさに、この物質界の地球であるように思うのです。本当は、我々は物質界の外にも生きることができる自由自在な存在なのです。しかし、あえて不自由不自在を経験するために、その球体の中で生きることを選んだのです」（図27）

秋山氏によると、どうやら我々が住む物質世界は閉ざされた球体で表現できるような世界なのだという。その球体の中では、基本的に唯物的な現象が起こる。物質は透過できないし、時間も「今」に閉じ込められ、過去にも未来にも行くことができない。移動するときも、時間をかけて物理的な距離を移動しなければならない。テレポーテーションなど論外なのだ。

ジェホヴィは、その不自由不自在な物質界の外側に、より希薄で自由度の高いアトモスフェリア界を創ったという。さらに物質界から一番〝遠い〟ところにもっとも希薄で自由自在なエーテリア界があるわけである。

次章で詳しく触れるが、人間は肉体を持ってコーポリアル界で生き、肉体が死滅すると、霊としてアトモスフェリア界に行く。これが雲に象徴される「より希薄な世界」だ。肉体を離れた霊はアトモスフェリア人として、「より低い天国」とも呼ばれる「束縛された天国」で生きることになるため、「束縛された霊」と呼ばれるのだという。

霊がいっさいのこだわりを捨て、利他に生きる喜びを知り、完全に自由になったとき、自由自在の至高の世界であるエーテリア界に旅立つのだという。

そのエーテリア界というのは、いっさい同じものがなく、雪の結晶のように美しく、多様で壮麗な世界なのだとジェホヴィは言う。

長年信じられた太陽中心説すら凌駕する宇宙観

このように『オアスペ』の特徴の第二番目は、地球の成り立ち、太陽系の成り立ち、世界の形、宇宙の形に言及していることだ。他の経典や啓示書には、そうした記述はほとんど見られない。『旧約聖書』の「創世記」を見てみよう。神が世界を創ったように書かれているが、すべてが現在あるものを記述したにすぎない。たとえば、神は天と地、光（昼）と闇（夜）、水と大空、陸と海、太陽と月、植物と動物を創造したと書かれているが、いずれも現状を追認、あるいは現状を分類・仕分けしただけで、宇宙の成り立ちや、地球の成り立ち、宇宙の形を説明しているわけではない。

これでは、地球が丸いのか、太陽が地球の周りを回っているのか、地球が太陽の周りを回っているのかさえわからない。後に天動説、地動説をめぐって、〝魔女狩り〟が行なわれたり、宗教裁判が起こったりするわけである。

古代ギリシャでは、大地はオケアノスという大洋に浮かぶ平たい円盤であるとした。水は我々の世界を取り囲んでいるだけでなく、太陽も月も星も、天上の「水の空」を航行していると考えた。ギリシャ神話でも、巨人アトラスがゼウスの命令で天を支えていることになっている。宇宙の中心には地球があり、その周りを月や太陽、水星や金星といった惑星が回っているとする天動説を確立させたのも、古代ギリシャ哲学だ。

古代インドの宇宙観では、世界は平らで、中心に須弥山《しゅみせん》という高山が海の中にそびえ立ち、周囲は九山八海に囲まれていると説いた。また、人間などが住む四つの大陸があり、太陽、月、星は須弥山の周りを回転しているとした。この須弥山を中心とする宇宙観は、仏教やバラモン教、ヒンドゥー教に多大な影響を与えた。

中世イスラム文化の宇宙観では、神が荒ぶる大地を天使に背負わせたが定まらず、天使の足元に岩盤を置き、その岩盤を支えるために巨大な雄牛を配置し、さらに雄牛をバハムートと呼ばれる巨魚（巨鯨）に支えさせたことにより安定を達成できたとされた。

記紀神話でも、高天原のある天と泥のような大地が描写されているだけで、丸い地球は出てこない。近代において出現した竹内文書でさえ、地球と太陽系、太陽系と銀河系の関係を伝えているとはいえない。

実際に、地球球体説こそ古代ギリシャから伝えられてきて、一六世紀の世界周航・大航海時代により定着してきたが、地動説は永らく天動説の前に封じ込められてきた。地動説が実質的に科学界で〝市民権〟を得るようになったのは、ドイツの天文学者ヨハネス・ケプラー（一五七一～一六三〇年）が天体の運行法則に関する「ケプラーの法則」を見つけ、イギリスの天文学者アイザック・ニュートン（一六四二～一七二七年）が「万有引力の法則」、「運動の法則」を発表してからだ。

この地動説によって、宇宙の中心は地球ではなく太陽にあると考えるようになった。これが太陽中心説だ。いまでこそ、太陽は宇宙の中心でもなければ、銀河系の中心でもないことはわかっているが、二〇世紀前半までは、長らくこの太陽中心説が信じられた。ましてや、ニューブローが生きた一九世紀では、太陽はすべての中心であると信じられていたはずだ。自分で作った大型望遠鏡で二五〇〇もの星雲を発見した著名なイギリスの天文学者ウィリアム・ハーシェル（一七三八～一八二二年）でさえ、太陽が銀河系の中心に存在すると信じて疑わなかった。

その太陽中心説を打ち破ったのが、アメリカの天文学者ハーロー・シャプレー（一八八五～一九七二年）であった。彼は一九一九年ごろ、変光星の観測を重ねることによって、銀河系の中心はいて座の方向

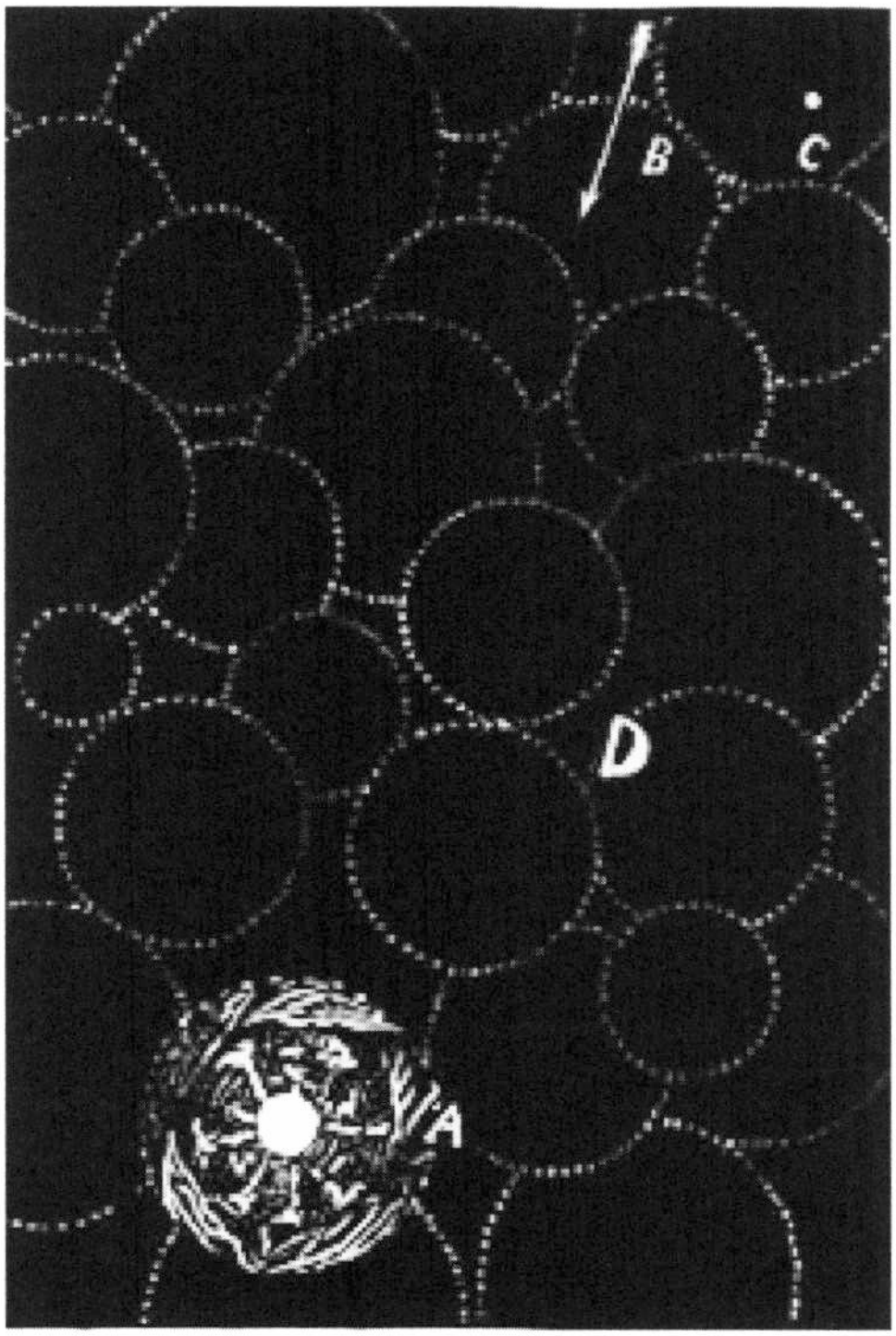

図28　エーテリア界を移動する太陽団。Aはコーポリアル界の光球（太陽）。点線の球で示されているDは、エーテリア界。Cはコーポリアル界の惑星（たとえば地球）。Aが率いている太陽団は、Dの中をB（矢印）の方向に進んでいることを示している。

にあり、太陽は中心ではないこと（シャプレーの銀河系モデル）を明らかにした。

その点『オアスペ』は、地球球体説、地動説を主張しているだけでなく、これから紹介する太陽系創造渦巻き説によって、すでに一九世紀において、太陽が宇宙の中心ではないことを明確に示している。シャプレーの銀河系モデルができる約四〇年も前のことだ。

23頁の図9や前頁の図28を見てもわかるように、太陽は太陽系のほぼ中心に存在するが、太陽が形成する太陽系の渦は、宇宙の中心には描かれていない。太陽系は、それ自体が広大な宇宙に存在する一つの渦巻きにすぎないのである。しかも、太陽系の渦の中に各惑星の渦巻きがある構造を言い当てている。

それだけではない。実は『オアスペ』は、太陽系自体にも公転周期があり、その軌道を一周するのに四七〇万年かかるとまで言い切っているのだ。それは銀河系の大きな渦の中に、太陽系の渦巻きがあることを意味している。一九世紀のいったい誰が、これほど具体的で破格な宇宙論を持っていたというのだろうか。

もちろん、『オアスペ』が書かれた時代が、科学によってかなり地球や宇宙の生い立ちが明らかになってきた一九世紀後半であったことは、他の経典などと比較する際には差し引いて考えなければならない。

だが、それらを差し引いても、『オアスペ』が描く宇宙観は驚くほど先見性や予言性（あるいは預言性）に満ち、斬新かつ革新的であったことがわかる。その意味で、『オアスペ』の描く宇宙は、現代の科学をも凌駕する可能性を秘めているのである。

宇宙創造の原動力としての「つむじ風」

それでは、『オアスペ』が語る宇宙創造の原動力はなんだったのか。その点で、ジェホヴィという名前が風の音にちなんでつけられたとあるのも、非常に意義深い。実は、この「風」が宇宙創造と深くかかわっていることが、「ジェホヴィの書」の第三節でわかってくるからだ。

それが、この章の冒頭で引用した、エーテリア界に存在する「つむじ風」である「ヴォルテックス(vortex)」と「ウォーク（wark)」だ。ヴォルテックスの回転の力で、恒星や惑星、それに衛星を造ったというのだ。この言葉も、創造主が人間に命じて、命名させたという。

ヴォルテックスは、英語の意味のとおり「渦巻き」、「竜巻」のことだ。しかし、もう一つの「ウォーク」は、辞書には「痛み」という意味しか出てこない。ただ、ウォークに関しては、第二〇章の「フラガパッティの書」で比較的詳しく言及されている。

それによると、ウォークは太陽や地球の周りに形成される球状の領域とみられ、「太陽のウォーク帯(the wark belts of the sun)」、「地球のウォーク帯(the earth's wark belts)」のように用いられている。また、太陽の最初のウォーク帯はもっとも近い惑星の場所にあるとも書いてあることから、惑星や恒星の周りにできる衛星や惑星の回旋軌道と関係が深いことがわかる。つまり、渦巻きによって集められた物質状のモノ同士が自然と均衡することによって生じる環状の帯もしくは球状の軌道領域というような意味であろうか。

それに関連してジェホヴィは、「私のヴォルテックスの世界の回転を人間が理解できるように、コーポリアル界のいくつかの周りに星雲の帯と環を与えた」と述べ、土星の環を例に挙げている（97頁の図29参照）。

ジェホヴィは言う。

「すべてのコーポリアル界において、私は最初に渦巻きを創造した。その回転によって、また渦巻きが移動した天空のその場所から、渦巻きの中にコーポリアル界を生じさせたのである」

ジェホヴィはまた、渦巻きの中に別の渦巻きを生じさせたとも言う。

「私は太陽を創るために、大きな渦巻きを創った。その渦巻きの中に、かつその影響下で、私はいくつもの渦巻きを創った。私は太陽の渦巻きを回転させ、その太陽の渦巻きに、中にある他の渦巻きを運ばせる力を与えた。中にある他の渦巻きは、それぞれの密度と位置に従って、太陽の周りを回りながら、前に運ばれるのである」

その様子を描写したのが、23頁の図9である。太陽の大きな渦巻きの中に、地球や木星などの渦巻きが運ばれている様子が描かれている。

宇宙は渦巻き構造でしか説明がつかない

この「つむじ風宇宙創造説」を秋山氏はどう見るであろうか。いくつか質問してみた。

布施　秋山さんも、この宇宙は渦巻きによって創造されたように感じますか？

秋山　精神世界では、かねてから渦巻きが宇宙創成と関係があるとする「ヴォルテックス（渦、竜巻）論」がありました。渦からすべてが生ずるという発想をします。銀河系だって、太陽系だって、ブラックホールだって、台風だって、みんな渦ですから。

布施　たしかに、『古事記』でも天津神の「不完全な国土を整えて完成せよ」という命令で、イザナギとイザナミの二柱の神は、天の沼矛を天の浮橋から降ろして海水をかき回します。これも渦巻きと関係あるし、『日本書紀』には「天地がぐるぐる回転して、形がまだ定まらないとき」という記述もあります。記紀の作者も渦巻きが天地創造に関係があったとわかっていた可能性がありますね。

秋山　そうです。私も以前、スペースピープルからブラックホールの存在理由を聞いたことがあります。彼らの説明では、宇宙を創造するときの攪拌《かくはん》機として必要なのだとのことでした。ブラックホールのようなものがないと、宇宙を造ることができないのだそうです。

ブラックホールは、ＳＦで言われているような、別の宇宙へ突き抜けるための穴ではありません。

あくまでも宇宙の動力部として存在するのだという説明でした。

布施　宇宙創造にはブラックホールが発生させるような渦巻き状の動力が必要だったわけですか。

秋山　そうです。同時にここには、渦はなぜ起きているのか、という根本問題があります。水も洗面台に溜めて栓を抜くと、渦を巻いて流れます。その渦はどうして起きるのか、という根源的な問題です。

実は、霊的な存在があるところには、それに沿って霊的な物質は渦を巻きます。人間だって、体の周りに渦巻きが発生します。霊的な存在があるところには、必ず渦が生じるのです。宇宙のあらゆる場所には、渦巻きの構造があるのです。

人間の体で言えば、旋毛《つむじ》を見ても渦を巻いています。宇宙と同じ構造です。DNAのらせん構造も、渦巻きの一種です。ミクロからマクロまで私たちの体はすべて渦巻きで構成されています。オーラの管（注：秋山氏にはオーラは細かい管の集まりに見える）も細かい渦を巻いているように見えます。オーラは細かい渦を巻く振動体です。

布施　どうやら渦巻きは生命の根源と密接に関係があるようですね。似て非なる考えかもしれませんが、一七世紀のフランスの哲学者ルネ・デカルト（一五九六～一六五〇年）が天体の運動を説明する原理として渦動説を提唱しました。天体を運動させているのは天体を囲んでいる物質（流体、エーテル）が天体を押しているからだとし、その物質は渦のように動いていると主張しました。その後、ニュートン力学が主流となったため渦動説は廃《すた》れ、万有引力説が採用されました。ところが、アインシュタインの一般相対性理論によって重力が空間を歪めるという発想が出てきたことにより、見方によっては、渦動説が再び脚光を浴びるようになったとも解釈できるのではないでしょうか。

秋山　そういう議論もできるかもしれませんが、渦動論など下手な学説を使わないほうがいいとも思います。精神世界ではよく、物質主義の科学の用語でさまざまなイメージを説明しようとしてしまうのですが、これが悪質な学者によって罠にかけられるもとになるからです。

私が言えることは、エネルギーがあるところには、渦巻きのようなカタチのあり方が絡んでいるということです。あるエネルギーが満ちている海に、別の空間からエネルギーが出てくるときには必ず、負荷がかかり、ぶつかって渦を巻きます。エネルギーの流れをせき止めるわけですから。どっちかに折れて渦を巻きます。そのような現象は、そこら中の原子レベルでも起こっています。

別の言い方をすると、宇宙の根本形である正四面体を一面でつなぎ合わせていくと、渦巻きのようならせん構造体にすることができます。宇宙では結局、渦巻きでしか物事はつながっていきません。渦巻きは、宇宙の構造ともかかわっています。その意味で『オアスペ』は宇宙創造の核心を突いているように思います。

3　地球創成と人類誕生の秘密

物質世界の誕生から死滅まで

宇宙創造の核心にまで議論が及んだところで、次に地球がどのように造られたのかを見ていこう。エーテリア界のヴォルテックスによって創造された太陽系は、どのように地球を育み、生物が発生するに至ったのだろうか。

『オアスペ』が描く宇宙の構造を復習すると、地球はコーポリアル界に存在する球体である。その地球を取り巻くようにアトモスフェリア界というより希薄な密度の世界があり、さらにその向こう側にエーテリア界というもっとも希薄な密度の世界が存在する。希薄であればあるほど強い力を持つのは、すでに説明したとおりだ。

地球は、エーテリア界の渦巻きであるヴォルテックスによって物質化した惑星だ。具体的には、最初に渦を巻くヴォルテックスがエーテリアの宇宙を漂い、アトモスフェリア界の材料が渦の中心に集められる。その材料は次第に濃縮され、最終的にはコーポリアル界で物質化した地球となるわけだ。

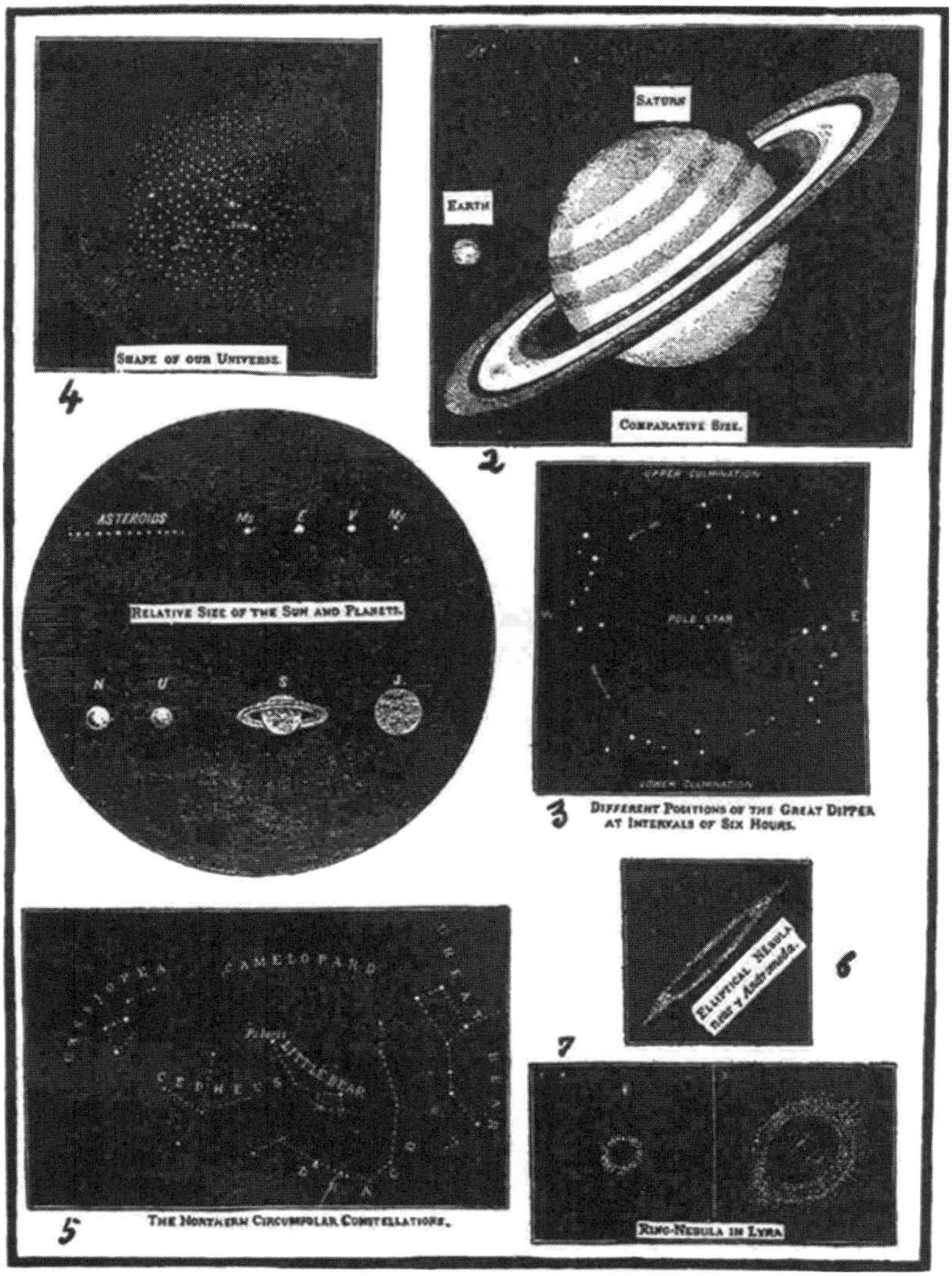

図29　コーポリアル界から見た宇宙の姿。番号のない中央左は、太陽（全体を包んでいる黒い丸）と各惑星とのサイズの比較。2は土星と地球のサイズの比較。3は北極星を中心にして北斗七星が回転する様子。4は宇宙の形。5は北極星の周辺の星座。6はアンドロメダのそばの楕円形の星雲。7はこと座にある環状星雲。

その地球自身もヴォルテックスを形成しており、それはそのまま太陽のヴォルテックスに内包されて移動しているという構図（23頁の図9参照）がある。

太陽系などのコーポリアル界の動きは、エーテリア界の動きと位置にまったく影響を与えないが、エーテリア界はコーポリアル界に成長と老化、最終的には消滅をもたらす作用があるとジェホヴィは説明する。ここでもエーテリア界が主で、コーポリアル界が従という法則が適用されるわけだ。

このコーポリアル界の一生について、ジェホヴィは幼児期、生殖期、老年期、死期があると言う。それは次のような一生だ。

ヴォルテックスが蒸気を運び、蒸気が凝縮するにつれてその摩擦で熱が生じる。その熱で材料が溶けて「天国の火球」になると、ジェホヴィがその火球を新しくできた世界に置き、軌道に乗せる。これが幼児期だ。

次にジェホヴィは、火球を「セム（Se'mu）」というコロイド状の物質の領域（天空）にもってくる。セムの天空に入ると、火球に生命を誕生させることができるようになる。そこでジェホヴィは生命を誕生させ、動物界と植物界を与えた。これが生殖期である。

次に「ホトゥ（ho'tu）」と呼ばれる不毛、不妊の時代に入る。生命を誕生させる時期は過ぎたからだ。これが老年期。

最後に「アドゥ（a'du）」と呼ばれる死期に入る。そこでは何も誕生させることはできない。そして、物質の四次元とも言うべき力である「ウズ（uzu）」が訪れ、かつて火球だったものは見えない領域に連れ去られる。「このようにして恒星、惑星、衛星、星々は造られ、そして消滅する」とジェホヴィは言う。

ジェホヴィが語る地球年代記

ジェホヴィは、地球の生い立ちについても言及している。「生殖期にセムが大量に地球に降り注ぎ、私の存在によって生きとし生けるものが創造され、すべてが活性化した」とジェホヴィは言う。

セムは「気体と個体を混ぜ合わせたような物質」で、その物質を人間が理解できるように「クラゲと緑の水垢」がすべての時代に永遠に現れるようにしたと書かれている。このことからセムは、やはりコロイド状の物質であったことがわかる。

面白いのは、セムという物質のイメージが、まさに『古事記』や『日本書紀』に記されている「天地初め」（世界の始まり）の状態にそっくりなことである。「国土はまだ若くて固まらず、水に浮いている脂《あぶら》のような状態で、海月《くらげ》のように漂っていた」と『古事記』にある。『日本書紀』には「鶏の卵の中身のようであった」と書かれている。

このクラゲのようなセムが地球に降り注ぐ時代（図30）にジェホヴィは、一つ一つの生き物をすべて、種子なしで、独自の種類のみから創造したという。同時に「決して、一つの動物が変化して別の動物になることはない」とジェホヴィは言う。

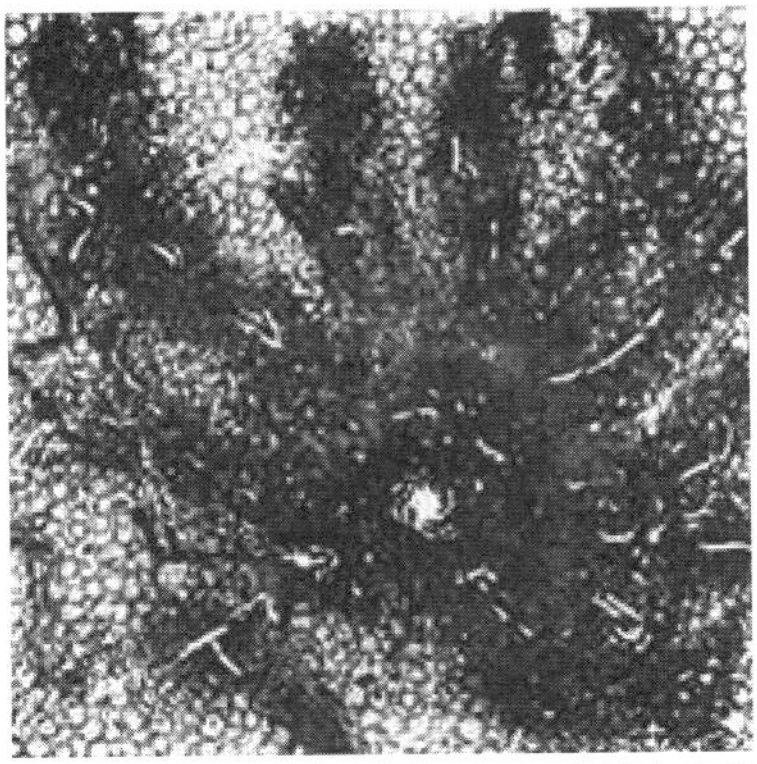

図30　セムの天空。闇のセムに囲まれた地球（中央下の白い丸）を描いている。

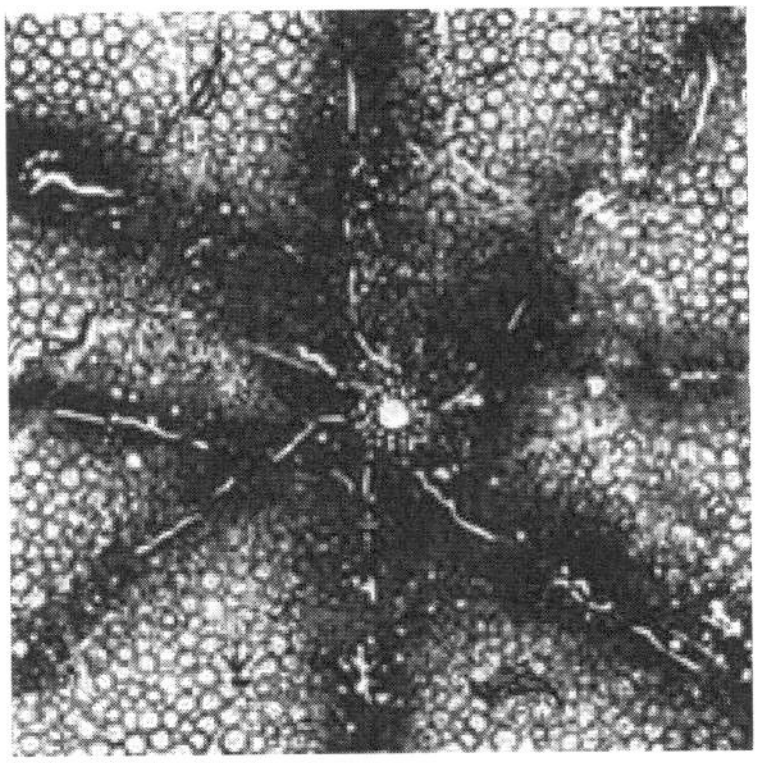

図31　ジアイの中の地球。中央の白い丸を取り囲むジアイを描いている。

ジェホヴィによると、異なる動物同士で交配し、新しい動物を生み出す許可を与えたが、その新しい動物に子供を産めなくさせた、ともいう。

セムが降り注いでいた時代、地球は一時ジアイの中にあり、氷河期に突入した。その際、地球を取り巻いていた「ムハク」というネビュラ（星雲）は、地球の地殻を壊して隆起させ、山脈を形成させた（図31）。この氷河期に地球の軸はぶれて、北が東になり、南が西になった。別のネビュラ（星雲）がもたらしたヒアーティの時代（図32）には、地球は一三〇年間暗闇の中にいた。その間は、植物の生殖期間となったという。

こうした動植物の生殖期間を経て、ジェホヴィは地球を暗い領域から取り出して、エーテリア界の光を地球にもたらしたという。これがエックスサージス（X'Sar'jis）と呼ばれるセムの時代の終わりである（図33）。この時代において、動物の創造が完了したとジェホヴィは言う。つまり、この時代に人間も創造されたという

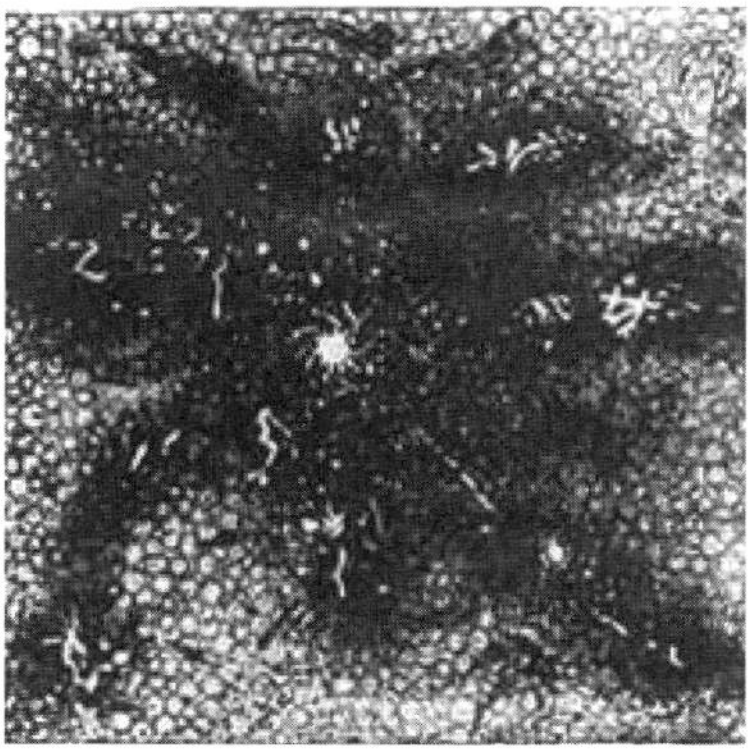
図32　ヒアーティの時代の地球。白い丸で描かれた地球がネビュラによって覆われている状態を描いている。この時代に植物が大繁殖した。

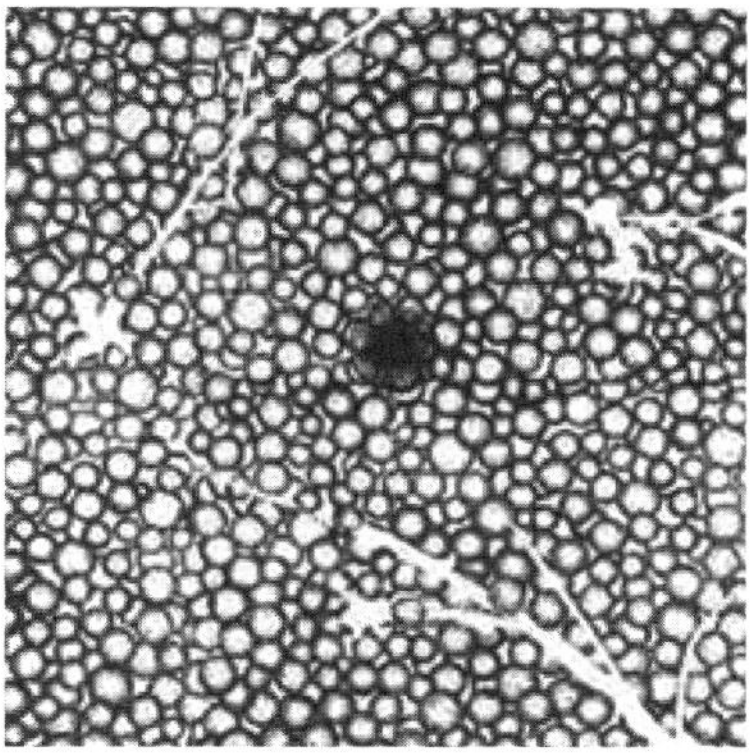
図33　エックスサージス。セムの時代の終わりを意味する。動物の創造を終える時代でもあり、人間もこの時代に創られた。

わけだ。

それでは、今の地球は、コーポリアル界の人生で言うと何期であるのだろうか——。答えは、セムの時代は終わったのであるから、おそらく老年期、不毛・不妊の時代「ホトゥ」だ。いまだに戦争を続ける人類の進化の遅さを勘案すると、もう老年期なのかとなかば愕然とするが、若ければいいという問題でもないのだろう。

ここで肝心なのは、セムの時代にジェホヴィが生き物を創造した際、人間だけは特別に創造したとしていることだ。

ジェホヴィは言う。

「木に私は生命を与えた。人間には、私は生命と霊(spirit)も与えた。そして、私が創った霊はコーポリアル界とは別のものであった」

ジェホヴィの言う「コーポリアル界とは別のもの」とは、肉体が死滅しても、霊だけは死なずに永遠に存続するという意味であることが、後の記述からわかる。

だが、ジェホヴィの意に反してか、あるいはそれも織り込み済みだったのか、最初に創造された人間は、永遠の生命を持つことができなかった、と書かれている。せっかくジェホヴィが生命に加えて「霊」を人間に与えたのに、「人間は木のようでしかなく、ハク（ha'k＝闇）の中に暮らしていた。私は人間を『アス』と呼んだ」とジェホヴィは言う。

一体、初期の人類には何が足りなかったのか。ジェホヴィはそのために、どのような創造を加えたのだろうか。それを次の章で語ろうと思う。

第三章

明かされる地球人類史の真相

《あらすじ》

ジェホヴィは植物や動物に生命を与え、人間には生命のほかに肉体とは別の「霊」を与えた。最初に創造された人種は、今から七万八〇〇〇年前に誕生した「アス」であった。しかし、アスだけでは「永遠の生命となる霊」としては不十分だったので、七万二〇〇〇年前に宇宙の他の物質界でなくなった無数の霊を呼び寄せて、アスと交配させ、「イヒン」という新しい人種を誕生させた。イヒンはやがてアスと交配し、第三の人種である「ドルーク」を、そのドルークとイヒンが交配して「イファン」を生んだ。

ドルークもイファンも強くて野蛮で、特にドルークは道徳や霊の世界のことを理解できず、殺し合いを好んだ。当初、イファンもドルークもイヒンに危害を加えるようなことはなかったが、やがて彼らはイヒンとも敵対するようになった。

私（ジェホヴィ）は自分が創った広大な天国を見渡した。すると、何百万人もの数えきれない死者の霊がいるのを見た。彼らは、地球が創造される前に、別のコーポリアル界で生きて死んだ者たちの霊であった。

私は天空に向けて言葉を発した。その声は、もっとも遠い場所にも響き渡った。私の声の音に応えて、地球が移動する天国の道に沿って、無数の天使たち（訳注：「霊」と同義語で使われている）が現れた。そこで私は彼らに言った。

「見よ、私は新しい世界を創造した。来て、新しい世界を楽しみなさい。アス（最初の人種）を闇から救い出し、直立歩行させ、言葉を与えなさい。なぜなら将来、彼らも天使になるからだ」

（中略）

地球がセムの後期の時代（生殖期）であったので、天使たちは自分の意志の力で地球の材料を使って骨と肉体をまとい、容易にコーポリアル界の体を持つことができた。彼らは生身の肉体のまま、アスのそばに降り立った。

そのとき私は、天使たちに告げた。

「行って、地球上にあるすべてのものを楽しみなさい。だが、生命の樹だけは味わってはならない。それはあなたたちが親になることによって、自分が来た天国のことをまったく忘れてしまわないためである」

しかしながら、天使たちの中には、肉体的なことをあまり知らず、不完全な知恵しか持っていない者もいた。彼らは私の言葉を理解せず、アスたちと暮らし、誘惑され、生命の樹の果実を味わった。すると、見よ。彼らは自分が裸であることを知った。かくして最初の人種であるアスから、「イヒン（I' hin）」と呼ばれる新しい人種が生まれたのである。

私は地球のセムの時代を終わらせ、天使たちもコーポリアル界の肉体を手放した。

（『オアスペ』第四章「ジェホヴィの書」第六節より）

1　初期の人類に関与した〝天使たち〟

衝撃的な人類創造史

『オアスペ』には、人類創造に関する衝撃的な内容が書かれている。最初に創造された人間であるアスでは、霊として永遠に生きることは難しかったとある。31頁の図12を見ても、たしかにテナガザルのようにしか見えないし、今の人間とは似ても似つかない感じがする。しかも直立歩行すらできず、言葉も話さなかったという。

しかし、それよりもはるかに衝撃的なのは、次にジェホヴィがとった行動である。コーポリアル界の他の惑星で死んで霊となったとみられる「天使たち」すなわち「宇宙人の霊」に、地球を創造したので、新しい世界を楽しむために地球に来るように呼びかけたというのだ。しかもそのとき、ジェホヴィは天使たちに任務を与えた。アスを闇から救い出せ、と。

これはどういうことであろうか――。

一つは、ジェホヴィに誤算があったのではないかという可能性が考えられる。最初の人種であるアスが、創造主ジェホヴィの言葉を理解するほど高度な知恵や知性をもつ能力がなかったという誤算である。この場合、アスがいる「闇」とは、「無知」という意味だ。ちなみに、アスとは『旧約聖書』に出てくる「アダム」のことであると『オアスペ』は言う（アダムは「アス」を表わすペルシャ語であると書かれている）。

もう一つの考え方は、それすらもジェホヴィの計画の内で、別の惑星で、どういう理由からか幼年期に亡くなるなど、コーポリアル界の人生をまっとうしたことがない霊に再び物質界を学ばせるチャンスを与えるため、地球という新しい世界を提供したというものだ。

全知全能の創造主に誤算などないであろうから、おそらく最初から地球は、宇宙にさまよう幼い霊たちの教育場であると同時に、新しい人類の創造の場として創られたのではないだろうか。

その結果どうなったかというと、おそらく何百万であろう天使たちが地球に降り立ち、肉体をまとってアスたちの前に現れた、と書かれている。彼らは、ジェホヴィに言われたとおりに、アスを闇から救い出そうとしたのだろう。そのとき、二つ目の〝誤算〟が生じる。

ジェホヴィは、天使たちに「生命の樹の果実を味わってはならない」と命じる。ところが、乏しい物質的経験と不完全な知恵しかもっていなかった天使たちは、この命令の意味がわからず、アスと交配して、新しい人種を生んだというのだ。

当然、命令に従わなかった天使が出現するのも、創造主にとっては想定内の〝誤算〟であったに違いない。

アスから生まれた新しい人種は「イヒン（I'hin）」と呼ばれた（31頁の図13参照）。『オアスペ』には明示されていないが、『旧約聖書』に書かれているところの「アベル」（アダムとイヴの子）であろうか。あるいは、アダム（アス）のあばら骨から生まれていることを勘案すると、イヴであると解釈することもできる。

スペースピープルの関与は実際にあった！

この最初の人類であるアスと、アスを闇から救出するために来たという天使たちについて、秋山氏はどう解釈するであろうか。

布施　『旧約聖書』も同様ですが、禁断の樹の実を食べるなと言っておいて、食べさせるという創造主の計画をどう思いますか？

秋山　あくまでも自由意志でやったのだというやり方にしたかったのだと思います。手取り足取り、命令してなんでもやらせてしまったら、学習にならないからです。宇宙は自由な創造の場ですから。「誤算」や過ちも超越して楽しむくらいでなくてはならないわけです。

布施　秋山さんがスペースピープルから聞いた話の中で、「他の惑星で死んだ霊を地球に集めた」というような話はありましたか。『オアスペ』では、「アス」という猿のような人間と、他の惑星で亡くなった霊、すなわち天使が肉体をまとって、アスと交配して人類の元となるイヒンという「人間」が誕生したことになっています。

秋山　そこがいろいろ考えなければいけないところです。実は私も、最初に地球で発生した人類は「アシュ」とか「アス」という名前だったとスペースピープルから聞いています。ですが、『オアスペ』の記述は、多分に近代キリスト教の影響を感じます。つまり、神が死者の霊をストックして持っていて、指を鳴らせばそれが復活すると言っているようにも聞こえます。復活の日が来ると言っているわけです。でも私は、そういう単純な話ではないような気もするのです。

ただ、いろいろな惑星で生きていた者の中で、地球転生予備軍みたいな人たちがいて、その人たちが地球に転生しようかどうしようか、というような状態は実際にあったと思います。地球の哺乳類に対して、「自分の情報」を投入して化学変化を起こさせることができると思った者たちもいたはずです。具体的にどうやったかわかりませんが、それを実際にやった者たちもいたのではないでしょうか。「スペースピープルが人間を造った」と主張するコンタクティもいますが、あれも近代聖書的で、正しい表現ではないように思われます。創造の流れの中で、スピリチュアルな複合的作用があり、急激に猿を進化させることになったのだと思います。

蛇足になりますが、有名な古代文明研究家で作家のジョージ・ハント・ウィリアムソン（一九二六～八六年）が、「意識体だけのスペースピープルがサルに宿った」と書いたのはこのことでしょう。ウィリアムソンはそういう発想を持っていました。だから、人類進化のミッシングリンクが見つからないのだ、と。たぶんそれは、『オアスペ』の影響を受けたからだと思います。

布施　秋山さんがスペースピープルから聞いた話では、地球に不時着した巨人族の宇宙人ゲル（編注：秋山氏によると、地球を訪れているスペースピープルには大きく分けて、巨人族系のゲル、ヒューマノイド系のエル、爬虫類系のペルという三タイプがいるという）が使った通信波の影響を受けて、猿のような人類が急激に進化したという話でしたね。

秋山　そうです。ゲルがまず、地球が転生できる惑星であるという情報を宇宙に向けて発しました。「転生できるような生き物が存在している！」という情報を発したのです。地球の情報を宇宙に公開したのがゲルなのです。それによって、創造的発想を持った意識体が地球に集まってきたようです。それで、「この星でいろいろやってみようか」ということになったのではないでしょうか。

この話の眼目は、浮遊意識体が地球に来たにせよ、彼らはもともと自由自在だったということです。自由自在の者たちが、最後の自由自在を味わおうと思ったら、自由自在の外側から自由自在を見る必要があったのです。これが最大のテーマです。

自由自在の外側とは、不自由極まりない地球での生活、暮らしのことです。束縛される肉体に生まれるという理由が、『聖書』に出てくる「神」が決めたからだとか、お釈迦様が決めたからだとかいうものでは決してありません。「創造主ジェホヴィ」の命令であってはならないわけです。

その点、日本の『古事記』は非常に面白いです。神々の禊《みそぎ》や祓《はら》いがあって、今の時空間である地球の島々や人間みたいなものが誕生していくわけです。特にイザナギは、好きだったイザナミが神々を生んでいる途中で亡くなったので、黄泉の国まで追いかけていきます。
ところが、好きだったはずのイザナミがウジ虫の湧くような醜い姿になったので、怖くなって逃げ返って、穢れたので禊をして次々と神々を生み、最後にアマテラス、スサノオ、ツクヨミ（月読）という三貴神を生みます。醜さと美しさが同居する世界を神話としていることに、大自然のすべてのありようを受け入れたおおらかさを感じます。物語の本質は、『古事記』のほうが、深みがあるように思います。

天使が食べた「生命の樹の果実」の正体

布施　イザナギの黄泉の国訪問の物語の中でも、黄泉の国の食べ物を食べたので黄泉の国から出られなくなったという話が出てきます。これは『オアスペ』に出てくる生命の樹の果実を食べる話や、聖書の善悪を知る木の実の話に似ていますね。

秋山　生命の木の果実を食べるというのは、非常に単純な意味です。肉体を持つ系統の中に生まれてくるということです。「親から子へ」というのが木のことです。その木の実を食べたわけですから、「親から子へ」という流れの中に入ったことを意味します。樹木に実として入ったのです。
同時にこれは、滅びる肉体を持って生まれたので、どんどん老いて滅びる運命にあるということでもあります。自由自在だったのに、老いる皮をかぶって生きなければならなくなったというわけです。

それを象徴的に表現したものが、生命の樹の果実を食べることです。

それを見て、あるいはそれを経験することによって、自由自在側にいる者たちはびっくりします。「老いる皮をかぶるようなコスプレに参加した覚えはない」と（笑）。自由自在側から見れば、そんな時間に閉じ込められて何が楽しいのだと思ったことでしょう。

でも結局、地球の肉体の系統に入ったということは、ワンダラー（惑星間で輪廻転生を繰り返す人・宇宙人）にしろ、誰にしろ、ここで集う意味すなわち霊的な因縁がある人たちが地球に来たということです。

前出のウィリアムソンに言わせれば、それは「罪人たち」だったということになります。罪人だとすると、その罪はなんだったかという話になります。

布施　なんの罪だったのですか。『竹取物語』にもかぐや姫は前世で罪を犯したので地球に転生してきたようなことが書かれています。

秋山　おそらく向こう側から見た「罪」とは、「まだ完成されていない創造」という意味だと思います。創造の中に住んでいて、その創造を客観的に見ることができないでいるということが「未完成」です。それが「罪」として扱われているわけです。自分で納得ができないことが、向こうでは「罪」なのです。それで、自分で納得するために不自由不自在になる。
我々の世界では「後ろめたさ」が「罪」のことですが、向こう側の世界では創造がうまくいっていないことが罪です。一歩でも二歩でも楽しく創造することが、向こう側では絶対的な仕事であり法律なのです。

布施　聖書ではイヴが先に禁断の樹の実を食べた、ということになっています。

秋山　そこには、転生した天使たちの混乱ぶりが描かれているように思います。自由自在側では、転生していいかどうかわからずにうろちょろしている男の子（アダム）と、元気がよくて、さっさと生まれ変わっていった女の子（イヴ）の間に、時間的にも外見的にも落差が生じたわけです。そこには、地球に降りた天使たちの混乱ぶりが表現されています。

結局、男も女も、積極派も消極派も、創造主の思惑通りに、自分の意志で生命の樹の実を自ら味わい、コーポリアル界での「裸」、すなわち生身の自分を経験する道を選んだのです。

束縛された天使と人間の運命

『オアスペ』の人類創造史を先に進めよう。

肉体をまとった天使がアスと交配することによって誕生した新しい人種イヒン――。彼らはアスのように愚鈍ではなく、常に二足歩行をした。31頁の図13を見てもわかるように、現在の人類の基準から見ると、『指輪物語』に出てくるドワーフ（小びと）のようだ。彼らはまた創造主の発する言葉をわかるようになり、スピリチュアルなことを教えれば、それを理解することができた。土と天（精霊）によって造られたからであるとジェホヴィは言う。つまり、人間はここにきて、永遠の生命を手に入れたのだ。

地球はこのとき、セムの時代を終え、セムから解放された。天使たちも、もはや肉体をまとうことはできなくなり、肉体を手放した。

その際、ジェホヴィはアスと交配した天使たちに次のように告げる。

「新生児（訳注：イヒンのこと）に寄り添い、新生児の守護天使となりなさい。なぜなら、新生児はあなた方の肉体であり血統であるからだ」

「（アスと交配して）あなた方は、より低い天国の束縛された霊となった。あなた方は、彼らを救わない限り、再び上昇して私の天国（エーテリア界）を継承することはできない」

「私はあなた方を咎《とが》めない。というのも、あなた方は物質的なことを学ぶことによって、コーポリアル界の人間をよく理解、共感し、かつ永遠の生命に到達できる者たち（訳注：イヒンのこと）で地球をいっぱいにしてくれたからだ」

ジェホヴィの命令に背いて生命の樹の実を味わった天使たちは、これにより許されたことを知った。その代わり、地上に残って少なくとも六世代にわたり、イヒンの面倒を見ることになった。地上に残った天使たちは、イヒンに道徳を教えた。

その中で天使たちはイヒンに、近親相姦を戒めるとともに、アスと交わらないように教えた。イヒンがアスと暮らせば、イヒンの子孫がアスのように闇に落ちてしまうからだ。天使たちのインスピレーションによる指導によって、イヒンは霊感を得て、地上で繁栄することができた。

ところが、しばらくすると、イヒンはうぬぼれるようになり、創造主の命令に背くようになった。

ある者は楽園を離れてアスと一緒に暮らすようになった。そしてイヒンとアスが交配することによって、第三の種族とも言えるドルーク(Druk)が誕生した。聖書ではカイン(アダムとイヴの間に生まれた長子。嫉妬のあまり弟アベルを殺した)と呼ばれる人種であると『オアスペ』に書かれている。

ドルークは二足歩行をしたが、イヒンのようには「神の心」を宿していなかったため、道徳を理解せず、殺し合いもした。ドルークはイヒンの住む「神の楽園」から追放され、「争い」を意味する「血の陰」の刻印を押された。

一方イヒンは、天使の言うことを理解したため、「神に選ばれた民」となった。また、ドルークと区別するために男子には割礼が施されるようになった。イヒンは創造主に言われたとおりに服を着て真面目に働いたが、追放されたドルークはアスと交配、ヤク（Yak）と呼ばれる第四の人種を生んだ。

2　人類進化計画と神々の統治

神々の組織図と二つの「復活」について

イヒンが誕生したころ、ジェホヴィは人間（イヒン）を永遠の生命へと導けるような地球教育システムを構築することにした。簡単に言うと、地球を統治する首長（鎮守の神、氏神）、すなわち地球の神を配置することにしたのである。

そのシステムの説明に入る前に、ジェホヴィを頂点とする大天使や神々の組織図やシステムがどうなっているか、簡単に紹介しておこう（25頁の表2参照）。

当然、宇宙全土を統括する至高の存在が創造主・ジェホヴィである。ジェホヴィは全宇宙の隅々まで存在するが、ジェホヴィが住む世界がもっとも希薄で力の強い「エーテリア界」である。

そのエーテリア界には、大勢の大天使、神々や女神、首長（鎮守の神、氏神）、検査官などの役職名を持つ「エーテリア人」が暮らしている。その中で、大勢の大天使たちよりも「オリアン人」のほうが位は高く、その上に（あるいは人気ランキングの上位に）「ニルヴァニア人」、さらに「エタン人」、

「イーオン人」と呼ばれるエーテリア人がいることがわかっている。

エーテリア界の下部世界として、エーテリア界よりも密度の濃い「アトモスフェリア界」がある。アトモスフェリア界は、いわばコーポリアル界とエーテリア界をつなぐ中間の世界であり、物質世界の人間から見れば無形であり、形があっても常に変化しているように見える。アトモスフェリア界に住むのは、霊とか天使、場合によっては首長（氏神）とか神と呼ばれる天使たちだ。

そして組織の最下部にあるのが、「コーポリアル界」。一種の閉ざされた、それ自体には力のない「目に見える世界」である。端的にいえば、現在我々がいる世界だ。

コーポリア界に住む人間はやがて死ぬと、霊となってアトモスフェリア界で暮らすようになる。肉体が滅び、初めて霊として〝生まれた人間〟は「エスヤン」と呼ばれている。いわば、霊界(アトモスフェリア界）の一年生みたいなものだ。

また、『オアスペ』では、肉体を持った人間がアトモスフェリア界の霊に生まれることを「第一の復活」と呼んでいる。

アトモスフェリア界で霊は、霊的世界の勉強をしたり、他者を楽しく助けることを学んだりする。ただしアトモスフェリア界といっても千差万別で、地球の上空の雲がそれぞれに高低の層や一定の雲級を形成するように、こだわりの少なさとか、不純な心のなさ加減などに応じて、それぞれの希薄さや自由度に適したコミュニティを形成する。

その各自のコミュニティで、霊や天使が仕事や奉仕をして利他主義が喜びになると、アトモスフェリアの天使や霊たちは一種の宇宙船に乗ってエーテリア界に飛び立ち、エーテリア人になる。これが「第二の復活」だ。

秋山氏は以前、「霊の仕事は、たくさんの人々を助けること」、「霊界は人を助けてなんぼの世界」であると語っていたが、『オアスペ』が描く霊界（アトモスフェリア界）もやはり他者を助けてなんぼの世界であるようだ。

そして、ジェホヴィの言う「永遠の生命」とは、人間がコーポリアル界、アトモスフェリア界で経験を積み、最終的にはエーテリア人として宇宙の創造と統治を手伝う「天界の共同継承者（joint heirs in heaven)」になることであるというのだ。

地球教育・統治システムの確立

さて、それではイヒンが誕生した後、構築された地球の教育・統治システムの話に戻ろう。

先述したように、イヒンたちには守護天使として、他の惑星で肉体を持っていたが、早くに亡くなった天使たち（霊）が任務に就いていた。そのアトモスフェリア界の天使たちとコーポリアル界の人間を統治するのが「地球の神」なのである。

その地球の神を選ぶに当たって、ジェホヴィは太陽系の公転周期と軌道を実にうまく使っている。太陽系が描く軌道を一周するのに四七〇万年かかるが、ジェホヴィはその軌道上に約三〇〇〇年間隔でエーテリアの光の領域を置いたという。約三〇〇〇年ごとに訪れるその光の領域の時代を「ダンハ」（大いなる光の時代）と呼んだ。

何が起こるかというと、その光の領域を太陽系および地球が通過するときに、エーテリア界からその領域を統治する大天使が数百、数千、数万人単位の集団「至高のエーテリア天使団」を連れて地球にやってきて、地球の人間と天使たち（霊）を啓蒙しながら、統治するのである。

このようにしてジェホヴィによって選ばれたエーテリア界の大天使は、主に自分が連れてきた天使団の中から高官、使者、「アシャール（人間の守護天使）」、「アサフ（肉体を失ったばかりの霊の守護天使）」、「エスエナウ（天の歌手・音楽家）」を任命する。さらに、地球を五つの領域に分けて、それぞれ首長（氏神）を任命する。

地球の神を含むそれぞれの任期は、二〇〇〜一〇〇〇年間隔で地球にもたらされる「ダン」と呼ばれる、より小規模な光の領域の周期にあわせて決められた。具体的には、二〇〇、四〇〇、五〇〇、六〇〇年が基本的に一つの任期となる。

具体例を挙げると、最初に「地球の神」としてジェホヴィに任命されたのは、大天使のセザンテスだった。これが地球で人類が誕生した後の最初の「ダンハ」である。先ほど説明したように、ダンハは約三〇〇〇年に一回の頻度で地球に訪れる、エーテリア界の大きな光の領域とその時代のことだ。

この時代が到来すると、霊的な力が強まる。このダンハとは別に、より小さい光の領域が訪れること（あるいはその時代）を先述のようにダンと呼ぶ。当然、ダンはダンハよりもはるかに影響力が小さい。

ダンハにおいてセザンテスは、地球のパン大陸の上空にある天の高原「ホアド」に自分が引き連れてきた二七六〇万人の天使たちを集めて、ジェホヴィの名の下に、地球および地球の天国の神に就任した。その際、セザンテスは地球の五大地域である「ワーガ」（パン大陸）、「ジュド」（アジア）、「ザウリ」（アメリカ）、「ヴォフ」（アフリカ）、「ディス」（ヨーロッパ）にそれぞれ首長（鎮守の神）を五人選び、就任させた。

同時にセザンテスは、それぞれの地域に一二人の使者を置き、ホアドと地上の間の連絡役をさせた。また、人間が生きている間はアシャールという守護天使に人間を守らせ、人間が死んだら、アシャールはその新生児の霊（エスヤン）をエスヤンの守護天使であるアサフに引き渡す任務を与えられた。

エスヤンたちは、アトモスフェリア界で仮の住まいを与えられ、霊的な世界でも自立できるよう教育や働く場が提供された。その教育や働く場で、個人の利己心を手放して利他主義的に生きることができるようになった霊は、エーテリア界への第二の復活が許された。

やがて、ホアドが設立されてから二〇〇年が経ったとき、最初のダンが地球を訪れた。これが地球の神の交代の時期であるとともに、第二の復活が実現するときである。セザンテスはこの最初のダンのときに、副神ハジャに地球の神の職を譲った。同時に三三〇〇万人の天使（霊）たちが第二の復活を遂げた。ジェホヴィは、アトモスフェリア界（低い天国）の天使たちをエーテリア界（高い天国）に迎え入れる第二の復活のことを「収穫」と呼んでいる。

ハジャは次のダンが訪れるまでの四〇〇年間、地球の神を務め、二億八〇〇〇万人の第二の復活を実現させた。このようにして、次のダンが訪れるまでの二〇〇〜一〇〇〇年間、任期が続くのである。

ただし、ダンハから次のダンハまでの約三〇〇〇年間は、ダンハの最初に地球の神になったエーテリア界の大天使、たとえばセザンテスが、その期間の地球およびその天国の担当大天使となる。

このダンハから次のダンハまでの期間を第一サイクル、第二サイクルなどと呼ぶ。セザンテスは第一サイクルの地球担当大天使、第二サイクルの担当はアーショングというエーテリア界の副天使長、などということになるのである。第二五サイクルまでの担当エーテリア人の名前と「収穫者数」を41頁の表5に記したので、参考にしてほしい。

以上が、エーテリア人による地球人教育・統治システムの概要である。

神々や大天使はスペースピープルのことだった！

このエーテリア人による地球人教育・統治プログラムを秋山氏はどのように見るであろうか。いくつか、気になる点があったので聞いてみた。

布施　イヒンが誕生して一〇〇年が経過したとき、創造主ジェホヴィが地球の神様であるセザンテスに命じて地球を視察させます。それでセザンテスは「神の船（天空浮船《あめそらうきふね》）」（248頁参照）に乗って、地球の五大地域を視察します。その船が着陸するときに、地上の人間たちは驚き、恐れます。あまりにも怖がるものだから、神は空飛ぶ船を見えなくして、地上に降り立ち、物質世界を視察したとあります。これについてどう思いますか。

秋山　セザンテスが乗った「神の船」は、スペースピープルが乗るＵＦＯの性質そのものです。現時空である地球の物質世界に視覚化させることもできれば、見えなくすることもできます。セザンテスの地球巡行は、スペースピープルによる初の公式訪問だったように感じます。先ほども述べたように、ゲルによって地球の情報が宇宙に公開され、さまざまなスペースピープルが地球を視察に来るようになりました。彼らは今も変わらず、地球を観察しているように思います。

布施　ということは、『オアスペ』に書かれている、エーテリア界から派遣された「地球の神」とか「大天使」というのは、スペースピープルのことですか？

秋山　間違いなくスペースピープルです。ただしスペースピープルの中にも、地球に降り立つことを確信してきているスペースピープルと、宇宙に籍を置いたまま地球をちょっとだけ訪問したいというスペースピープルがいるわけです。どれだけコミットするかです。地球にコミットしているスペースピープルが「地球の神」です。

これに対して、広大な宇宙に住む神々もいるわけです。放浪しているスペースピープルは自分の惑星を離れて長いですから、宇宙船が故郷のようなものです。故郷とか惑星に対する価値観が我々とはまったく異なります。

霊的世界の希薄さは、自由度の高さと比例します。彼らは創造のスピードを自在にコントロールで

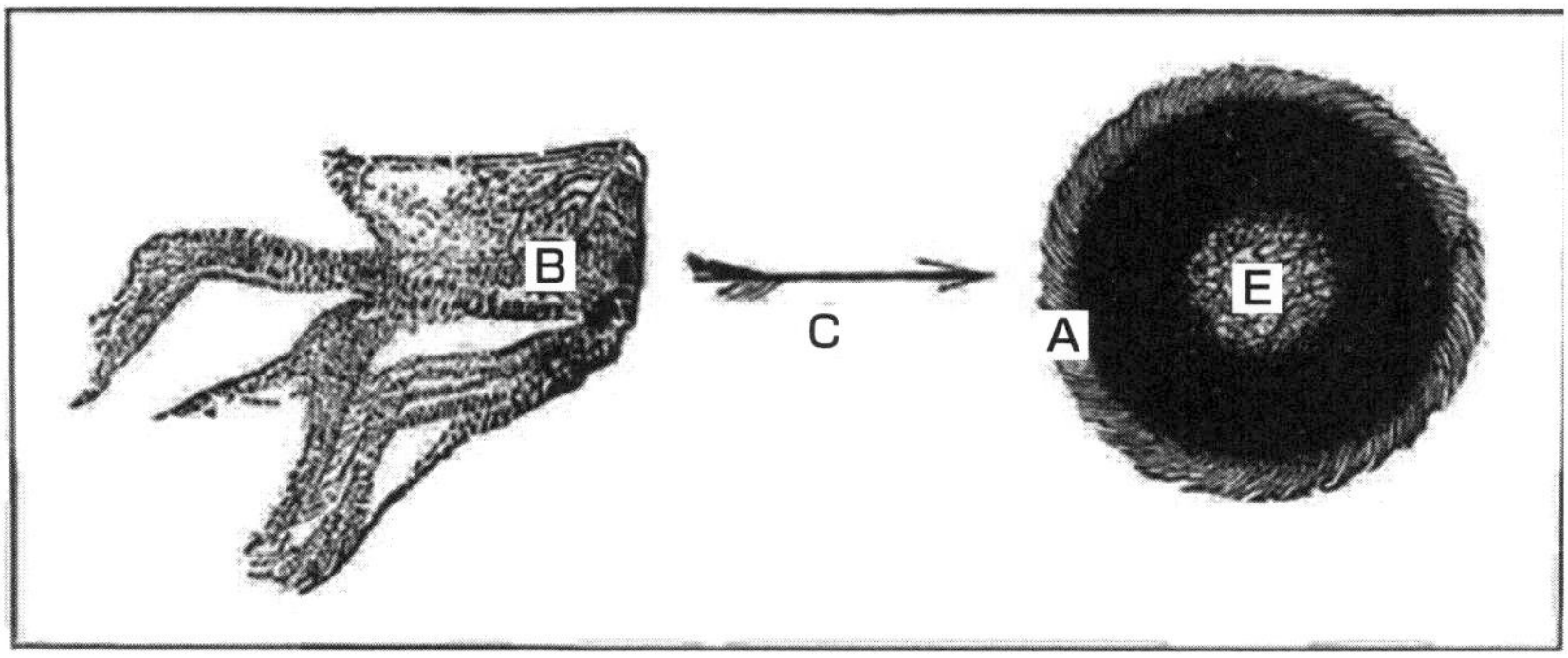

図34　地球に来たアーションングの火の船。Aはアトモスフェリア。Bがエーテリア人を乗せた船。Cは距離で、二万マイル。Eは地球。

きます。それこそ一瞬で宇宙を創造できるのです。

我々も地球から離れれば離れるほど自由度が増します。地球のそばにいる限りにおいては、束縛された霊と呼ぶしかありません。地上で生きるということは一番大変なのです。

布施　地球人誕生後の第二のサイクルを担当したエーテリア人のアーションングは、何百万人の天使団を運んできた巨大な光である「火の船」に乗ってきたとあります。

秋山　「火の船」はUFOのことです。聖書にも「夜は火の柱」、「昼は雲の柱」と書かれています。どうしてそういう形容になるかというと、やはり彼らの宇宙船は光りながら降りてきたり、移動したりするからです。宇宙船はシールドを張ると雲にもなれることを、聖書を書いた人もわかっていたのだと思います。

布施　そのアーションングが乗ってきた火の船は、地球をすっぽり包むくらいの大きな光だったとも書かれています（図34）。

秋山　ホアドに降りてきた巨大な火の船は地球をすっぽり

と包むくらいの大きさだった、ともありますが、それは時空の穴から降りてきたからだと思います。巨大な、別の時空の窓が開いて別時空とともに降りてきたのだと思います。

巨大な光の船である試験管の中にまず地球を入れてみた、という感じでしょうか。その試験管の中から地球が始まったとも解釈できます。そのくらいのスケールの大きさがあったのかもしれません。

アメリカの上空に一〇〇キロはあろうかという巨大なプラズマが衛星写真で捉えられたという情報を聞いたことがあります。それが宇宙船だったのかどうかはわかりませんが、とにかく地球人では想像もできないような宇宙船が存在することは間違いありません。それとは別に、巨大な宇宙が小さいビー玉に過ぎなかったというSFもあります。大きさはどうにでもなるのかもしれませんね。

霊界も肉体界も自由に出入りできるのが宇宙人

布施　結局、スペースピープルと地球人の違いというのは、霊的な世界と物質的な世界の両方の世界があることを知っているか、知っていないかの違いなのでしょうか。

秋山　そうですね。彼らはどちらの世界にも自由に行き来できます。あと、彼らの救済という意識が、我々の救済という意識と違っているということでしょうか。もともとの救済の概念が異なっています。

我々は「助ける」というと、水はあるかとか、物資は足りているか、意識はあるか、などと思うわけです。しかし彼らは、そこに助ける人の肉体があろうがなかろうが、その意識をどう救済するかを考えているように思います。だから、我々が肉体的に死にかけていても、あまり気にしないかもしれません。

たとえば、ある人を今ここで助けてしまうと、一〇〇年後にはダメージが大きくなるなと思ったら、今はその人の死を見守るというような発想をしているように思います。それが彼らの救済です。彼らは我々を未来から見て、救済するかどうかを吟味するわけです。一〇〇年後ではなく、一〇〇〇年後から見ている可能性もあります。

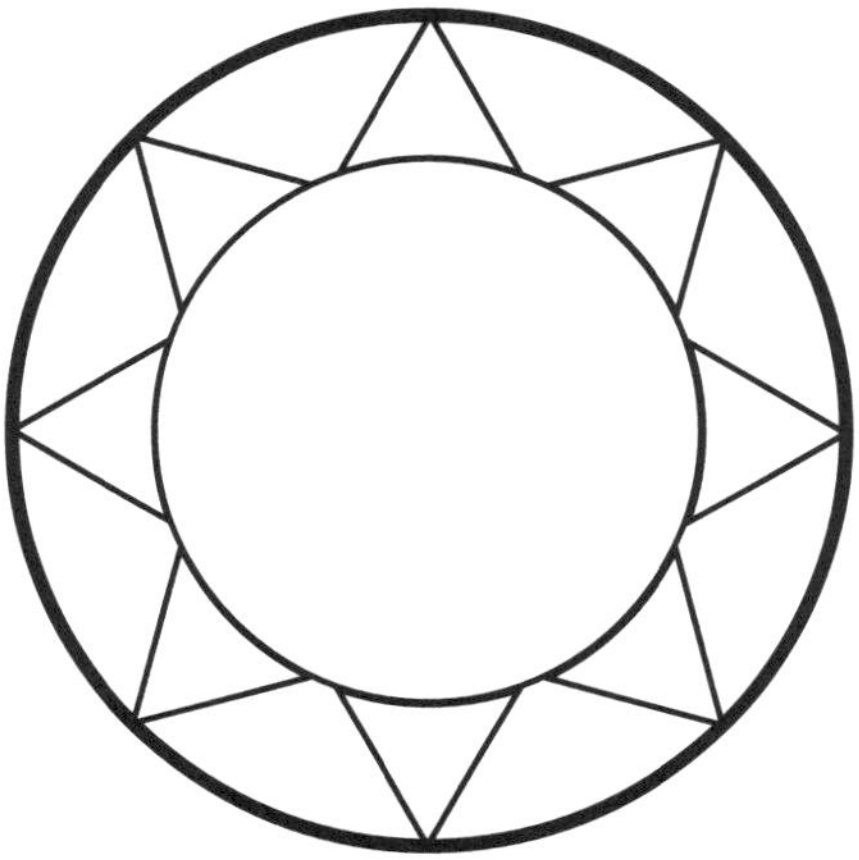

図35　秋山氏によるムーのシンボル。

これに対して我々は、過去の結果として今の自分の死は認められても、未来の結果として今の自分の死は納得できないという側面を持っています。

布施　ジェホヴィが説いているように、肉体の死は人間の死ではないということをスペースピープルは知っているわけですね。

秋山　そうです。人間はジェホヴィが言うように、永遠の生命を持っているのです。第二章の85頁で紹介した図27を使って、説明しましょう。人間の精神は、外から球状の物質界に突き出た斜線部分なのです。本体は球状の世界の外にあります。

布施　ここに描かれているのが立体世界の断面図だとして、五弁の花びら状のものはなんですか。

秋山　実は私にもよくわかりません。感覚的にそう思えるのです。ただいえるのは、物質世界にちょっと突き出たのが我々の心とか精神といわれるものだということだけです。ムーのシンボル（図35）も、そうした世界の構造を表わしたものだと思います。

第二章で紹介した「球的物質界に突き出た人間の精神」（図27）のイラストを理解するのは、一般読者にはかなり難しいかもしれない。そこで私なりに、秋山氏が描いたシンボル的なイラストを解釈してみようと思う。

秋山氏の図は、立体的な世界の断面図を描いたものだ。円は、球状のコーポリアル界を表わしている。問題は、秋山氏にもわからないという円からはみ出て描かれている花弁のようなものだ。

立体的には、金平糖のように球体からあちこち外側にはみ出たアメーバを想像するしかない。私には、これが形を持たない、あるいは形が常に変化するアトモスフェリア界なのではないかと思える。コーポリアル界とその外側のアトモスフェリア界を行き来する霊（天使）の集合体を間接的に描いているのではないだろうか。人間は死ぬと、この立体的なアメーバのような形の世界に入り、霊となるわけである。

さらに理解を深めてくれるのは、秋山氏が同様なものだとして描いた「ムーのシンボル」（図35）である。丸に閉ざされた太陽のマークのようにも見えるが、一つの解釈として内側の丸がコーポリアル界で、外側の丸はアトモスフェリア界ではないだろうか。そして同心円の内側の丸と外側の丸をジグザグに行ったり来たりしている、ぎざぎざの図形はまさに二つの世界を行ったり来たりする霊の輪廻転生を表わしているのである。

第一の復活を遂げた人間の霊は、しばらく外側の円であるアトモスフェリア界に留まるが、やがてはスペースピープルのように外側の円を超えて、第二の復活を遂げる——そのことを表わしているように思えるのだが、読者のみなさんはどのように考えるであろうか。

3　イヒンから続く現代人への系譜

永遠の生命を得るための条件

ようやく永遠の生命を持って生まれたイヒンだが、慢心して地球の神の命令に背き、アスと交配、第三の種族ドルークが誕生。そのドルークがアスと交配して生まれたのが、ヤクという第四の人種であった、というところまで述べた（29頁の表4参照）。

そこまでの年代を整理しておこう。地上にアスが誕生したのは、七万八〇〇〇年前であったと『オアスペ』は言う。ジェホヴィはアスに知識、力、統治の能力を授けたが、アスは無力で直立歩行もできなかった。そこでアスが誕生して六〇〇〇年後の今から七万二〇〇〇年前、ジェホヴィは他の惑星の死者の霊（天使）を地球に呼び寄せ、肉体をまとわせた。

ジェホヴィは一応、アスとの交配を禁じたが、未熟な天使たちはその意味がわからずアスと交配し、イヒンが生まれたわけだ。アスはその後、二〇〇〇年間イヒンと共存したが、やはり天国など霊界のことを理解することができなかった。地球の大気を浄化するためにジェホヴィの意志で火、硫黄、鉄、リンが地上に降り注いだときも、イヒンたちは守護霊アシャールの示唆により安全な場所に避難したが、アスは取り残され、多くが焼死した。

こうした受難の果てにアスは、今から七万年前に地上から姿を消した。アスが地上で暮らしたのは、八〇〇〇年間であった。地球で生き残ったのは、この時点でイヒン、ドルーク、ヤクであった。

イヒンは一般的に白色と黄色の肌色で、小さく痩せていた。スピリチュアルなことを理解したので、「聖なる人々」、「選ばれた人々」と呼ばれた。肉体の死後も霊として生きる永遠の生命を持っている。

ドルークは、茶色と黒色の肌色で、背が高く、がっしりとした体格であった。「肉食の人々」と呼ばれた。二〇〇歳から四〇〇歳まで生きる者もいた。ただし、イヒンと一緒に暮らさない限り、永遠の生命を得ることはできなかった。

ヤクは、くる病のように背中が湾曲しており、手が長かった。主に四足歩行をして、穴倉に暮らしていた。アス同様に永遠の生命を得ることもなく、イヒンによって去勢され、やがて死滅した。

第二章の『オアスペ』では、この時代くらいまでをおよそ人類進化史の第三時代と呼んでいる（各時代に関しては272～339頁「要旨・骨子」参照）。

第一時代は、人間（アス）が無力で直立歩行もできなかった七万八〇〇〇年前から七万二〇〇〇年前までだ。第二時代は、天使が地上に降りて、人間（イヒン）を直立歩行にさせた。第三時代には、天使たちが人間たちを集めて、都市や国で共存するように教えた。だが、この時代に人間の中に、利己心や独占欲が生じるようになったというのだ。

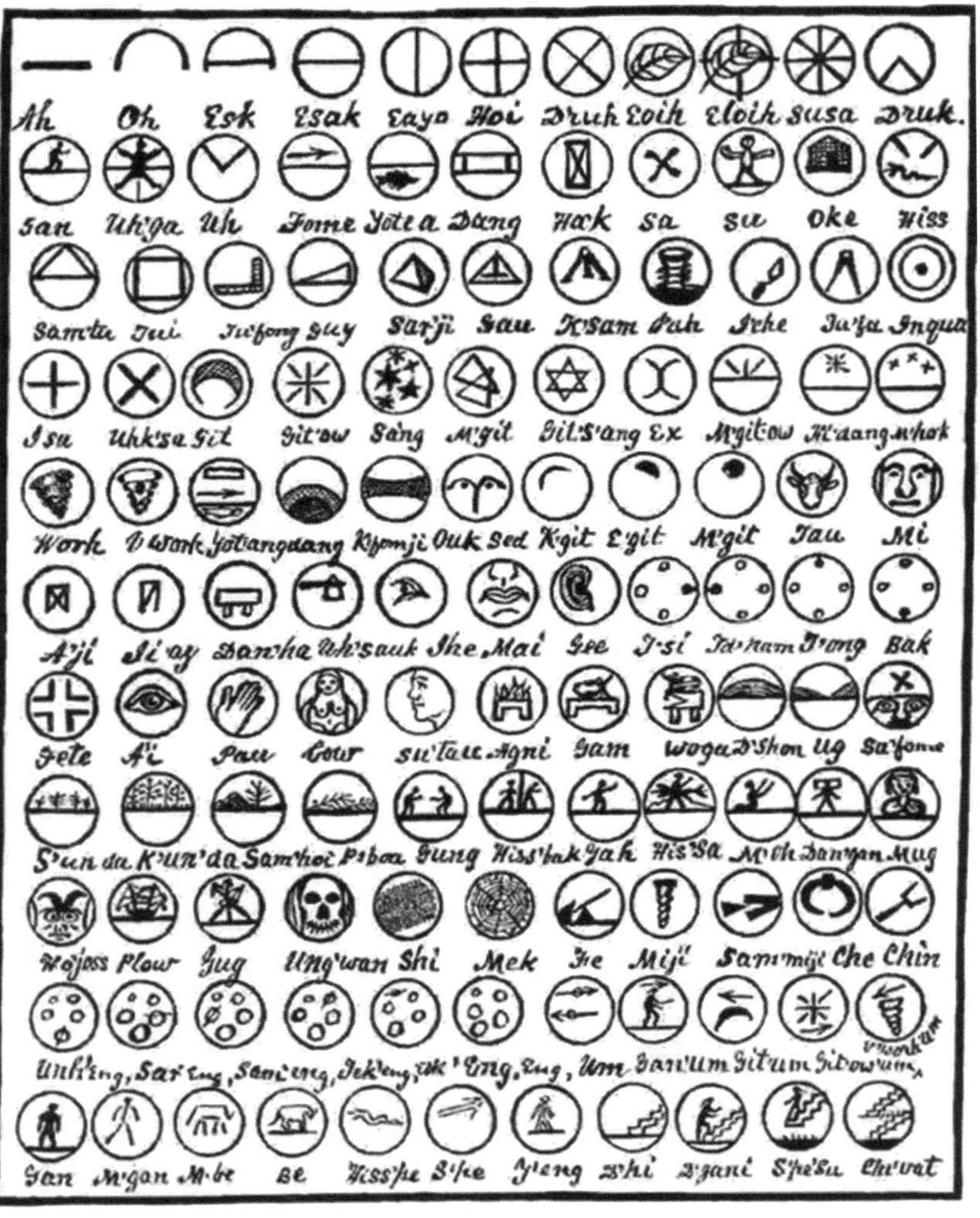

図36　セモインの刻板。パン語では、対象物が発する音を基本として名前がつけられた。

このことはセザンテスが統治する地球の第一のサイクルの三〇〇〇年間に起きているので、七万年前の前後のことであるとみて間違いないであろう。

戦争を始めた人間たち

そして第四時代において人間は自分たちの間で戦争を始めた、とある。この初期の戦争は、イヒンとドルークの間で戦われた。その話は、第六章「最初の諸首長の第一の書」（第一サイクルの時代の諸首長の記録）に詳しい。簡単に説明すると、次のようないきさつがあった。

イヒンは神の掟を守り繁栄したが、地球の神や首長（氏神）は、イヒンがあまりにも天使（守護霊）に依存していることに気がついた。そこで天使たちにイヒンからしばらく離れさせ、イヒンが独力で自分自身を律し、悪に立ち向かうことができるかどうか試すことにした。

しばらくすると、イヒンが冬のために備蓄していた食料を、悪霊（創造主の教えを理解しない未成熟な霊たち）にそそのかされたドルークが盗むという事件が発生した。さらに、悪霊がイヒンに蓄えを死守するようにそそのかしたことにより、イヒンとドルークの間で戦争が勃発、全世界に広がったという。守護霊が自立を促すためイヒンに対する霊的な助言を止めた結果が、悪霊にそそのかされた人間同士の戦争であった。

戦争は熾烈を極めた。状況を見兼ねた地球の首長（氏神）たちは、争いに疲れたイヒンに言った。

「ドルークの中にも、あなた方を見て学ぶものがいる。彼らが学べるように彼らと交流し、あなた方は正義の手本として地球で暮らしなさい」

この氏神たちの助言により、イヒンと一部のドルークは交流するようになった。そしてイヒンとドルークの交配も起こり、新しい人種であるイファン（I'huan）が生まれた。これがアスから数えて、五番目の人種である。

イファンは銅のように赤い肌色で、背が高く、強かった。地球の氏神はイファンに、「イヒンを聖なる民と呼び、イヒンを守りなさい」と命じた。イファンは、戦士と破壊者になったが、イヒンに危害を与えることも、イヒンに害が及ぶことも許さなかった。

地球の氏神はイヒンのために石を彫って、地球の最初の書き言葉である「パン語」の意味を教えた。その文字の彫られた石板のことを「セモイン」と呼んだ（図36）。

イファンはドルークの混血であったが、ドルークを憎み、復讐心から彼らを狩り立て、虐殺した。当時の人類の割合は、イヒンを一〇〇とするとイファンが三〇〇、ドルーク五〇〇〇、ヤク五〇〇〇、人間と獣との間の怪物三〇〇〇であった。

イファンの虐殺行為を見た地球の氏神たちは、イヒンを介してイファンに次のように伝えた。

「生命を創造されたものを誰も殺してはならない。というのも、それは氏神が作った掟だからだ。あなた方（イファン）が虐殺すればするほど、復讐心を抱いた霊で天国はいっぱいになる。それらの霊は、あなた方に報復し、やがてイファン同士で殺し合うようになるだろう」

しかしながら、イフアンはこの言葉の意味を理解せず、信じることもなかった。そして深い闇の時代が地球を覆って、少数のイヒンを除く人間は、生涯を邪悪に捧げるようになった。彼らは地球の氏神の声を聞かず、神についても知ろうとしなかった。

疲れ切った地球の氏神たちは、天使たちを呼び集めて告げた。

「地球の人間は、私の掟を意に介さない。人間には私の声を聞くことができない。もう何をやっても無駄である。人間たちが内なる悪を使い果たすまで、地球に戻ることはない」

こうして、地球の氏神たちと天使団は地球を離れた。これによって、雲は地表を覆い、月は輝かず、太陽は赤い石炭の火のようになった。収穫（第二の復活）は失敗に終わり、飢饉が訪れた。怪物、ヤク、ドルークは、数千万人が次々と亡くなった。地球の氏神から霊感を受けていたイヒンは、飢饉に備えていたため、まったく大丈夫であった。イフアンも、ドルークほど深刻な被害を受けなかった。

地球の首長は嘆いて言った。

「私は人間に直立歩行させて、ともに歩いた。だが、人間は脇に滑って、転んでしまった。私は人間を諭したが、人間は忠告に耳を貸さなかった。あらゆる生き物が同じ種類と交配するようにできていることを教え示したが、人間は理解せず、それを信じることもなかった。人間は獣と住み、ほかの何よりも堕落した」

繰り返された繁栄と破壊の歴史

このように人間の堕落は何サイクルも続いた。もちろん、各サイクル（ダンハから次のダンハまでの約三〇〇〇年間）の初めには、エーテリア界から大天使らがやってきて、地球の天国（アトモスフェリア界）や地上（コーポリアル界）は再び活気を帯びて、建て直される。

たとえば、第二サイクルのエーテリア人アーショングが巨大な「火の船」に乗って地球に来た際も、ショック療法的に大ナタを振るい、地球の天国の組織を大改革して、新たな掟を決めた。また、人間に悪い影響を与える悪霊・闇の霊を集めて宇宙の別の場所に連れていき、彼らを再教育した。地上の人間と、アトモスフェリア界の人間の霊のための教育制度も充実させた。

こうした改革により、しばらくの間は地球の人間も心を改め、地球の天国でも霊たちは一生懸命に学び、第二の復活を遂げることができるようになる。このアーショングが担当した第二サイクルの約三〇〇〇年間においては、実に七二億人の霊が第二の復活を遂げたことになっている。第一サイクルのセザンテスのときは、その数は一五億人であった。

だが、そのようなアーショングの時代においても、サイクルの最後には、地球は再び闇の時代に落ち、戦争が勃発するのである。しかも地上だけでなく、地球の天国でも戦争が始まったという。

第七章の「アーショングの書」の最後には、次のように書かれている。

「六回目のダンを最後に、収穫は途絶えた。そのころ、地球のアトモスフェリア界で戦争が始まり、何千、何万という天使たちが戦い合っていた。さらに地球の各地域とそこに住む人間を占有しようと、何百万もの天使たちが戦いに出かけた。戦いに取り憑かれた天使たちの影響を受けて、人間も戦争へと駆り立てられ、自分たちの都市や国を破壊した。他の天使たちも、天国の学校と工場を捨てて、人間のところに降りていった。（中略）第二サイクルの終わりには、六〇億人の天使が地球の天国（アトモスフェリア界）にいたが、ほとんどが闇の中で、自分が何者で、どこに住んでいるかもわからず、他に天国が存在しているかどうかも知らず、またそれを気にかけることもなかった」

まさに、「戦争と肉食によって人間は創造主の声を聞けなくなり、信じなくなった」という「第五の時代」に突入したのである。

このような三〇〇〇年のサイクルが十六回、約四万八〇〇〇年も続いたと、『オアスペ』は言う。しかも、最後の第一六サイクル（二万七〇〇〇〜二万四〇〇〇年前）では、三〇〇〇年間で第二の復活を遂げた霊の数はゼロであった（41頁の表5参照）。

イフアンの復活とパン大陸の沈没

しかし、その十六のサイクルの中でも人間は、第一〇サイクルの時代の終わりごろ、すなわち約四万二〇〇〇年前ごろまでには、「地球文明の第一期」を築いたという。中でも繁栄したのはイヒンたちであった。ドルークこそ、まだ細々と生きていたが、ヤクはとっくに滅び、イファアンもドルークと交配したため闇に落ち、地上から姿を消した。そのため、地球に住む人間は、ほとんどがイヒンになっていた。

彼らは、地上のすべての陸や島を開拓、人間が住めない荒地も存在しなくなった。土地は耕され、豊かな収穫により衣食は十分に足りた。地球の五大地域には数十万人規模の都市が数千カ所もあった。これが〝ホビット族〟の全盛期だ。

イヒンは船を建造して、世界中を航海した。あらゆる方面で彼らは首長の天使たちによって導かれ、本を書き、書物も印刷できるようになった。学校では若者たちが、太陽、月、星など万物についての知識を教わった。

しかし、そのイヒンにも大きな問題があった。イヒンが霊的な民となり、平和かつ霊的に繁栄したので、肉体的に退化してしまったのである。かつてイヒンの母の多くは、生涯子供を四〇人産み、一度に二～四人産んだ。ところが、霊的に進化すると、イヒンの多くは性欲をなくし、多くの子孫を残さなくなった。このままでは、イヒンが絶滅の危機に瀕するのも時間の問題であった。

そこでジェホヴィは、地球にアジ（16頁の表1参照）の領域をもたらし、事実上滅んだイファアンを復活させることにした。具体的には、天使を使って、イヒンの女性と性欲が旺盛なドルークが出会うような機会を作らせ、交配させたのだ。これによって、イファアンが再び誕生した。彼らは銅色で、強く、明るく、素早かった。

しかし、それから六サイクル、約一万八〇〇〇年が経って第一六サイクルの時代（今から約二万七〇〇〇～二万四〇〇〇年前）になると、人間（イファンやドルーク）は再び殺戮を繰り返すようになり、地球とその天国は闇に落ちた。イヒンはワーガ（パン大陸）以外の地球ではほとんど滅ぼされた。イヒンの都市は破壊され、人間は四つ足の獣のように生きるようになった。神と天使からのインスピレーションは、人間にはもはや届かなくなった。

イヒンが繁栄していた時代には一二年だった人間の一世代（かつてイヒンの成熟期は男女とも七歳で、多くの者は三〇歳を超えて生きることはなかった）は、イファンが繁栄した時代には八〇年になっていた。

イファンやドルークは三〇〇歳まで生き、身長は現代人の二倍に相当する約三～三・六メートルあった。しかし、彼らには判断力がなく、ほとんど感覚もなかった。人種についてもほとんど知らず、見境なく混血し、暗愚と病気が蔓延したが、生命力が旺盛で子供をたくさん産んだ。しかしながら、誰も目に見えない世界を理解せず、堕落は極限に達した。

ジェホヴィにも、地球と人間を取り巻く環境がもう限界にあることはわかっていた。かつて「ホアド」と呼ばれた、パン大陸の上空にある地球の天国も、闇の霊や破壊の霊によって支配され、悪霊の巣窟となっていた。

そこでジェホヴィは、他のエーテリア人の大天使らと協議したと『オアスペ』に書かれている。

（エーテリア人による）議会が招集され、地球とその天国の記録を調べながら審議を重ねた結果、ワーガ（パン大陸）とその上空にある天国は、食人種（訳注：ドルーク系の血が濃い人間）の霊と、人間に憑依する霊があまりにも多すぎて救済できないことがわかった。ワーガとその天国の状態は、表面的な傷は治ったようにみえても、病巣が内側から体を蝕み、手がつけられないような有様であった。通常のサイクルによる救済では、再び悪の芽がはびこるのは目に見えていた。

そこでジェホヴィは言った。

「私は今、地球とその天国を剪定《せんてい》することにする。見よ、ワーガの地域は切り取られ、海の底に沈められる。ワーガの天国も、破壊の霊たちが維持することはもはやできない。というのも、私が天国の土台も引き裂き、天の風によって破壊の霊たちを追い散らすからである」

（第九章「16のサイクルの概要」より）

つまり、ジェホヴィをはじめとするエーテリア人は、もはや地球は通常の方法では救済することは不可能であるとの結論に達した。そこで、パン大陸を海に沈め、パン大陸の上空の天国も、その土台を引き裂くことに決めた。これがのちに「大洪水」として神話に語り継がれている時代である。それは悪霊がはびこる地球と人間を救済するためであった。

第四章

海に沈んだパン大陸と人類の行方

《あらすじ》

今から四万二〇〇〇年ほど前、地球の人間が第一〇のサイクルを迎えたころ、イヒンたちによって土地は耕され、豊穣を生み、衣食は足りて、地球の五大地域（パン大陸、アジア、アフリカ、アメリカ、ヨーロッパ）のあちらこちらに何十万人もの人々が暮らす大都市が誕生した。イヒンたちは船を造って、世界中の至るところを航海した。書物が印刷され、学校では若者たちが太陽、月、星、地球の陸と海といった万物についての知識を学んだ。中でもパン大陸は首都ペニを中心に栄え、高度な文明を築いた。これが地球の文明の第一期である。

しかし霊的な民であるイヒンは、平和かつ霊的に繁栄したので肉体が退化、生殖能力も著しく低下してしまった。このとき、生殖能力の高いドルークとイヒンとの交配が起き、イファアン人種が復活した。イファアンとドルークが台頭したことにより、やがてイヒンはワーガ（パン大陸）以外のすべての地域で滅ぼされ、地上と地球の天国は闇に覆われてしまった。その惨状を見たジェホヴィは、今から二万四〇〇〇年前、パン大陸を海底に沈め、地球とその天国の大改革に着手することを決めた。

首長の天使は、ワーガ（パン大陸）のフェイシスト（訳注：ジェホヴィを信じる者たち。この場合はイヒンのこと）**のところに行って、谷と山の両方において船を建造するようにインス**

ピレーションを与えた。彼らは丸二年かけて船を造り続け、完成させた。天国の天使たちが船を数えたところ、一三八隻あった。二万四〇〇〇年前のことであった。

首長は選ばれし者たち（イヒン）に船に乗るように命じ、彼らは船に乗った。まさにその日に、天国と地球の門が開かれた。

ワーガの大地はあちらこちらで揺れ、海上の船のような状態になった。雨が激流のように降り注ぎ、地響きを立てながら雷鳴が轟いた。海は陸地に押し寄せ、最初は谷を、次に山を飲み込んでいった。こうしてイヒンたちの船は、海の上を漂うことになった。ワーガに住んでいたイヒン以外の者たちは海中に没した。船に乗って助かったイヒンの数は、一万二四二〇人であった。

ジェホヴィは「見よ、私は彼らを地球のあらゆる地域へと運び、その地に彼らを入植させよう。彼らは新たな選ばれし者たちの先祖となる」と言って、船に息を吹きかけ、船を東西南北に吹き散らした。

船は集められて、一船団三四隻の四船団と、二隻だけの一船団の五船団に分けられた。船団にはそれぞれ、グアタマ、セム、ヤフェト、ハム、イスタと名づけられた。

（中略）

大洪水が始まってから一五〇日が経ち、船はそれぞれの地域に運ばれた。グアタマと名づけられた船団は東に運ばれ、上陸した国もグアタマと呼ばれた。

北へ運ばれた二隻の船だけの船団はイスタと名づけられた。イスタとはワーガ語（パン語）で「パン大陸の残骸」を意味する「ザパン」のことであり、今日「ジャパン」と呼ばれている国のことだ。というのも、日本はパン大陸が二つに引き裂かれた後、北に残ったパン大陸の一部だからだ。

（第一一章「諸首長の第一の書」より）

太平洋に沈んだパン大陸の深層

『オアスペ』では、現在の太平洋上に存在したという謎のパン大陸（ワーガ）が重要な役割を演ずる。何しろ、地球の最初の神であるセザンテスがアトモスフェリア界に建国した「神の最初の王国（天国）」である「ホアド」は、パン大陸のウルという都市の東のウゴクイにそびえるアオタン山脈の上方に造られたからだ。

その地球の天国（別名「天の高原」）にセザンテスは玉座を持ち、天使たちと会議を主催した。まさに記紀神話に出てくる「高天原《たかあまはら》の神々の会議」そのものである。セザンテスの後も、歴代の地球の神々は必ずこの玉座で戴冠式を執り行ない、地球の神の位に就いた。その天国の下にあるパン大陸もまた、伝統と格式のある神聖な大陸であり、「円の始まりの国」（訳注：「円の終わりの国」は「北グアタマ」、北米大陸とみられる）であり、もっとも古い選ばれし民の国であったと『オアスペ』は言う。

しかしながら、その神聖な大陸パンも、第一六サークルではイヒンの最後の避難地として存在するのがやっとの状態であった。というのも、その上空にある天の高原「ホアド」ですら、闇の霊や破壊の霊に支配されてしまう惨状であったからだ。

そこでジェホヴィとエーテリア人が、人間と地球の天国を救済する最後の手段として引き起こしたのが、パン大陸および「ホアド」の破壊と、それにともなう大洪水であった。

その破壊の凄まじさには、度肝を抜くばかりである。エーテリア人が総がかりで、宇宙船を使って、「地球浄化計画」という一大行事に参加したことになっているのだ。その記述は第一〇章「アフの書」に詳しいので、抜粋して紹介しよう。

ジェホヴィは、エーテリア界の神々と女神たち、諸首長らに呼びかけ、地球とその天国に大ナタを振るうので、集まるように告げた。その呼びかけに応じて、神々と女神たちを乗せた無数のエーテリアの火の船が四方八方から地球にやってきて、地球の周りを埋め尽くすように取り囲んだ。

（中略）

地球にやってきた火の船は、エーテリア界での叡智、力、愛の位に応じて一列に配置された。地球救済計画を担当することになった「ノウのアーク」（訳注：ノウの天界という意味とみられる）に住むオリアン人の神アフは、その大船団の列を二五〇機ずつの一〇〇〇部隊に分けた。どの船も一万分の一に縮められた。縮小することにより、地殻を破壊し、パン大陸を沈没させるために必要な力を得た。

（中略）

アフはパン大陸を火の柱の壁で囲った。偽の神々たちが他の大陸に逃げていかないようにするためである。さらにパン大陸の境界に、高さ一〇〇〇マイル（一六〇〇キロ）の分厚い網を張って、大陸を覆った。これによって、闇の霊の逃げる道は完全に塞がれた。

（中略）

こうしてアフは、ジェホヴィの力を借りて、地球を悪から解放し、腐敗した天国を救済するための作業に取りかかった。巨大な大陸は留め具が外れたように解き放たれ、雷鳴が轟く中、大地は海上の船のように揺れた。やがてパン大陸は海中に沈み、人間は亡くなり、行き場をなくしたフェタル（訳注：アトモスフェリア界に住もうとせず、コーポリアル界に留まり人間に憑依しようとする霊。いわゆる憑依霊）らは救いを求めて叫ぶばかりであった。

アフの天使団は、四方八方に「命を包む毛布」を持って走り回り、何百万人ものドルジ（浮遊霊、闇の霊）、フェタル（憑依霊）、エスヤン（死んだばかりの「生まれたての霊」）を集めて、アフが用意した「光の泉」に連れていった。集められた彼らの数は、神々でさえ驚くほどであった。

記録によると、ドルジとフェタルが一六六億人、その多くが何千年間もドルジとフェタルとして生きた霊たちであり、ほかの多くが永遠の生命を持つに至らなかった霊たちであった。

必要不可欠だった地球人の再教育

二五万機もの火の船が集結して地球を取り囲み、どの船も一万分の一に縮小して大陸を破壊するだけの力を得たとは、なんという世界であろうか。一九世紀はおろか、二一世紀においても、そのような世界を理解するのは難しいのではないだろうか。

スペースピープルの宇宙船について詳しい秋山氏に聞いた。

布施　二五万隻もの宇宙船（火の船）が宇宙の四方八方から地球に大挙やってきて、パン大陸の地殻を壊して、パン大陸を沈めたと書かれています。

秋山　地殻を壊したのが宇宙船なのかどうかわかりませんが、地球に大変革を促そうとしたのなら、そのぐらいは来ていたのではないでしょうか。大空を埋め尽くすようなＵＦＯの大群のイメージは、コンタクティなら多かれ少なかれ見ていると思います。

実は私にも似たような経験があります。私の前世の中には、アトランティス文明の崩壊に遭遇した過去世があります。私は当時、レムリアの王子を護衛する武官の一人としてアトランティスを訪問していました。王子のお忍びの訪問だったので、パルアルアという港町で漁師に扮して暮らしていたのです。

そのときにアトランティスではいろいろな対立が表面化して、最後は大破壊が起こりました。私たちもその大破壊に巻き込まれ、巨大な壁のような津波が私たちに向かって押し寄せてくるのを見ました。エンタシスの柱（視覚的な安定感を与えるため、ゆるやかなふくらみを施した柱）が自分に向かって倒れてくるのも見ました。

「ああ、これで死ぬのだな」と思ったのは、覚えています。でも、その後の映像がありません。次に覚えているのは、UFOにテレポーテーションで連れてこられて、そのまま太陽系外の別の惑星に行ったことです。おそらくアトランティスとレムリアを沈没させることになった大惨事の際、五〇万〜六〇万人くらい、いや全体ではその一〇〇倍くらいの地球人がUFOに救出されたのではないかと思います。

布施　UFOが、大惨事に巻き込まれた秋山さんたちを救出したわけですか。たしかに『オアスペ』にも、エーテリアの船でやってきた天使団が、数えきれないほどの霊たちを救出した様子が描かれています。

秋山　なぜそのような救出作戦をしなければならなかったかというと、地球を再建するには、地球人を再教育する必要があるとスペースピープルが判断したからだと思います。というのも、このままでは地球人は何度文明を築いても、恐怖や闘争や破壊の想念に支配され、何度も滅亡してしまう可能性があったからです。

そこでスペースピープルたちは、救出した地球人をそれぞれの惑星に連れていって、彼らにどうやったら破壊のカルマ、あるいは恐怖や闘争の想念を乗り越えることができるかということを再教育したのではないでしょうか。破壊ではなく、創造の想念へと導く訓練や教育を施したのだと思います。

布施　パン大陸を壊すだけの破壊力を得るために、船を一万分の一に縮小したとの記述はどう解釈すればいいのですか。

秋山　私にもわかりません。ただいえることは、スペースピープルも、宇宙船を巨大化したり縮小化したりすることなど自由自在にできるということです。外見はそれほど大きくない母船に乗ったことがあるのですが、中に入ると巨大なドーム状の都市が無数に点在している巨大な空間が広がっていました。

また、彼らの宇宙船は、どのように硬い岩盤であろうと透過することができます。推測するに、縮小化して密度を濃くすると、それだけコーポリアル界の物質に影響を与えやすくなるということなのだと思います。

パン大陸の別名がレムリア、ムーであった

布施　ところで、パン大陸は、アトランティスのことをいっているのでしょうか。

秋山　おそらくレムリアのことです。実は私は退行催眠で遠い過去生に戻ったときに、パンという名の大陸の前世が出てきたことがあります。

布施　秋山さんはパン大陸のことを覚えているのですか？

秋山　明確に覚えています。どこにどういう地形があったかも覚えています。

布施　高い山の上空に目に見えない「ホアド」という王国を建てたとありますが。ウルという都市の東のほうにあるアオタン山脈の上空に造った、と。

秋山　そこまで詳しく覚えていませんが、「ホアド」は霊的な火とつながる場所という意味です。似たような発音でアジアに伝わっているのが、蓬莱山《ほうらいさん》です。蓬莱山こそホアドです。

蓬莱山は三十三階層になっています。東洋でいう蓬莱山の構造が、『オアスペ』の地球の天使たち(霊たち)が住む階層になっているわけです。低い層には、まだ勉強不足の霊たちがひしめいています。高い層には、地球の領主とか首長（氏神）といわれる経験豊かな天使たちが住んでいます。

ホアドは、沈没した大陸の巨大な山脈の山頂の上にあったように思います。その山脈の一部が太平洋上に散らばる島々であったのかもしれません。

布施　そのパン大陸がレムリアであった、ということですか。

秋山　そうです。その退行催眠の実験の際、私は「パンは海に囲まれた巨大な島で、ある特定の場所から太陽が昇るある時期においては、この島全体を『神とその座』という意味で、レムリアと呼んだ」とはっきりと話しています。ちなみにレムリアとは、「レ」は土地とか座という意味、「ム」は神、「リア」はそこで一致するということです。ですから、レムリアや、チャーチワードが言ったムーは、パン大陸のことを指していると思います。ムー大陸はアトランティスと同時期に、海中に没したとされています。

布施　レムリアやムーがパン大陸だったとして、ムー大陸やアトランティスが海中に没したのは、一万二〇〇〇年前くらいのことだと思われてきました。しかし、『オアスペ』ではその倍の二万四〇〇〇年前だと言っています。秋山さんはどちらが本当だと思いますか。

秋山　どのくらい過去なのかは、実はよくわからないのです。スペースピープルにとっては、地球の時間はある程度、コントロールできるような気がします。というのも、スペースピープルたちは、アトランティス沈没のホトボリが冷めたころ、救出した地球人を再び地球に戻すという計画に着手したのですが、それはアトランティスやムーが沈没してから何千年も時間が経過したシュメル文明とかエジプト文明の時代だったからです。

私も、人類の潜在意識の奥底に刻まれた恐れや、破壊の想念を克服する〝約束〟のために地球に戻された一人です。驚かれるかもしれませんが、そのときの教官は今でもその惑星に生きています。

地球の宇宙と彼らの宇宙では、時間軸そのものが違うのだと思います。

今生で私は、かつて教育を受けた、太陽系外の惑星を訪問する機会がありました。そこで丸二日間滞在したのですが、地球に帰ると、たった二時間しか経過していませんでした。スペースピープルから見れば、地球の時間は我々がＤＶＤの早回しをするようにコントロールできるのかもしれません。二倍速で早回しすれば、二万四〇〇〇年の月日は一万二〇〇〇年になるようなものでしょうか。

いずれにしても、彼らにとっては今から何年前ということ自体、地球人が思っているほど重要ではないのかもしれません。

『オアスペ』に書かれているパン大陸の沈没は、私が知っているムーやアトランティスの沈没と微妙に食い違うところもありますが、大筋としては似たようなことが起きたのではないかと思っています。

パン大陸から世界に散らばったイヒン

なんとも凄い話である。スペースピープルたちは、初期の人類の進化に関与しただけでなく、その後の地球人類興亡史にも大きな影響を与えてきたことになる。もちろんそれは悪い意味ではない。いつまでも自立できずにふらふらしている人間を冷や冷やしながら見守って、なかば愛想を尽かしながらも、ときには荒療治で進むべき道を示してくれたのであろう。『オアスペ』のエーテリア人たちを見ていると、そのようにも感じられる。

パン大陸やアトランティスのような大陸が、かつてこの地球上に存在したのかどうかの議論は第六章でするとして、パン大陸沈没後の人類はどうなったのであろうか。その続きを見てみよう。

この章の冒頭で紹介したように、地球の首長たちは、選ばれし民であるイヒンにパン大陸を破壊する前に船を建造しておくように伝える。ジェホヴィの教えを理解することができたイヒンたちは首長たち（天使たち）のことを信じて、二年の月日を費やして船を建造した。そしてパン大陸が沈没したとき、彼らは船に乗っていたので助かった。

このあたりは、『旧約聖書』のノアの箱舟の話とそっくりだ。かといって、ノアの箱舟と大洪水の話は『旧約聖書』のオリジナルとはいえない。『旧約聖書』が書かれるはるか前、今から五〇〇〇年ほど前のシュメル文明の時代に同じような洪水伝説がすでに伝わっていたからだ。

主人公の名前こそ、ジウスドゥラ（シュメル語版大洪水伝説）、ウトナピシュティム（『ギルガメッシュ叙事詩』）、アトラム・ハシース（アッカド語で記された「アトラム・ハシース物語」）、ノア（『旧約聖書』）、クシストロス（バビロニア史）と地域や時代によって異なるが、主人公とその家族たちといったごく限られた人間だけが、神の助言や示唆によって船を建造したので大洪水を生き延びる、というあらすじはまったく同じなのである。

そうした中近東からヨーロッパにかけて伝わる大洪水伝説と、『オアスペ』の大洪水が異なるのは、『オアスペ』のほうがはるかに包括的でスケールが大きく、具体的であるということである。

つまり前者が、神を信じる選ばれた人間が一隻の船を造って大洪水の難を逃れたという一家族の物語にすぎないのに対して、『オアスペ』は人類全体と地球の天国を包括する地球人類救済史になっているのである。大洪水も大雨のせいではなく、パン大陸を沈没させたためである、と詳しい。

そのため、船の数も一三八隻とかなり多い。三四隻を一船団とする四船団と、二隻だけの船団の計五船団に分けられたと書かれている。

五船団は、グアタマ、セム、ヤフェト、ハム、イスタと名づけられ、それぞれアメリカ、インド、中国、エジプト（アフリカ）、そして日本が上陸地点に定められた。そして彼らとその子孫、後継者への契約の印として、虹の形をした三日月章（新月章）が彼らに与えられた。五船団は、大洪水が始まって一五〇日後にそれぞれの目的地に辿り着いた。

このとき、たった二隻だけの船団が日本に漂着することになるのだが、それは地球の神ネフがジェホヴィに願い出たためであった。

沈没を免れた「パン大陸の北の地」こそ、日本列島であり、二隻の船に乗ったイヒンの子孫が将来のしかるべきとき（「コスモン時代が到来したとき」）に、パン大陸とイヒンが存在したことの「証人」となるようにという願いが込められていたと書かれている。このことが何を意味するのかは、第七章で明らかにしたい。

イファンから預言者が現れた

こうして天使たちからのインスピレーションによって船を建造、パン大陸の沈没と大洪水を生き延びて世界の五地域に散ったイヒンたちは、それぞれ独自の発展を遂げていった。

グアタマ（アメリカ）に来たイヒンは、一〇〇〇の大都市を作り、人口は四〇〇万人まで達した。彼らはグアタマの神聖な名を守り、イファンから「オエチェロパン」と呼ばれたが、そのうち彼らは小さくなり、結婚願望を失った。二万一〇〇〇年後（約三〇〇〇年前とみられる）に滅亡した。

ヤフェト(中国)に来たイヒンは、二〇〇〇の大都市を作り、人口は八〇〇万人以上になった。「ジャ・ファ」という名を守り、イファンから「トゥア・ギト」と呼ばれたが、性的不能になり子孫を産むことはなくなった。二万一〇〇〇年後に滅亡した。

セム（インド）に来たイヒンは、六〇〇の大都市を作り、人口は二〇〇万人以上に達した。「セム」という名を守り、イファンから「スリ・ヴェデ・イイ」と呼ばれたが、性的不能になった。一万二〇〇〇年生き残って、混血によって滅亡した。

ハム（エジプト）に来たイヒンは、一二〇〇の大都市を作り、人口は四〇〇万人になった。彼らはハムという名を守ったが、どこよりも神の掟を破って混血した。混合色の人種だったこともあり、性的不能にはならなかったものの、二万一〇〇〇年生き残って、混血によって滅亡した。

つまり、こうしたパン大陸沈没後の人類の歴史を見ると、イヒンのほかに各地でドルークが大洪水の時代を生き延びていて、イヒンが再び彼らと混血したことがわかってくる。イヒンとドルークが交わって再びイファンが誕生し、イヒンとイファンが交わって「オングウィー・ガン」という第六の人種も出現した。

ただし、このオングウィー、もしくは単に「ガン」とも呼ばれた人種はイファンとも交わっていく中で、ほとんどイファンと同化してわからなくなり、両者を指して「バーバリアン（野蛮人）」とか「イファン」と呼ばれるようになった。

イヒンの国家と違って、イファン（バーバリアン）の国家は、残虐で戦争を好んだ。彼らには神の声が届かないため、彼らは低俗な浮遊霊や憑依霊、闇の霊らに操られ、どんどん堕落していった。ジェホヴィの存在を信じなくなり、自分を神だと称し、悪事の限りを尽くした。彼らは肉体が死んで霊となっても、同じような「偽の神」の王国を造り、そこで自分の周りの霊を奴隷として使役するようになった。

しかしながら、純粋なイヒン人種が混血の中で消えていく中、イヒンに替わって、神や天使の言葉を聞くことができるイファンも現れるようになった。それが現在アブラハムやモーゼとして知られている預言者たちである。

彼らは神や天使の声を聞いて、ジェホヴィの言葉を理解する能力を有していた。たとえば、イヒンの血を強く持つザラザストラ（ツァラトゥストラ）は、紀元前七〇五〇年ごろペルシャに現れ、地球の神の導きでジェホヴィの教義を書き留め、最初の宗教と聖典を地上にもたらした。「キリスト教と仏教は、主にこの預言者の数々の奇跡や歴史から作られた宗教である」と『オアスペ』は言う。

紀元前三九五〇年ごろには、中国ではポー、東インドにはヒンズー教最古の経典「ヴェーダ」をもたらしたブラーマとユーティヴ、北アメリカには今日のネイティヴ・アメリカンの信仰に影響を与えたイワタ、エジプトではピラミッドを建造したソースマらが、預言者として地上に現れ、ジェホヴィの教義をもたらした。

『オアスペ』によると、ヘブライ人の祖であると同時に、キリスト教、イスラム教、ユダヤ教から「信仰の父」として篤く尊敬されているアブラハムは、元はアブラムと呼ばれた、体の大きなイフアンで、ポーと同時代の預言者であったという。

ということは、パン大陸沈没後に辿り着いた四つの地域では、イヒンは自然消滅していったが、替わりにイフアンから預言者が出て、ジェホヴィを信仰する道へと人間（イフアン）を導いた。その予言者の教えから、曲がりなりにもキリスト教、仏教、イスラム教、ヒンズー教が派生したということになる。

では、二万四〇〇〇年前にパン大陸の残骸である日本に漂着したイヒンは、その後どうなったのだろうか。「一〇〇〇年後には、イフアンと混血して、イヒンとして識別することができなくなった」と『オアスペ』は言う。パン大陸にはドルークもイフアンも残っていなかったから、イフアンはおそらく大陸から渡ってきたのであろう。

ただ、ほかの四つの地域と日本が違うのは、「滅亡」ではなく「イヒンとして識別できなくなった」とされていることと、「それでも彼ら（イヒン）は、野蛮人を救い、叡智と平和に導いた」（第一九章「諸首長の第五の書」の第五節）と書かれていることだ。明確に他の四地域のイヒンと区別されている。このことは第七章で再び触れようと思う。

第五章

人類の未来への警告

《あらすじ》

紀元前七〇五〇～紀元後一八五〇年：地上にジェホヴィの教えを広めるため、ザラザストラ（ツァラトゥストラ）、ポー、アブラム（アブラハム）、ブラーマ（ブラフマン）、モーゼ、チャイン、ジョシュといった救世主が送り込まれる一方、低い天国ではジェホヴィに反旗を翻し、自らを絶対的な神だと称する「偽の神」が出現するようになった。多くは、自分の部下の裏切りによって地獄に落とされ、後に改心して地獄から救済されたが、利己心から「偽の神」になろうとする天使が後を絶つことはなかった。

偽の神々の横暴に辟易した三人の天使（三位一体の神々）、ルーアマング、カバラクテス、エノチサは、「地球の神のやり方は手ぬるい」、「正義の目的のための戦争は正しい」として、偽の神々に宣戦布告、力で偽の神々を抑え込もうとした。「三位一体の神々」と偽の神々との間の争いは、地上にも殺戮と破壊をもたらした。

やがて「三位一体の神々」は偽の神々を追い散らし、ルーアマングは「キリスト」、カバラクテスは「仏陀」、エノチサは「ブラーマ」とそれぞれ称して、自分を崇めるよう宗教の王国を樹立した。その教えがキリスト教、仏教、バラモン教である。

また、長年ルーアマングの下で大佐として働いてきたトートは、一向に改善されない待遇に不満を持ち、自ら「ガブリエル」と称して、王国を樹立。地上のモハメッドにインスピレーションを与え、アラーを唯一神、ガブリエルを全世界をまとめる彼の天使であると教え、イスラム教を誕生させた。

　こうして偽の四神は、宗教によって人間を束縛しながら、自らの領土を拡張する戦争へと邁進、ほしいままに地球を四つに分割した。


　そしてその獣は、自らを四つの巨大な頭に分け、地球を所有した。人間は堕落し、四頭の獣を崇拝した。

　四頭の獣の名とは、バラモン教徒、仏教徒、キリスト教徒、イスラム教徒であった。そして彼らは、地上での彼らの支配力を維持するために戦士と常備軍を選びながら、地球を分割して、自分たちで地球を分配した。

　そして、バラモン教徒には七〇〇万人の兵士、仏教徒には二〇〇〇万人の兵士、キリスト教徒には七〇〇万人の兵士、イスラム教徒には二〇〇万人の兵士がおり、彼らの役目は人を殺すことであった。獣に仕える人間は、自分の人生と労働の六分の一を戦争と常備軍に捧げ、三分の一を浪費と酩酊に費やした。これが第六の時代であった。

　ジェホヴィは人間に悪から足を洗うように呼びかけたが、人間は聞こうとしなかった。というのも、獣は狡猾にも、人間の肉体を改造してしまったため、人間の魂はまるで雲の中にあるように隠されてしまったからだ。こうして、人間は罪を好むようになった。

　ジェホヴィは天国（エーテリア界）の天使たちに呼びかけて言った。

「もう一度、地球と人間のところに降りていきなさい。人間は、地球に住んで、地球を楽しむように私が創造したのだ。人間に次のことを伝えなさい」

ジェホヴィは言った。

「見よ、第七の時代が始まった。あなた方の創造主は、戦争を好む肉食の人間から、平和を愛する草食の人間に変わることを命じる。四頭の獣は片づけられ、地球上から戦争がなくなるだろう」

「あなた方の軍隊は解体される。そしてこれから後、戦争を望まない者に対して、誰も徴兵したり、従軍させたりしてはならない。なぜなら、それが創造主の掟であるからだ」

（第二章「オアスペ」より）

ジェホヴィに反旗を翻した四神

世界の宗教関係者や宗教の信者にとっては、非常に衝撃的な内容が『オアスペ』には書かれている。地球はバラモン教徒、仏教徒、キリスト教徒、イスラム教徒という「四つの獣」に支配されており、戦争に明け暮れているというのである。

ジェホヴィによると、地球は本来、人間が楽しむために創造された場所である。にもかかわらず、殺し合いが蔓延する場所になってしまったという。その元凶が、四つの獣、すなわち四つの宗教であるというのだ。

一体どうして、そのようになってしまったのか――。

『オアスペ』は、それは地球（アトモスフェリア界）の低い天国の神々（天使たち）が、利己心から自分たちこそが本当の創造主であるとうぬぼれて、自分たちの天国だけが最高の天国であると人間たちに信じ込ませ、ジェホヴィではなく自分を絶対神として崇めるように仕向けたからであるという。

ジェホヴィから見れば、彼らは「偽の神々」である。なぜなら、死んだ人間の霊を教育したり育てたりすることが、低い天国の神々（天使たち）の本来の役目であったのに、彼らは人間とその霊を支配し、奴隷化することを自分たちの目的にしてしまったからだ。

やがて、地上の人間をほぼ完全に支配した四人の「偽の神々」は、自分たちの勢力を拡大するため、神々同士で戦争を始める。彼らは敵を殺すことは偉大な愛国心であると人間に教え、多くの人々を巻き込んで殺し、創造物を破壊した。

その状況を「人間の声（ある意味、本当の地球の神の声でもある）」が、次のようにジェホヴィに告白する場面が第三章に出てくる。

「ジェホヴィよ、あなたに対して私はずっと忠実でいられたらと思います！　しかし私は、邪悪な者の栄光のために神々を作り出してしまいました。ある場所で、私は息子と娘に大声で次のように言いました。『バラモン教徒でありなさい。ブラフマンは、その名を信仰すると公言する者は誰でも救う』。別の場所では私はこう言いました。『仏教徒でありなさい。仏陀は、その名を呼ぶ者は誰でも救う』。また、別の場所では私はこう言いました。『キリスト教徒でありなさい。キリストは、その名を呼ぶ者は誰でも救う』。さらに私は別の場所で言いました。『イスラム教徒でありなさい。「一神だけが存在し、モハメッドは神の預言者である！」と言う者は誰でも免罪される』」

「ジェホヴィよ、このように私は地球を分割しました！　私は、四つの大きな偶像崇拝を彼らに定着させ、あらゆる破壊兵器を彼らの手に渡しました。そして、彼らはお互いを、森の獣よりも恐れるようになりました。地球への永遠の拷問として私が作り出してしまった、これらの極悪非道をなかったことにしてしまうことができさえすればと思います！　実際、これらにはなんの救済もないのです」

（第三章「人間の声」より）

「ゼウス」による1000年戦争が勃発

では、この四つの獣はどのように台頭したと『オアスペ』は説くのであろうか。

それは、エーテリア界のオリアン人の天使長フラガパッティが地球を担当した第二二サイクル（紀元前七〇五〇～同三九五〇年）に端を発すると『オアスペ』は言う。

それによると、ザラザストラ（ツァラトゥストラ）が救世主（預言者）として地上に現れてから一二〇〇年が経った紀元前五七五〇年ごろ、ジェホヴィの天使団のかつての首長であったクツスクがジェホヴィを拒絶し、自らを至高のマスターであるアフラ（後にアフラマズダと詐称）と偽称したことから始まる。

アフラは、一億一千万の天使から成る共同体を私物化、地球の神を差し置いて、勝手に自分のアトモスフェリア界の王国を統治し始めた。ジェホヴィへの不信感を人間や天使に植えつけ、自分の王国の栄光のために人間の霊を集めた。そのため、地上では戦争、殺人、破壊、欲望が広まった。

しかしやがて、アフラと同じように利己心から王国を持ちたいと思うアフラの従神が現れ、待遇への不満もあり、次々と反乱を起こすようになった。

アフラが反乱を鎮めようと各地を転戦しているうちに、自分の王国でも暴動と略奪が発生、アフラの天国は土台から崩れ去り、文字通り地獄と化した。アフラも地獄（闇の天国）で闇の霊たちに囚われ、身動きができなくなった。

エーテリア界の女神スペンタアルミジが担当した第二三サイクル(紀元前三九五〇~同一五五〇年)になって、ジェホヴィは中国にポー、ペルシャにアブラム（アブラハム）、インドにブラーマ（ブラフマン)、アメリカ大陸にイワタという四人の救世主（預言者）を送って、ジェホヴィを信仰するフェイシストを育てた。

一方、地獄に落とされたアフラは改心して、地獄から救済された。そしてかつての自分の部下たち

を闇から救出するのを手伝ったが、同様に地獄から救出された従神アヌハサジだけは、ジェホヴィと
アフラに従おうとしなかった。そのため、アヌハサジはアフラの一族から外された。

アヌハサジはその後、ジェホヴィや地球の神に従っているふりをしながら、反撃の機会を待った。

そして、統括神として天国を任されるようになったとき、地球の神とジェホヴィに不満を持つ天使たちをまとめて、統一王国を樹立した。そして自らをデウス（ゼウス）と名乗り、ジェホヴィに反旗を翻した。

デウス（アヌハサジ）は中国、インド、エジプト、ペルシャなどに五人の軍神（戦天使《いくさてんし》）を派遣するなど、地上と天国の支配を目論み、人間や他の天使をジェホヴィの信仰に抗する戦争に巻き込んだ。

五人の軍神とは、テ・イン、スガ、偽のオシリス、バール、それにアシュトレトであった。

その戦争は一〇〇〇年に及び、デウスを「地球の主」「天国の神」とする偽の神々の天国も繁栄した。

その間、デウスは自分にとって都合のいいように事実を書き換えた「聖書」を人間に与えた。

しかしながら、デウスに仕えていた軍神たちにも利己心が芽生え、デウスに歯向かうようになった。

やがて裏切った軍神たちによって、意図的に低級な闇の霊（ドルジャ）だけがデウスの天国に送られてくるようになり、デウスの天国は地獄に没し、デウスも地獄の囚われの身となった。

一方、五人の軍神たちは、テ・インが中国、スガがインド、偽のオシリスが中東をそれぞれ支配、偽の神として君臨した。残りのバールとアシュトレトは偽のオシリスの配下となった。

だが、テ・イン、スガ、偽のオシリスの天国も部下の将軍や大佐が反乱を起こすなどして内部崩壊

し、地獄に落とされた。五人の軍神のうち、偽のオシリスに仕えていたバールとアシュトレトの二神だけは逃れ、今度は自分たちの王国を樹立する機会をうかがった。

現れた偽のキリスト、仏陀、ブラフマン

第二四サイクルのリカの時代（紀元前一五五〇〜紀元後一八五〇年）になると、地獄で苦しんでいたアヌハサジ（デウス）、テ・イン、スガ、偽のオシリスが、かつての偽の神アフラらによって救済された。

しかしながら、地獄行きを免れたバールとアシュトレトといった悪神たちは、依然として地上と自分の天国で勢力を保っていた。

一向に終わらない悪神たちとの戦争と、一向に実現しない「ジェホヴィの正義」に辟易したルーアマング、カバラクテス、エノチサという三人の天使（首長）は攻撃と防衛の同盟を結び、ジェホヴィに対する不信感からジェホヴィではなく、「聖霊」の名の下に行動することを誓うに至った。この三人が「三位一体の神々」である。

悪神たちに対する戦いをまず始めたのは、中東・ヨーロッパに王国を持つルーアマングであった。バールとアシュトレトが悪神同士で戦争していることにつけ込んで、陰ながらバールに加担してアシュトレトを地獄に落とすと、バールをローマとイスタンブールに敗走させた（バールらはローマの

神々となった)。

ルーアマングは自分の功績の証明とするため、従神のトートに「エズラ聖書」を編纂させ、自らもアハミック語で知識を意味する「クライスト(キリスト)」と名乗った。これにより地上ではキリスト教が興った。

インドに王国を持つカバラクテスも、戦天使を派遣し、ジェホヴィではなく三位一体の神を崇拝するよう悪神や天使、人間に迫り、勢力を拡大させていった。さらに一万二四八八人の天使を送り、自分の都合のいいように人間の聖典を書き直させた。自分を「知恵の神」という意味の「アフラマズダ」と呼ばせ、最終的には「至高の知識」を意味する「ブーダ(仏陀)」と名乗った。これが仏教の始まりである。

中国に拠点を置くエノチサは、ジェホヴィを支持する天使や人間が多いことに焦り、ジェホヴィを信仰する天使を自分の王国から追放するとともに、ジェホヴィを崇拝する人間を殺すことにした。そこで反乱を起こした従神や悪神に戦争をしかけ、彼らをギリシャに追放した(追放された中国の神々はギリシャの神々となった)。同時に、自分が「ブラーマ(ブラフマン)」(ポーやアブラムと同時代=紀元前三九五〇年ころ=に東インドに生まれた救世主)であると詐称し、バラモン教を確立した。

エノチサはまた、中国にいる仏教徒が戦争を仕掛けてきたら、反撃して仏教徒を殺すように自分の天使たちに命じたことから、両国では、お互いの宗教に反するとみられる書物(救世主カユ=孔子によってもたらされた書物を含む)が破棄された。

偽神の四番目は従神トートだった

偽の三神（三位一体の神々）が台頭する一方で、ジェホヴィを信奉する地球の神は、ジェホヴィの教えを広めるため、ジョシュを救世主として育てた。

ジョシュ（ヨシュア）は紀元前一五〇年ごろ、エルサレムの近くで生まれた、性別がない中性の「イエス」であった。祖先はユダヤ教エッセネ派で、無抵抗主義であり、救世主モーゼの教えを復活させようと努めた。だが、バールなどの偽の神の影響を受けたエルサレムでジェホヴィの教えを説いたことで逮捕され、投石により処刑された。

紀元前五〇〜紀元後五五〇年までの六〇〇年間は、ジェホヴィの教えが広まらない闇の時代だった。三位一体の神々の同盟は事実上崩壊し、それぞれの偽の神は自分の王国の地盤を固めて拡張するため、地上の信徒たちを動かして、異教徒の国を征服させた。

その中でおそらくもっとも勢力を増大させたのは、ルーアマング（キリスト）であった。ルーアマングの示唆によりローマ皇帝コンスタンティヌス大帝は、キリスト教を保護し、これを公認宗教とするとともに、西暦三三〇年には東方に侵攻し、ローマからビザンチウム（後に東ローマ帝国。現在のトルコ・イスタンブール）に都を移させた。

この東方侵攻に関与する天国の戦いにおいて、三〇〇〇年以上もの間、悪の限りを尽くしてきた悪神バールがルーアマングの従神トートに捕らえられ、地獄に落とされた。

ルーアマングはさらに、従神トートを通してコンスタンティヌス大帝にインスピレーションを与え、書物の都合のよいところだけをまとめた「書物の中の書物（キリスト教の聖書）」を作るよう示唆した。これによって、『旧約聖書（エズラ聖書）』と『新約聖書』が正式に誕生した。

特に『新約聖書』では、多くの異なる救世主（性別のない「イエス」）の物語が一人の象徴的なイエス（ナザレのイエス）の物語に焼き直された。それが、現在「イエス・キリスト」と呼ばれている架空の人物であると『オアスペ』は言う。こうして、ルーアマングのキリスト教王国の盤石の体制が整った。

しかしながら、ルーアマングの王国にも綻びが生じ始めた。六〇〇年間、ルーアマングのもっとも忠実な従神として功績をあげきたトート（別名ガブリエル）が、ルーアマングが約束を守らなかったとして、自ら独立した天国を樹立、偽のキリストの教えを広めるルーアマングの天国を打倒すると宣言したのだ。ルーアマングがトートにした約束とは、エルサレムにトートが統治する天国を与えるというものであったが、ルーアマングはその約束を果たさなかった。

自分の王国を樹立したトートは、自らはガブリエルと名乗り、地上にいるモハメッド（五七一ころ～六三二年）を預言者に育てた。そしてアラーを唯一神、ガブリエルを、全世界をまとめる彼の天使であると教え、イスラム教を誕生させた。

ガブリエルはモハメッドを通して次のように言わせた。

「偽の神が天国におり、自らをキリストと偽称した。私が神に選ばれたのは、キリスト教の偶像崇拝が中東とその周辺の国々に入ることを防ぐためである」

こうして、ルーアマング（キリスト教）とガブリエル（イスラム教）の激しい戦争が始まった。同時に、カバラクテス（仏教）とエノチサ（バラモン教）の戦争状態も激しさを増していった。偽の四神は、宗教によって人間を束縛し、人間の法律と常備軍の力によって自らの王国を確立した。帝国と王国があるところはすべて偽の四神によって支配され、地球は四大地域に分割された。

以上が四頭の獣が現れたいきさつだが、詳しく知りたい方は巻末の要約（第二五～二八章）をお読みいただきたい。

地球人に与えられた負荷としての宗教

四つの宗教が地球を分割したとする『オアスペ』の主張に対して、秋山氏はどのように考えるであろうか。

布施　『オアスペ』には四つの宗教のことが象徴的に記されています。バラモン教（ヒンドゥー教）、仏教、キリスト教、イスラム教です。しかも、それらを四頭の獣とすら呼んでいます。

秋山　おそらく四頭の獣とは、『旧約聖書』の「エゼキエル書」に出てくる黙示録の「四つの頭」の意味に近いものではないでしょうか。それぞれが四つの宗教を表わしているように思います。これらの宗教は、スペースピープルの哲学から分化した可能性があります。だから宇宙から降りてくるという描写になったのだと思います。四つの宗教の根元にはスペースピープルが絡んでいるのです。

布施　四つの宗教はスペースピープルが地球にもたらしたのですか！

秋山　四大宗教の原型となる哲学をもたらした、といえるでしょうか。「エゼキエル書」第一章に、「神の戦車」、「天の車」とも称される宇宙船が降りてきます。その乗り物が有名な「メルカバー」（編注：「マカバ」のこと）です。

メルカバーから、四つの翼と四つの顔がある人の姿をした「四つの者」が出てきますが、それが非常に象徴的です。四つの生き物はそれぞれ、正面に男性、右にライオン、左に雄牛、後ろに鷲の顔という四つの顔を持っています。それぞれがおそらく四つの宗教を象徴しています。『オアスペ』に四つの宗教のことが書かれているのを読んで、その思いを強くしました。

布施　それは面白い解釈ですね。神の乗り物メルカバーに付属している四つの生き物は四つの宗教の象徴なのですか。

秋山　四つの宗教が敵対する信仰ではなくて、スペースピープルがもたらした試練だと考えることもできます。つまり地球の人々に不自在と自在を考えさせるために四つの異なる宗教を与えて、魂がより多くを学べるように負荷を与えたのでしょう。だから宗教間で闘争が生じるのです。

布施　しかし負荷を与えられた地球人にとってはいい迷惑ですね。血で血を洗うような宗教戦争など誰もやりたくないはずです。

秋山　しかし、それすらも、スペースピープルの合議で決めたように思います。彼らはテレパシーで真意がわかりますから、地球人にはそれだけの負荷が必要だと判断したのではないでしょうか。『オアスペ』の大手宗教全否定に見える論説は、逆にそれぞれの宗教の根元に戻る道を考えさせているのでは、とも思います。

そもそも地球人も生命の果実を食べたわけですから、そこからどんどん枝分かれを始めたはずです。テレパシーも使えなくなり、人の真意もわからなくなってしまった。つまり共通認識を持てなくなったことから、寂しかったのではないかと思います。

そこで、好きな共通認識を持つもの同士で集まった。それが四つの宗教になったわけです。たとえば、「君は穏健派だから仏教徒になる?」「愛が好きだけど、戦争も好きならキリスト教がいいのかも」「多数に従うならイスラム教徒」「なんでも燃やしたいならバラモン教」みたいに仕分けしたのかもしれません。

それは決して正しい見方ではないのですが、どのような理由であれ、強制されたわけではなく、自分で選んだのです。たぶん、そのような歴史があったのだと思います。結果として宗教は、新たな神々との対話を人類に考えさせることを促すことになりました。

『オアスペ』はニューエイジ運動の原典ともいわれます。またニューエイジ運動は、それぞれのドラマチックな宗教に疲れた人々が流れ込んだ運動でもありました。各宗教もたくさんのぶつかり合いの末、だいぶ進化を遂げましたが、脱宗教ドグマを掲げるニューエイジ的思考を持つ人々は、実は最多の人口になったのかもしれません。日本などでも、無宗教という人がスピリチュアル好きというケースが多いです。

「四つの顔」の謎が解けた！

布施　それでは「エゼキエル書」に登場する男性、ライオン、雄牛、鷲はそれぞれどの宗教を象徴しているのでしょうか。

秋山　男性はキリスト教っぽいですね。正面にあるわけですから、『旧約聖書』がキリスト教の聖典である以上、正面の男性はキリスト教を象徴していると思います。

ライオンは獅子ともいいますが、間違いなく仏教です。初期の仏教では、獅子の像がたくさん出てきます。権威・王権の象徴で、文殊菩薩の乗り物としても登場します。獅子の座といえば、仏の座のことです。聖なる動物とされるスノーライオン（雪獅子）は仏陀の守護者であったともいいます。

雄牛はイスラム教を指しているように思います。四つの生き物の中で一番大きいですね。中世のイスラムの宇宙観では、「クユーサ」という神が創造した巨大な雄牛が出てきます。大地を背負う天使が立つ岩盤を支えているという伝承があります。ちなみに、その雄牛の下を支えるのは、巨大魚バハムートとされています。

バラモン教やヒンドゥー教を象徴するのは、鷲です。ご存知のように、ヒンドゥー教にはガルダ（ガルーダ）という神の鳥がいます。巨大な鷲のような鳥で、竜や蛇を常食として、ヒンドゥー教の主要な神であるヴィシュヌを乗せて飛ぶことでも知られています。

布施　メルカバーの四つの顔の正体が解けましたね！　四つの顔はまさに四つの宗教そのものです。

秋山　恐ろしいほど符号します。別の見方をすると、スペースピープルがこの四つの宗教をもたらしたこともよくわかってきます。

布施　もう一度、なぜスペースピープルが四つの宗教をもたらしたかを説明してください。

秋山　いわば、四つの宗教に分かれるという、思考と哲学の人生道ゲームなのです。当然これは、遊びのゲームではありません。

布施　そのゲームには神道は入っていませんね。ユダヤ教も微妙なところがあります。

秋山　本来、ユダヤ教も神道も、あまり宗教的ではないのです。ある意味、自然崇拝で、中国で生まれた道教とも似ています。つまり宇宙哲学っぽいのです。自然法則的な技術みたいなものです。そのユダヤ教の術の影響を受けた宗教がキリスト教であり、イスラム教とみることもできるかもしれません。

布施　そのゲームというのは、お互いに分かり合え！　というゲームですか。地球人の進化に必要だから、四つの異なる見方をうまく統合するような試練を与えた、とか。

秋山　最初にいえることは、それぞれの宗教を掘り下げていく必要があるということです。その源流は何かを探すことです。源流から遠ざかってしまっていないか、変質してしまったのではないか、注意深くチェックする必要があります。

たとえば、私を含め多くの日本人はキリスト教と仏教の根本教義はなんとなくわかっても、イスラム教の根本教義がなんなのかわからないのが実情ではないでしょうか。わかっているのは、クルアーンという啓示書に従う一神教だということだけです。その啓示者が七世紀にイスラム教を開祖したムハンマド（マホメッド）です。偶像崇拝を徹底的に排除しています。偶像が嫌いなので、仏像を壊すわけですね。神への絶対帰依が根本にあります。一心に絶対神に帰依するということは、非常に正しいことだと思います。でも、その神とは何かと、どんどん追求していく必要はありそうです。

イスラム教は、神、天使、啓典、使徒、来世、定命の六信と、信仰告白、礼拝、喜捨、断食、巡礼の五行を重視する宗教ですが、精神世界の人たちがやっていることとそう変わりません。問題は絶対神とされる創造主とは何か、です。大地に立てと言いながら、どこに立っているか座っているかの認識すらない、酩酊状態ではいけないのです。

メルカバーが暗示する宇宙船地球号

秋山　そうして見ていくと、四つの宗教が持つ問題点が浮き彫りになるように思います。どの宗教もお互いわかり合おうとしていないし、むしろ「なぜ俺たちの信奉する宗教をお前は信じないのか」というムード一色のような気がします。どうしてそうなってしまったのか。本当はどのような教えだったのかを、深く掘り下げるべきです。

布施　「俺たちの信奉する宗教が一番だ。他の宗教は邪教だ」となってしまうと、『オアスペ』や「エゼキエル書」に出てくる「獣」になってしまうわけですね。

秋山　いずれにしても四つの宗教は、我々の不自由不自在に気づきを与えるためにあるのです。宗教は筋金入りの不自由不自在という修行です。メルカバーを見ても、その四つが同じ体にひしめき合っているわけです。もちろん、それぞれいい面はたくさんあるのです。ただ、ひしめき合う構造自体が非常に不自由不自在であることを示しています。しかも、四つの顔はそれぞれの方角を向いていて、まったく顔を合わせようとしていないわけです。

「エゼキエル書」を読むと、四つの顔の生物が進むときは、四つの顔のある方向のうち一方向にしか進めないと書かれています。つまり、斜めに進んだり、弧を描いたりして動くことができない、不自由さの象徴として描かれています。

布施　本当によく象徴していますね。四つの顔のそれぞれの宗教は、神の一つの面しか見ていないことの象徴だということでもあるわけですね。

秋山　まさに、そういうことです。しかしながら、それは一方で、資本主義的でもあります。四つが競い合うことによって、力を生んでいるからです。異なる方向を制御することで、一応行きたい方向には行けるわけですから。四つの顔は、その生き物の原動力にもなっているのです。

それを宇宙船にたとえたところも面白いです。宇宙船地球号の進み方を暗示しているからです。

布施　船頭が四人もいれば、船はどこに行ってしまうのでしょうか。

秋山　そこが重要なポイントで、大天使がときどき宇宙から派遣されて、人間に啓示を与えるわけです。人間は地球に住んで、地球を楽しむように創造された、と。四つの顔がそれぞれ別の方角を向いて、それで楽しければ、そうしなさい、だけど、ほかにも動き方はあるでしょう、と告げているようでもあります。少なくとも、地球人はその構造に気づかなければならないのです。

言い換えれば、四方向に進もうとするものを我々の目の前に置くことによって、問題意識を持つことを学ばせているわけです。不自由不自在とはなんであるかを、まず四象限で考えさせるわけです。そういう指向性が宇宙にはあるのでしょう。それが卍、あるいはスワスティカといった形に象徴的に表わされているのだと思います。

コラム

「エゼキエル書」と「ヨハネの黙示録」に記された四つの生き物の謎

「イザヤ書」「エレミア書」とともに、『旧約聖書』の中の三大預言書とされる「エゼキエル書」に出てくるメルカバーは、実に不気味な〝天の乗り物〟だ。それゆえにメルカバーは「神の戦車」「天の車」「聖なる神の玉座」などと呼ばれる。

時は、バビロン捕囚（紀元前六世紀、ユダヤ人が新バビロニア軍に捕らえられ、バビロンに強制移住させられたこと）のころ。捕囚で囚われの身となっていた祭司エゼキエルはあるとき、ケバル川のほとりで天が開けて、神の幻が現れるのを見たとして、同書には次のように書かれている。

私が見ていると、見よ、激しい風と大いなる雲が北から来て、その周囲に輝きがあり、絶えず火を吹き出していた。その火の中に青銅のように輝くものがあった。またその中から四つの生き物の形が出てきた。その様子はこうである。彼らは人の姿を持っていた。各々四つの顔を持ち、またその各々に四つの翼があった。（中略）この四つの者はみな顔と翼を持ち、翼は互いに連なり、行くときは回らずに、各々の顔の向かうところに真直ぐに進んだ。顔の形は、各々その前方に人の顔、右に獅子の顔、左に牛の顔、後ろに鷲の顔を持っていた。

（『旧約聖書』の「エゼキエル書」第一章より）

つまり、前面に人間、側面に獅子と牛、後ろに鷲の顔を持った四つの生き物が、その「天の車」に乗っていたとエゼキエルは言うのである。「天の車」は、まるで烏合の衆のような四つの生き物がひしめき合って、迷走しているようである。

同様のモチーフは、実は『新約聖書』の「ヨハネの黙示録」にも出てくる。

天国の門が開いているのを見た、キリスト一二使徒の一人ヨハネに対して、声が「これから起こることを見せるので、上がってきなさい」と呼びかけてきた。すると、たちまちヨハネの目の前に天の玉座が現れ、その玉座のそばに四つの生き物が蠢《うごめ》いているのを見るのである。

御座のそば近くの周りには、四つの生き物がいたが、その前にも後ろにも、一面に目がついていた。第一の生き物は獅子のようであり、第二の生き物は雄牛のようであり、第三の生き物は人のような顔をしており、第四の生き物は飛ぶ鷲のようであった。この四つの生き物には、それぞれ六つの翼があり、その翼の周りも内側も目で満ちていた。

（『新約聖書』の「ヨハネの黙示録」第四章より）

人間、鷲、獅子、雄牛――しかも、体のそこら中に目がついているとは、なんとも気味の悪い生き物だ。当然、この黙示録に出てくる「四つの顔」や災いをもたらす「四つの馬」が、「メルカバー」の四つの生物と符号するのは偶然ではない。明確に何かを表わしているのだが、それらが何を指しているのかは長年、謎のままであった。

ところが『オアスペ』は、四つの顔（獣）は偽の四神、すなわちキリスト教（人間）、イスラム教（雄牛）、仏教（獅子）、バラモン教（鷲）であることを明示している。

しかも、宇宙では必ず四つの異なる方向性を持つ「獣」が人間の前に立ちはだかるが、それを克服しなければならないと説いている点で、異彩を放っている。『オアスペ』の面白さは、ジェホヴィへの崇拝を求めながらも、〝超宗教的〟、かつ宇宙的である面にあるのではないだろうか。

四頭の獣は宇宙共通の試練

四頭の獣は、地球人のための一種のカリキュラムとしてスペースピープルによってもたらされたのではないかとする秋山氏の説は、非常に興味深く、面白い。しかも、「エゼキエル書」のメルカバーの記述を、これほど深く、絶妙に解説した主張を私はほかに知らない。

実は、この秋山氏の説をなかば裏づけるような記述が『オアスペ』にある。それは、第二九章「エスの書」に登場するオリアン人の天使長リタバカスラヴァが地球を訪問したときに発した言葉だ。

偽の四神によって、血で血を洗う戦争に巻き込まれている状態となった地球と、その低い天国を救済するために、コスモン時代（一八五〇年から始まった、人間が霊性を成長させる時代。地上の物質的知識の叡智と霊の知識の叡智が融合する時代とされる）が始まる四〇〇年ほど前に、リタバカスラヴァは地球にやってきて、地球の神々や天使たちに次のように伝えた。

「四人の偽神（偽の四神）は、最期まであなた方と戦うだろう。彼らが地獄に落ちて初めて、ジェホヴィの王国が到来することができる。

すべての惑星の世界で、それはいつも同様である。ある偽の四神が、その惑星のコーポラル界とその天国を支配下に収めようとして、蜂起する。

彼らは真実を標榜するが、虚偽を行なう。平和を標榜するが、戦争を行なう。彼らは、ジェホヴィの完全人格とやり方を捻じ曲げようとして、人間と天使をあらゆる悪へと駆り立てる。そうだ、彼らはまた、自分自身が本物の創造主・ジェホヴィであるとさえ思い込み、人間にインスピレーションを与えて、自分たちがそのような創造主であると思わせようとする。

そしてあなた方の人々が、彼らではなくジェホヴィを信仰しようものなら、見よ、彼らは他の人々にインスピレーションを与えて、あなた方の人々を襲わせ、撲滅させるか、あるいは大きな苦しみを与えて拷問させる。

それにもかかわらず、ジェホヴィが地球全体とその天国で勝利する日があなた方にもたらされるだろう。人間と天使は自由となり、人間と天使を恐れさせる者は誰もいなくなるだろう」

（第二九章「エスの書」第八節より／傍点は訳者）

傍点部分に書かれているように、偽の四神が引き起こす障害は、どの惑星でも起こる通過儀礼のような出来事なのだという。

ということは、偽の四神に代表される四つの異なる宗教の台頭は、人間が進化するうえで避けて通ることができない宇宙の法則であると解釈できるのだ。つまり、なかば必然的に宇宙からもたらされる「地球の試練」ということになる。

前出のリタバカスラヴァは四頭の獣について、「部屋の暗い四隅があなた方に飛びかかり、あなた方が成し遂げた仕事やジェホヴィの御業を破壊するだろう」とも語っている。四隅からの攻撃は、まさに逃れられない試練を象徴しているのであろう。

血のバランスをどのように保つのか

この四獣の試練は、古代日本の霊魂感とされる一霊四魂とか、スイスの心理学者カール・グスタフ・ユング（一八七五～一九六一年）が、人間の性格を表わす性質として挙げた四つの機能である感情、感覚、思考、直感のバランスの問題とも、なんらかの共通性があるように思われる。

具体的に説明すると、一霊四魂では、人間の心は四つの魂からなり、それを一つの霊「直霊《なおひ》」が統括していると考える。

四つの魂とは、「荒魂《あらみたま》」、「和魂《にぎみたま》」、「幸魂《さちみたま》」、「奇魂《くしみたま》」で、荒魂には「勇」、和魂には「親」、幸魂には「愛」、奇魂には「智」というそれぞれの魂の機能・方向性があり、それを直霊がコントロールしているというのだ。どれかに偏ると、バランスを崩す。それは感情（愛に相当）、感覚（親に相当）、思考（智に相当）、直感（勇に相当）も同様だ。これらの四つの性質・方向性をバランスよく保つことが、試練を乗り越えるカギとなるのではないだろうか。

これに関連して、秋山氏はかつてスペースピープルから次のようなことを聞いたという。

「スペースピープルによると、我々は人類の遠い故郷から引き継がれた血統的な血の質が混ざり合ってでき上がっています。つまり、それぞれがいろいろな宇宙系でいろいろな惑星の影響を受けており、それらの要素が混ざり合っているわけです。その要素の混じり合い方を、神道の人たちは神様の名前で表わそうとして、荒魂、和魂、幸魂、奇魂に分類しているようですが、まさにその四魂が、その血のバランスを表わす要素であるとスペースピープルから聞いたことがあります」

血のバランス——それこそが、私たちが学ばなければならないことなのかもしれない。イヒン、ドルーク、イフアンは、まさにスペースピープル（の霊）と地上のアスとの血の組み合わせで誕生した人類である。

肉食をしてドルークの血（荒魂）が濃くなれば、人間はうぬぼれて専制君主になり、戦争を引き起こす。菜食をしてイヒンの血（和魂）が濃くなれば、従順で平和になるが、依存心が強くなる。科学（奇魂）が強まれば、人間は過信して霊的なものを完全否定する。霊的能力（幸魂）が強まれば、人間は物質的・肉体的なことに興味をなくし、生殖能力さえ失う。

歯止めがなければ暴走してしまう四つの方向性を持つ血（性質）に、どのように対処してバランスを保つか。それこそが、四頭の獣が我々に突きつけている根本的な問題なのではないだろうか。

第六章

『オアスペ』の矛盾と問題点

《あらすじ》

『オアスペ』は人類（訳注：おそらく原人のこと）が七万八〇〇〇年前に誕生し、七万二〇〇〇年前にイヒンという現代人の原型となる「霊と肉体を持った人間」が現れたと主張する。さらに、二万四〇〇〇年前、太平洋上にはパンと呼ばれる巨大な大陸が存在し、それが沈没。海面の劇的な下降を引き起こし、現在の地球の大陸の姿になったと言う。果たして、『オアスペ』が主張する人類史と地球史の矛盾点は何か。

また、肉食主義を廃し、割礼を勧め、輪廻転生は特別なケースだとする『オアスペ』の教義には、どのような問題点が隠されているのか。第七時代が始まったとする一八五〇年（訳注：厳密には一八四九年一一月一四日とみられる）には、何があったのか。コスモン時代の到来により、戦争は本当になくなるのか。

1 人類史の矛盾点

人類史についての記述

アスが地上に棲んだ期間は八〇〇〇年間であった。アスはイヒン誕生後も二〇〇〇年間生き残った。すなわちアスは、(単独で) 地上に六〇〇〇年間棲み、神の選びし民イヒンを産み、その後二〇〇〇年間生存したということだ。

そしてアスは地上から姿を消した。

地上に残ったのは、聖なる民であるイヒンと、肉食の民ドルークであった。

イヒンは白色と黄色であったが、ドルークは茶色と黒色であった。イヒンは小さくて痩せていたが、ドルークは背が高く、がっしりとした体格であった。

ドルークは以前から地球の首長(訳注:天使)に従わず、アスと暮らしたため、地上に地の民を意味するヤクという雑種の人種をもたらした。ヤクは森の獣のように穴に棲み、完全な直立歩行ではなく四つ足で歩いた。

（中略）
そして新しい種族が地上に生まれた。彼らはイヒンとドルークとの間の混血であり、イフアンと呼ばれた。イフアンは銅のように赤く、世界のどの民よりも背が高く強かった。
（第六章「最初の諸首長の第一の書」の第二節と第三節より）

敗色濃厚なダーウィンの進化論

チャールズ・ダーウィンは一八五九年に『種の起源』という本を発表し、生物のそれぞれの種は神によって個々に創造されたものではなく、極めて簡単な原始的な生物から進化したものであるという進化論を唱えた。それから二十三年後の一八八二年、ニューブローは新たな人間進化論ともいうべき『オアスペ』を出版した。

ダーウィンの進化論以前は、すべての生物種は、神がその完全性を示すために創造したものであり、その性質は不変であるとする考えが主流であった。自然は神によって巧みに設計（デザイン）されており、整然とした秩序が最初からあるというのだ。

ところが、ダーウィンの進化論により、人間は長い時間をかけて猿（猿人）から進化した生物であると信じられるようになったのである。神の面目は丸つぶれである。

しかしながら『オアスペ』は、その両者であると主張する。創造主ジェホヴィは人間を〝完璧に〟創造したが、その後、人間は異人種と交配を重ねて、〝進化〟したというのである。ただし、人間の進化という意味では、『オアスペ』の人類進化論は異彩を放っている。ジェホヴィに選ばれし民であるイヒンが最初に誕生してから、人間は霊的レベルでは退化したと書かれているからである。

特にイヒンとアスとの間に生まれたドルークは、霊の世界を理解する能力がなく、野蛮で残虐な野獣のように描かれている。さらにドルークはイヒンと交配し、イフアンという人種を誕生させた。そのイフアンの延長線上に、現在の人間（ホモサピエンス）がいるのだという。しかも、そうした異人種間の交配は、地球の過酷な環境を生き抜くために必要なことであったとジェホヴィは言う。イヒンだけでは、人間を地球上で存続させることは無理であったというのだ。

それでは、ダーウィンの進化論、ダーウィンの進化論以前の神による創造論、その折衷案ともいえる神による創造・進化論のどれに軍配が上がるのであろうか。

最初に脱落しつつあるのは、実はダーウィンの進化論である。その進化論を人間に当てはめると、人類は猿人から原人へと進化し、さらに旧人、新人（現生人類・ホモサピエンス）へと進化したことになる。確実に現生人類（ホモサピエンス）につながるとみられる原人は、一六〇万年以上前に出現したホモ・エレクトゥスだが、その原人とホモサピエンスとの脳の容量の差（約九五〇ccと約一四〇〇cc）があまりにも大きすぎて、進化論は破綻してしまうという見方が強い。

さらにダーウィンの進化論の旗色を悪くしているのは、猿から猿人へと進化したことを証明する中間種の化石が発見されていないことである。いわゆるミッシングリンクの問題だ。それらの急激な進化を突然変異で説明しようとする向きもあるが、脳の大きさを劇的に変化させるような突然変異は数百万年の単位では起こりえないとの見方が一般的となっている。

しかも、ニューヨークのロックフェラー大学とスイスのバーゼル大学の共同研究で、一〇万種の生物種のＤＮＡと、五〇〇万の遺伝子の断片であるＤＮＡのバーコードと呼ばれるマーカーを調べたところ、地球上に存在する生物種の九〇％は今から一〇万～二〇万年前の比較的短い期間に地球にいっせいに出現したことがわかったという。

これが本当ならば、中間にあるべきはずの種がなくなり、人間をはじめとするあらゆる地球上の生物の大半は、一〇万～二〇万年前の間に突然、登場したことになる。つまり、ダーウィンの進化論は完全に破綻してしまうのだ。

『オアスペ』の人種は化石人類とも符合

それでは神による種の創成論（創造論）は正しいのだろうか。

当然のことながら、現代の科学は真っ向からそれを否定する。神が万物を創ったのならば、科学が発見した法則の数々は、神の恣意的な気まぐれによって発生したという説明が可能になってしまうからだ。それは科学の存在意義を根底から覆してしまう。

しかしながら、科学の見つけ出した数々の法則、たとえば万有引力の法則や遺伝の法則は、この物質界で適用されるのも事実だ。万物が神によって完璧にデザインされたとする種の創成論では、現実に存在する生物の進化現象を説明することはできない。神の創造が完璧ならば、種は進化する必要などないからだ。

つまり、ダーウィンの進化論でも、神による種の創成論でも、完全には説明できない人間の誕生とその進化現象が厳然として存在するのである。

実はその矛盾を解消してしまうのが、『オアスペ』の両論共存説なのである。

人間はジェホヴィによって創造され、かつ異人種間の交配を重ねることによって、環境に適応できる身体に〝進化〟したとしているからだ。その進化の過程は、現在見つかっている原人や旧人、新人の化石とそれほど矛盾しない。むしろ、見つかった人類の化石は、その多くが『オアスペ』が発表された後に発見されているにもかかわらず、驚くほど『オアスペ』の人類史の記述と一致している。

たとえば、イヒンが誕生する前に地上に存在したとされるアスは、『オアスペ』が出版された約一〇年後の一八九一年に、インドネシアのジャワ島で最初に発見された原人ホモ・エレクトゥスに酷似している。

原人は一八〇万年前から存在したとされているが、ジャワ島で発見されたホモ・エレクトゥスである「ジャワ原人」は、七万年前まで生きていたとも考えられている。七万年前といえば、ちょう

表6　人類の系図（左に行くほど野獣に近く、右に行くほど天使に近い）

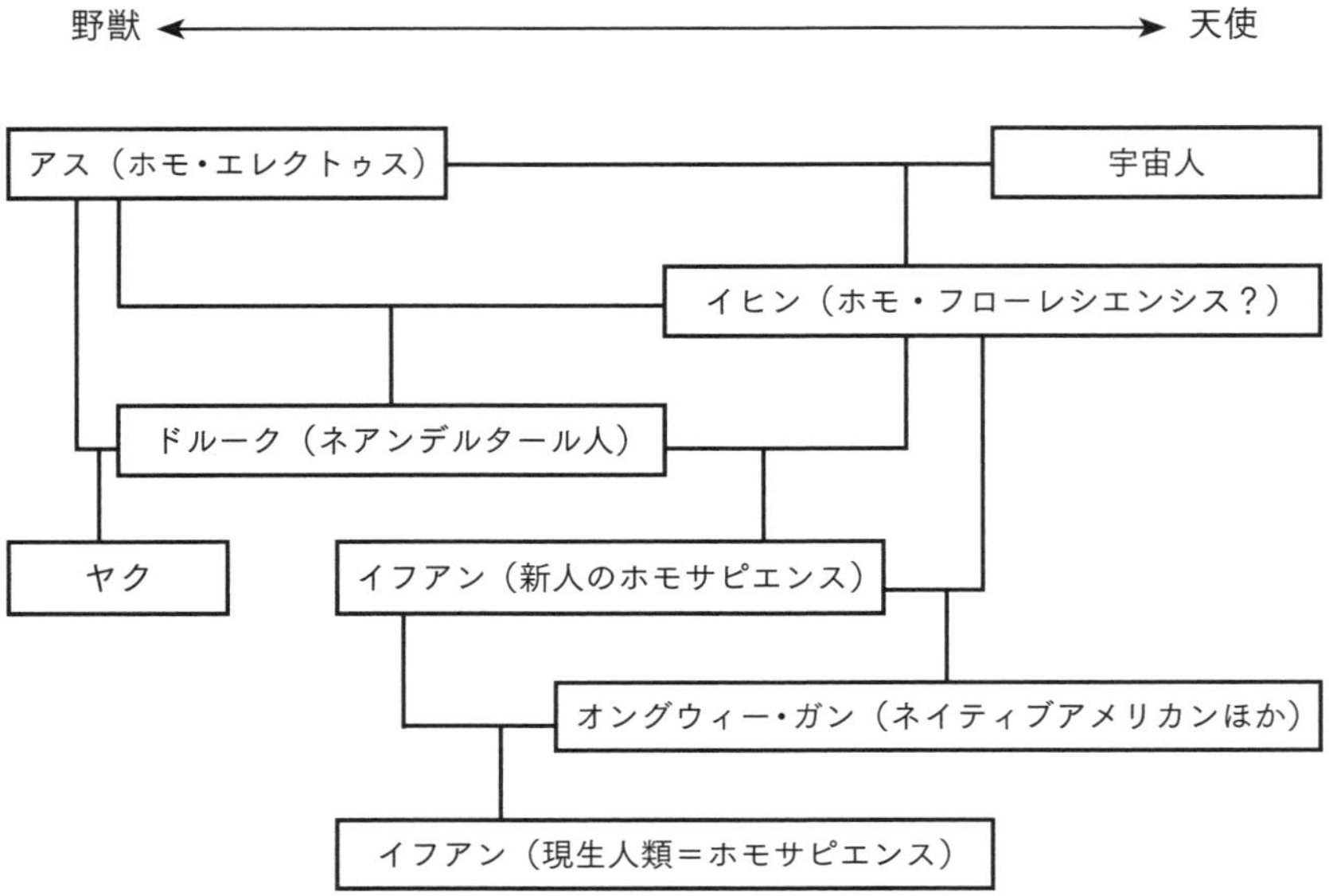

どアスが地上から姿を消した時期と一致する。

イヒンは、一万二〇〇〇年前まで生存していたとみられているホモ・フローレシエンシスであろうか（ただし最近の研究では、確実に生存していたのは五万年前ともされている）。二〇〇三年にインドネシアのフローレス島で化石が見つかった。三〇歳程度の女性と思われる骨格で、身長一メートルと小さいことから「ホビット」とも呼ばれた。ただし、見つかった化石の脳容量はチンパンジーほどの小ささであったことから、イヒンではない可能性も否定できない。

もっとも一致する可能性が高いのは、ドルークと旧人のネアンデルタール人だ。一八五六年、ドイツのネアンデルター

郵便はがき

料金受取人払郵便

神田局承認

1916

差出有効期間
2025年7月
31日まで
切手を貼らずに
お出しください。

101-8796

509

東京都千代田区神田神保町3-2
高橋ビル2階

株式会社 ナチュラルスピリット

愛読者カード係 行

フリガナ		性別
お名前		男・女
年齢	歳	ご職業
ご住所	〒	
電話		
FAX		
E-mail		
ご購入先	□ 書店（書店名:　　　　） □ ネット（サイト名:　　　　） □ その他（　　　　）	

ご記入いただいたお名前、ご住所、メールアドレスなどの個人情報は、企画の参考、アンケート依頼、商品情報の案内に使用し、そのほかの目的では使用いたしません。

ご愛読者カード

ご購読ありがとうございました。このカードは今後の参考にさせていただきたいと思いますので、アンケートにご記入のうえ、お送りくださいますようお願いいたします。

小社では、メールマガジン「ナチュラルスピリット通信」(無料)を発行しています。
ご登録は、小社ホームページよりお願いします。**https://www.naturalspirit.co.jp/**
最新の情報を配信しておりますので、ぜひご利用下さい。

●お買い上げいただいた本のタイトル

●この本をどこでお知りになりましたか。

1. 書店で見て
2. 知人の紹介
3. 新聞・雑誌広告で見て
4. DM
5. その他（　　　　　　　　　　　　　　　　）

●ご購読の動機

●この本をお読みになってのご感想をお聞かせください。

●今後どのような本の出版を希望されますか？

購入申込書

本と郵便振替用紙をお送りしますので到着しだいお振込みください（送料をご負担いただきます）

書　籍　名	冊数
	冊
	冊

●弊社からのDMを送らせていただく場合がありますがよろしいでしょうか？

□はい　　□いいえ

ルの石灰洞で最初に発見された。当初、ネアンデルタール人はホモサピエンスとは別種であるとの考えが優勢であったが、二〇一〇年にホモサピエンスとネアンデルタール人との間に混血の痕跡があるとする研究結果がサイエンス誌に発表されている。その混血の結果が、イヒンとドルークの間に生まれたイフアンだとしたら、イフアンこそ現代の人間（新人のホモサピエンス）だとする『オアスペ』の主張との矛盾はなくなるのである（表6）。

また、ドルークとネアンデルタール人の絶滅年代も矛盾しない。ネアンデルタール人は約三万年前に絶滅したと考えられていたが、二〇〇五年にイベリア半島南端のジブラルタルの沿岸の洞窟から見つかった石器類や痕跡と、遺跡の放射性炭素による年代分析では、二万四〇〇〇年前まで生存していた可能性が示唆されている。ちょうど『オアスペ』では、パン大陸が沈没し、ドルークがほぼ全滅した時期と一致するのである。

シラミの分化年代まで一致？

『オアスペ』の人類史で一番驚かされるのは、猿人あるいは原人とみられるアスと「肉体をまとった天使」が交配したことによりイヒンが生まれたとする主張によって、猿から猿人への進化や猿人から原人への進化、さらには原人から旧人、新人への進化を仮定した場合に生じるミッシングリンクの空白を完全に埋められることだ。

ダーウィンの進化論が先に挙げた理由によって否定されるならば、人類の進化に関しては、外部（宇宙）からのなんらかの介入がなければ、今の人間は誕生しなかったことになる。ところが、「肉体をまとった天使」が宇宙から来て人類の進化に関与したということは、人間が一気に何段階も進化した可能性が高くなることにほかならない。ミッシングリンクが出るのは当たり前のことになり、この問題はいとも簡単に解消するわけだ。

しかしながら、ホモサピエンス現生人類が二五万年前に現れ、現在に至っていると考えられている点では、『オアスペ』の記述と一致しない。『オアスペ』では、ホモサピエンスのイフアンが現れたのは約七万年前だからだ。

ただし、七万年前という時代については、別の符号もある。そのころインドネシアのスマトラ島にあるトバ火山が大噴火を起こして気候の寒冷化を招き、その後の人類の進化に大きな影響を与えたとされているからだ（トバ事変）。この劇的な寒冷化を生き抜いた人類は、ネアンデルタール人と現生人類、それに「ホビット」と呼ばれるホモ・フローレシエンシスのみであった。

これは約七万年前にアスが滅び、ドルーク（ネアンデルタール人）とイフアン（現生人類）、イヒン（小人）が生き残ったとする『オアスペ』の記述と一致するのである。

面白いのは、ヒトに寄生するシラミが主に毛髪に寄生するアタマジラミと、主に衣服に寄生するコロモジラミの二つの亜種に分化したのも、七万年前であるということだ。『オアスペ』では、ちょうどそのころ、ちゃんと服を着るイヒンと、服を着ないドルークが棲み分けを始めたからだ（イフアンは腰巻をしていた程度とみられる）。

このように、化石人類の証拠からシラミの分化時期に至るまで、『オアスペ』では随所に現在知られている人類進化史と一致する記述が散見されるのである。ダーウィンの進化論がもはや風前の灯であるのならば、今後は『オアスペ』の人類創造・進化論が脚光を浴びるような、新たな発見や新説が出現しないとも限らないと思う次第である。

2　地球史の矛盾点

太平洋に存在したパン大陸についての記述

ジェホヴィは、アトモスフェリア界の天使を結集させて、地球の天国の最初の王国を造らせた。その場所はホアドと呼ばれた。というのも、ホアドが地球の第一の神のための初めての有機的な住み家となったからだ。

ホアドは、後にパン大陸と呼ばれるその国の、ウルの東のウゴクイにあるアオタン山脈の上空に位置していた。

（第四章「ジェホヴィの書」第八節より）

地球の首長は言った。

「コスモンの時代のために、銅色の人種イフアンの前にイヒンが世界中に存在したことを示す遺跡を証拠として残すだろう」

「それから首長である私は、コスモンの時代に海に沈んだワーガの大地（訳注：パン大陸のこと）を発見させるだろう。そうすれば、人間たちは首長の御業の大きさを理解するだろう」

（第一一章「諸首長の第一の書」第二節より）

パン大陸とパンゲア大陸の奇妙な符号

かつてジブラルタル海峡の外側、大西洋上にあったアトランティス（大陸）は、神罰により一日一夜にして海底に没したとギリシャの哲学者プラトン（紀元前四二七〜同三四七年）は書いている。沈没したアトランティスがどこかは諸説があり、わからない。また、そのような大陸が大西洋に存在したかどうかも謎である。

では、太平洋に『オアスペ』が言うような巨大な大陸があったのだろうか――。

残念ながら、太平洋上にそのような大陸があったことを示す決定的な証拠はない。だが『オアスペ』は、その証拠こそ日本であると主張する。

どういうことか。その主張を検証するために、２００頁に図11を再掲する。

とにかくパン大陸は太平洋上の巨大な大陸であったことがよくわかる。西太平洋の大半はパン大陸であった。

全体的には「三角形のおむすび」のような形で、北の海岸はベーリング海のアラスカ半島、オホー

図 37　パンゲアとパン

パンゲア大陸と現在の大陸の関係。

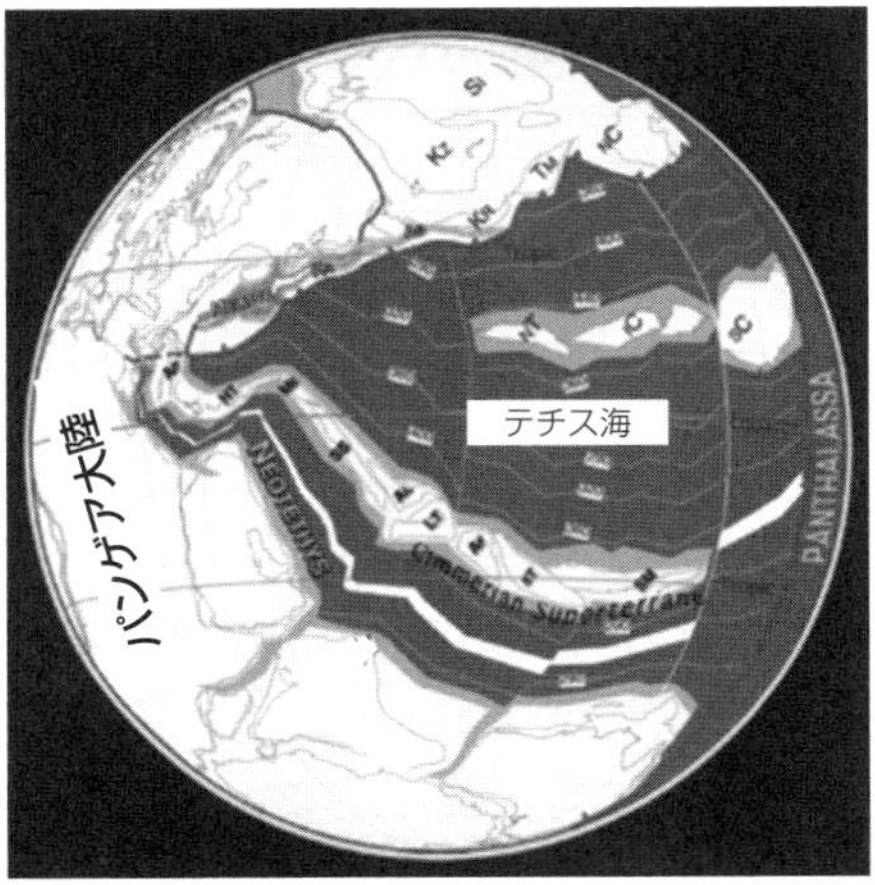

太平洋上に存在したとされるパンゲア大陸。
テチス海の形はパン大陸と酷似している。

ツク海のカムチャッカ半島にまで及び、海岸線はそのまま日本列島を包み込むようにして南西に向かって下り、南西諸島、台湾、フィリピンまで続く。

フィリピンのミンダナオ島、もしくはインドネシアのスラウェシ島あたりから、海岸線は南東に向かいパプアニューギニアを内包しながらソロモン諸島、ニューカレドニア島、フィジー諸島、トンガ諸島、クック諸島を経て、タヒチ島のある仏領ポリネシアに至る。

海岸のラインはそこから鋭角に曲がって今度は北西へと、クリスマス海嶺に沿って進み、ハワイ諸島を経て、最後はアラスカ半島のあたりで一周している。

つまり、現在太平洋にある島々はほとんどすべて、パン大陸の一部であったというわけだ。

その中で沈没せずに、その直後も人間が住める環境を保持した、パン大陸の北（北西部）の大きな

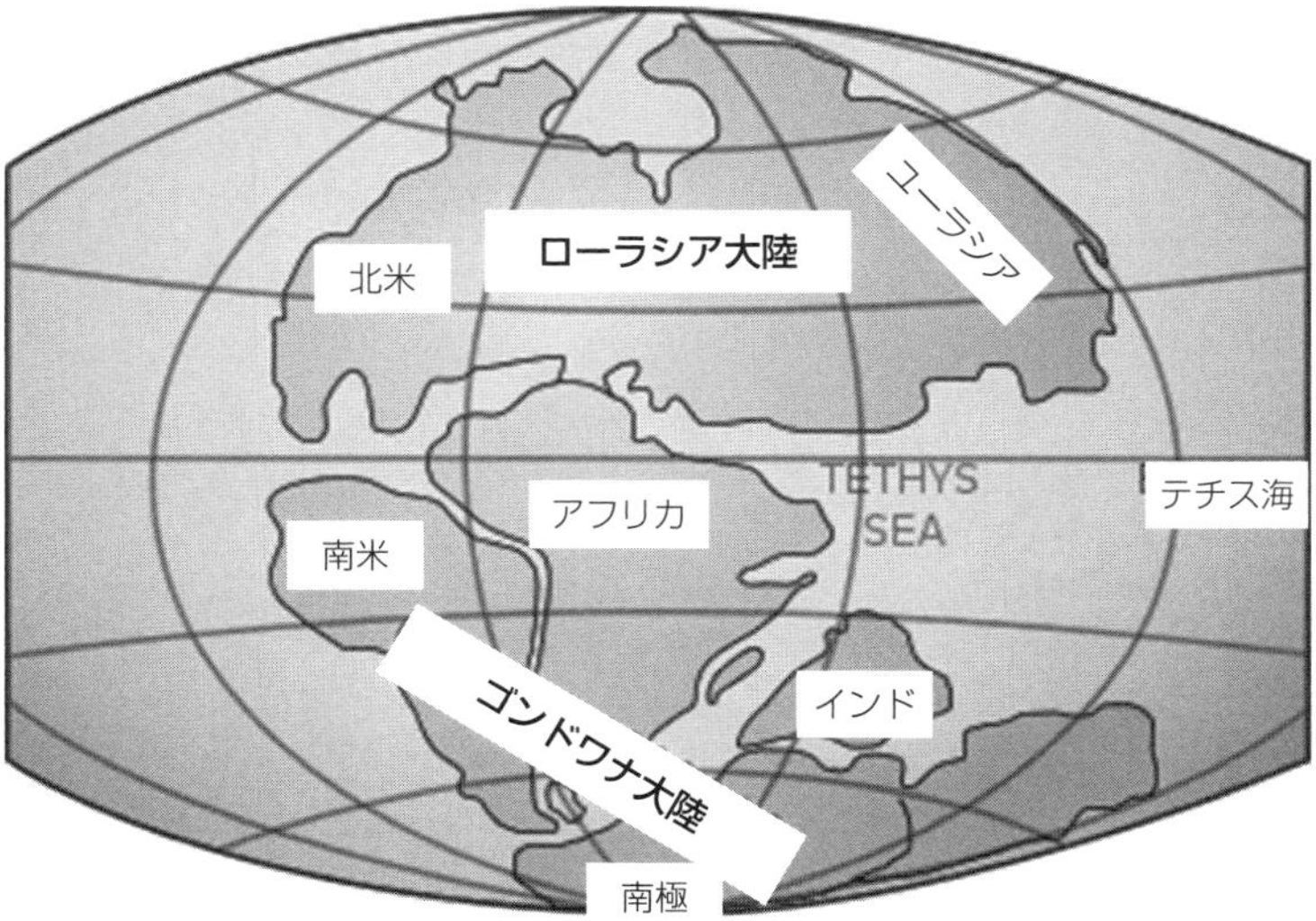

約２億年前の世界大陸の分布状況。

残骸の塊「ザパン」が、日本（ジャパン）であったというのである。

実は、この駄洒落のような「ザパン」や「パン大陸」は、一九一二年にドイツの気象学者アルフレート・ヴェーゲナーによって提唱された大陸移動説の「パンゲア大陸」とも不思議な一致を呈している。

パンゲア大陸とは、ペルム紀（二億九〇〇〇年前～二億五〇〇〇年前）から三畳紀（二億五〇〇〇年前～二億年前）にかけて存在したとされる超大陸である。この大陸が分裂、移動して現在の諸大陸になったとされている。

『オアスペ』では「パン」は「大地」や「陸地」という意味であるが、パンゲアの「パン」は、古代ギリシャ語の「すべての」「全体の」という意味で、「ゲア」は「大地の女神ガイア」を示している。

一応ここで断っておくが、パン大陸はパンゲア

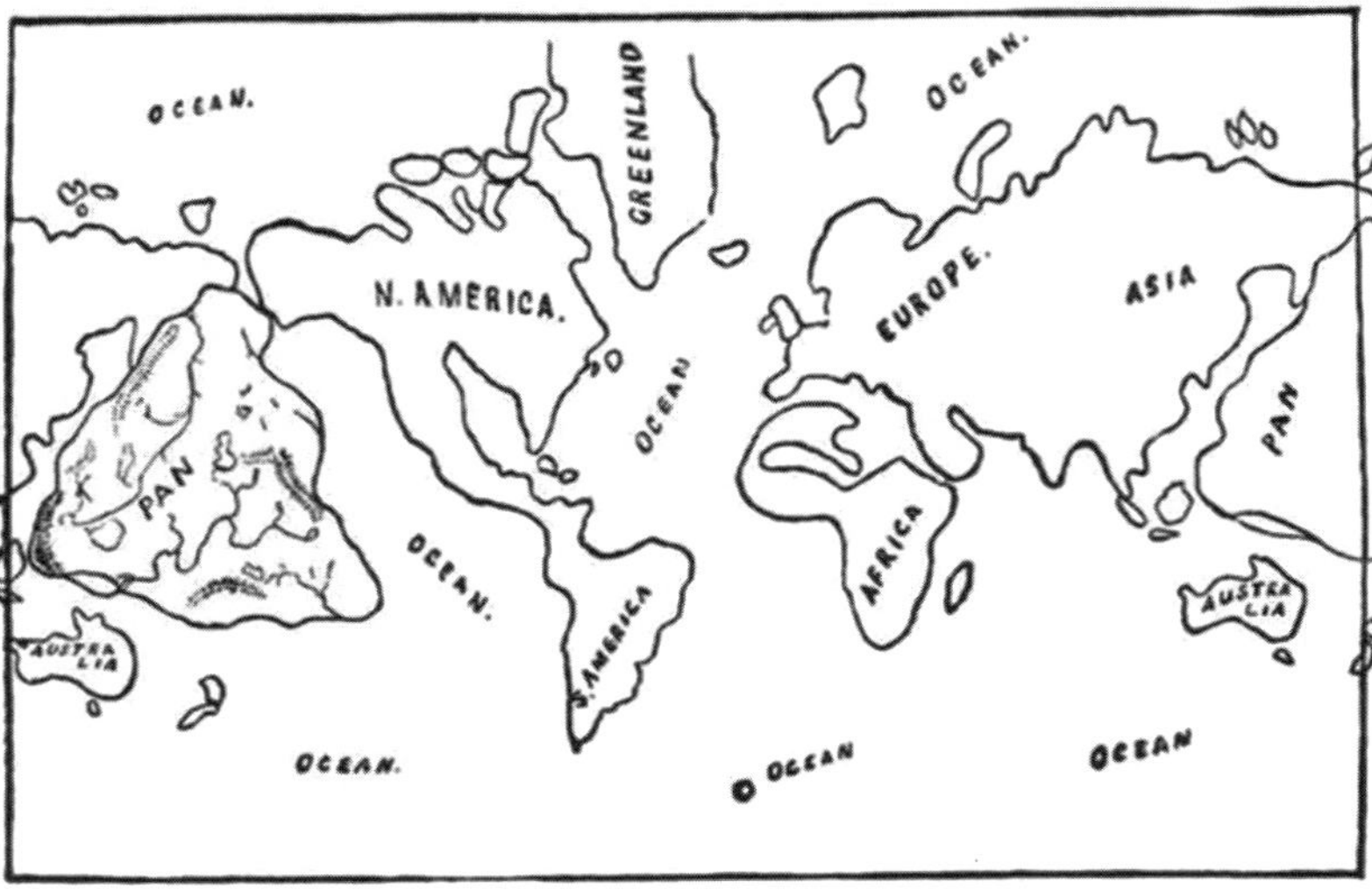

図11（再掲）　パン大陸が存在したころは、世界各地の海面は今よりはるかに高かった。

を捩《もじ》ったものではない。ヴェーゲナーがパンゲアという言葉を使ったのは、一九一五年に出版された『大陸と海洋の起源』の第三版（一九二二年出版）においてだからだ。『オアスペ』の「パン大陸」の四〇年後である。

しかしながら、パン大陸とパンゲアの不思議な符号は名前だけではない。

これは現代語版『オアスペ』を出版したグループ「第七時代のフェイシスト」が指摘していることだが、超大陸のゴンドワナ大陸が北半球のローラシア大陸と南半球のゴンドワナ大陸に分裂していく過程で出現し、その後消滅したとされるテチス海という内海とパン大陸の形がよく似ているのである（図37）。

たしかに大陸移動説の説明に使われる世界地図を見ると、まるでパズルの埋め込みのピースのように、パン大陸がパンゲア大陸にすっぽり

図38　大洪水後の世界地図。海面の急激な下降によって陸地部分が増えたことがわかる。

と収まることがわかる。パンゲア大陸がおおよそ円い形の大陸だったとしたら、欠けている部分はまさにパン大陸なのである。パン大陸は大陸移動説とも一致する。

海中から取り除かれたパン大陸の塊

では、沈没した大陸の大部分はどこに消えたのか。沈没したのであれば、海底にその痕跡を残していてもいいはずなのに、残っていないのはなぜか。その答えの手がかりは、『オアスペ』に記された二枚の世界地図に描かれていた。それが前頁のパン大陸沈没前の世界地図（図11）と、沈没後の世界（図38）である。

『オアスペ』には、沈没したパン大陸の物理的な行方について詳しく書かれていない。

だが、パン大陸沈没後、海面の急激な低下を示す地図（図38）から察すると、今日において「プレートテクトニクス」（プレート理論）として知られている理論・学説に示唆されているように、パン大陸はただ沈んだのではなく、日本海溝、マリアナ海溝、千島海溝、フィリピン海溝といった海溝から、地球内部に沈み込んでいったと考えることができる。

現在、海面の降下が発生するのは、主に氷期において海水中の水分が高緯度地帯の氷として固定するため、海水量が減少するからだと考えられている。その地上で固定していた氷が融解すると海水量が増加するので海面は上昇するとされる。

だが、こうした海面の昇降はせいぜい一〇〇〜二〇〇メートル程度であるとされており、その程度の昇降では『オアスペ』に描かれているような世界地図の劇的な変化はありえない。つまり、大陸の大部分がなんらかの形で海の中から取り除かれなければ、海面の急激な沈下を説明することができないのだ。

たとえば、大陸が崩壊して海底に沈んだのなら、図38に描かれているような海水面の低下は起こらない。むしろ陸上部分が海中に落ちることにより、海面は上昇するはずのように思える。

ところが『オアスペ』の世界地図は、パン大陸沈没後は海面が劇的に降下したことを如実に示している。

具体的に見ると、パン大陸沈没前のアフリカはエジプトからサハラ砂漠、リマにかけては海であった。北アメリカはテキサス、オクラホマ、カンザス、ミシシッピに広がる「グレート・プレインズ」

と呼ばれる大平原が海中にあり、南アメリカではアマゾン川流域に沿うようにして海が広がっていた。オーストラリアは西部のグレートサンディー砂漠が海中にあり、ユーラシア大陸も海岸線が今よりももっと海に浸食されていた。

それがパン大陸沈没後は、ほぼ現在の世界の姿になったのである。海中の大きな陸の塊が塊ごと海溝に沈んだか、そうでないならば、突飛な考えに聞こえるかもしれないが、地球の外に取り除かれたと考えるべきである。

この後者の説に関連して、秋山氏は面白いことを話している。パン大陸が沈没したころ、秋山氏の過去生では、もう一つの失われた大陸「アトランティス」の港町パルアルアで、お忍びでやってきたパン大陸(ムー大陸)の王子を護衛する武官をしていたという。その際、パン大陸の沈没と同時にアトランティス大陸も沈没したのだが、今生になって、スペースピープルに銀河系の他の場所に移設されたパルアルアを映像で見せてもらったことがあるというのだ。

秋山氏は言う。

「母船に乗って他の惑星を訪問するシミュレーションをしていたとき、銀河系のパルアルアにある工場を見学したことがあります。アトランティスの港町だったパルアルアは、その星で工業地帯に進化していました。そこでは超科学的なもの、当然UFOも造っています。スペースピープルの最新鋭の科学工場がありました」

それが本当だとしたら、まさに神業である。

実は『オアスペ』にも、似たような記述がある。第一〇章「アフの書」の第三節だ。パン大陸を沈没させる際、エーテリア界から来たオリアンの天使長アフが、地球から闇の霊たちを運ぶ輸送管を設置したというのだ。

私（アフ）はその後、宇宙船団の眼前に、地球からチンヴァット（エーテリア界とアトモスフェリア界の境界）の彼方まで続く「輸送管（the tube of transit）」を設置した。私は、その輸送管の端から端までを地球の大気で満たした。輸送管の端はイオサンク（訳注：おそらくエーテリア界にある特殊な場所）につながっていた。そのイオサンクで私は、地球の海の藻屑と化していたドルジャ（闇の霊）やフェタル（憑依霊）を救済することを計画していた。

こうして地球から輸送管で大気圏外の宇宙へと運ばれた闇の霊たちは、別の宇宙空間で再教育を受けたと書かれている。そのような神々による離れ業があったのなら、パン大陸の残骸をそのまま別の惑星に移動するようなことも可能なのではないだろうか。

どちらの方法にせよ、パン大陸が海中から消失したことにより海面が下降したとする『オアスペ』の主張は、理にかなっているのである。

「太陽石」が決定的な証拠に

それでは、「コスモンの時代に海に沈んだワーガの大地（訳注・パン大陸のこと）を発見させるだろう」というのは、何を指しているのだろうか。

ジョン・ニューブローは、その一つの可能性として、コスモン時代の幕開け（一八四九年）後の一八五三年、アメリカの海軍軍人ペリーが鎖国政策をとり続けている日本の浦賀に来航して開港を迫り、翌五四年に和親条約を結んだことと関係があると考えていたことが、第一一章「諸首長の第一の書」第一節の注３４０からわかる。そこには次のように書かれている。

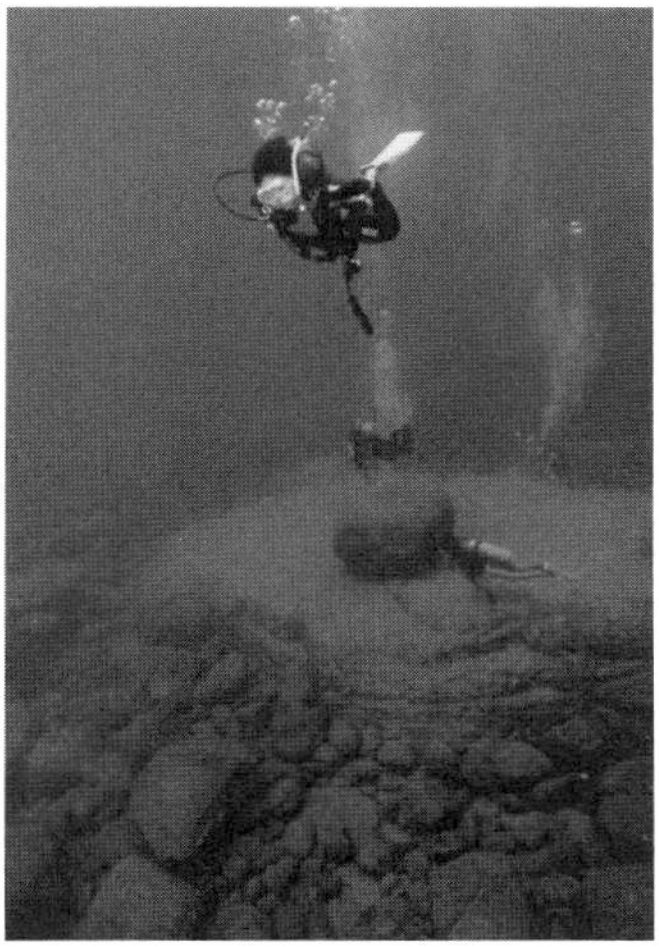

（注３４０）

日本人がコスモン時代の夜明けまで、実際に独自の民族であり続け、彼らが世界で一番古い国民であると今日まで固く信じていることは、真実である。（中略）コスモンの始まりに、戦争を起こすこともなく、アメリカ人によって日本の港が開放されたことは素晴らしいことでは

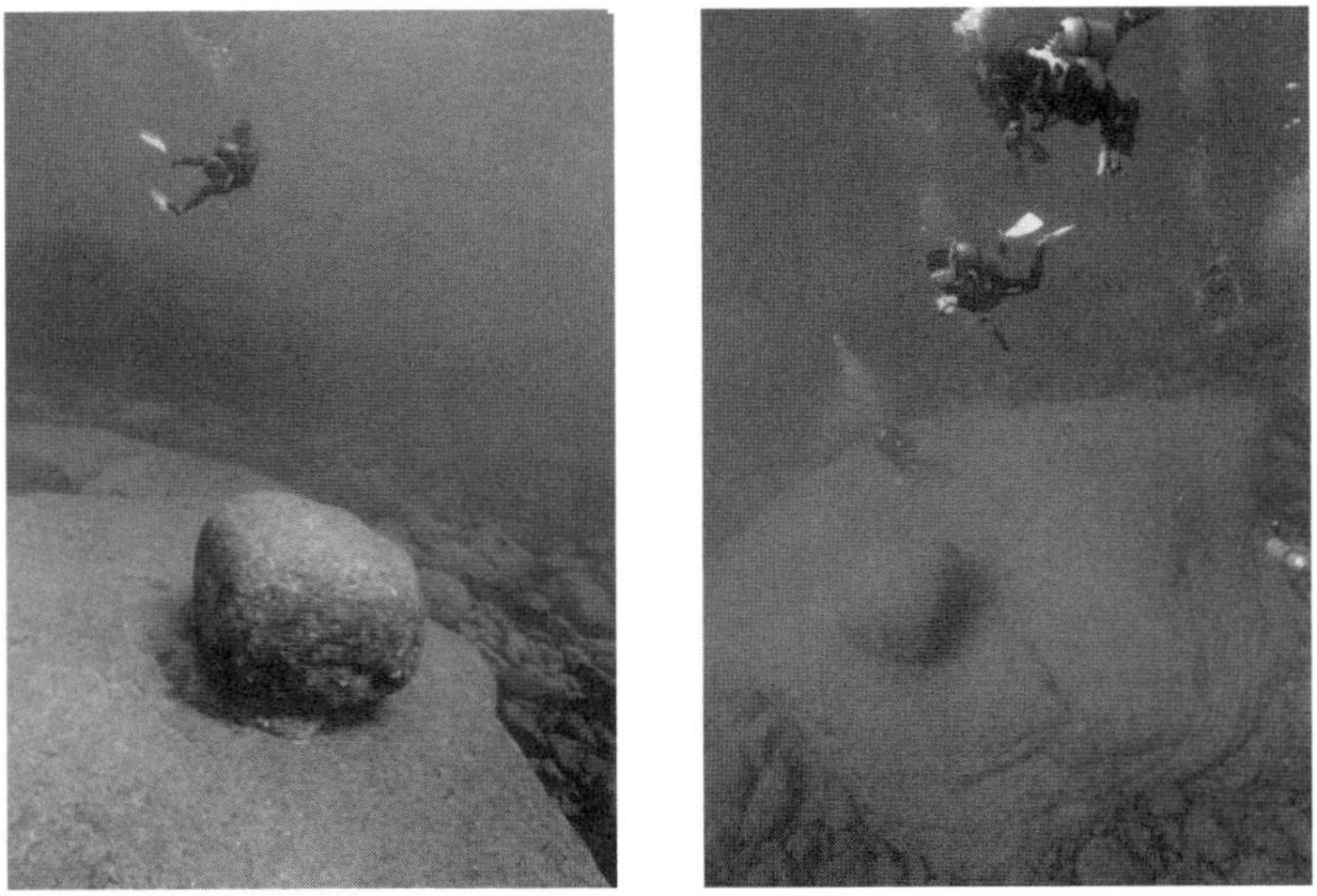

与那国の海底遺跡にある太陽石とその台座（撮影／布施泰和）。

ないだろうか。

日本という国が世界中によく知られるようになったということは、たしかに一種の「発見」ではあるのだろう。比ゆ的な意味でそれは間違いない。

しかしながら、もっと〝物的〟に発見されるとすれば、それは日本最西端に位置する沖縄県与那国島の海底遺跡ではないだろうか。

地元のダイバーである新嵩《あらたけ》喜八郎氏が一九八六年、与那国島周辺のダイビングマップを作るために潜水調査していたときに、どう見ても自然にできたものとは思えない巨石群があることを発見し、「遺跡ポイント」、「与那国海底遺跡」と命名した。

この与那国海底遺跡には、私も約二〇年前に潜ったことがある。現在でも人工物なのか、自然の摂理によるものなのか、人工物だとしたらいつの時代なのか、結論が出ていない。

だが、実際に見た印象からいえば、楔《くさび》の跡のある二枚岩や整然としたテラス構造を見ればわかるように、あれは間違いなく人工的に加工されている。

その中でも決定的な証拠となりうるのは、「太陽石」だ。直径二メートルほどの丸い巨石が海底の五角形の巨大な台座の上に乗せられて、台座にはいく筋もの線が彫られているように見える。久米島などに古くからある「太陽石（ウティダイシ）」そのものだ。

久米島の「太陽石」は「石時計」とも呼ばれる500年前の県指定史跡で、村人はこの石で日の出の位置の移り変わりを定点観測し、それをもとに農作業や航海の時期などを設定していたとされている。

ということは、与那国島の海底の台座につけられた筋も、ある一定時期の太陽の日の入りと日の出の方角を刻んだ線であると考えられる。つまりカレンダーとして使われていたとみられるわけだ。

この太陽石は、「ある特定の場所から太陽が昇る、ある時期において、この島全体を『神の座』という意味で、レムリアと呼ぶ」とする、退行催眠中に秋山氏が見たパン大陸の描写とイメージが符合する。

秋山氏によると、パン大陸の文明において球体は神聖で、丸いものを直接地面に置くことは厳しく禁止されていたため、丸い巨石が台座に乗せられていたという。現在でも、富士山の周辺に台座の上に丸い巨石が乗せられたモニュメントをよく見かけるが、「それらもパン文明の名残」であると秋山氏は言う。

見つかった「神々の会議場」

「太陽石」以外にも、沖縄周辺の海底にはパン大陸を想起させるような巨石群が見つかっている。その中でも特に注目されるのが、沖縄本島から西へ四〇キロほど離れた慶良間《けらま》諸島の阿嘉《あか》島沖にあるストーンサークルである。

その海底遺構は一九七六年ごろ、当時潜水漁業を営んでいた谷口光利氏が偶然、トムモーヤ礁と呼ばれる岩礁付近の海底にあるのを見つけた。それは奇妙な石の配列で、六角形に削られた高さ三メートルほどの石柱を中心に、円形（サークル）状に石が並んでいた。

後に「センターサークル」と名づけられたその場所から五、六本の「道路」が外へ延び、そのうち南西に向かう道路はストーンサークル群に、北西に向かう道路は「小さなセンターサークル」を経て祠《ほこら》のような岩穴に、それぞれ続いている。

南東に向かう道路も「小さなセンターサークル」に行き着くが、その延長線上で約二〇〇メートル離れた地点には、ピラミッド型の岩もあったという。それを描いたイラストが、次頁の図39である。

実は、このイラストに非常によく似ているイラストが『オアスペ』にも出てくる。それが再掲した図31の「ジアイの中の地球」だ。センターサークルから六つに延びる道路などがそっくりである。

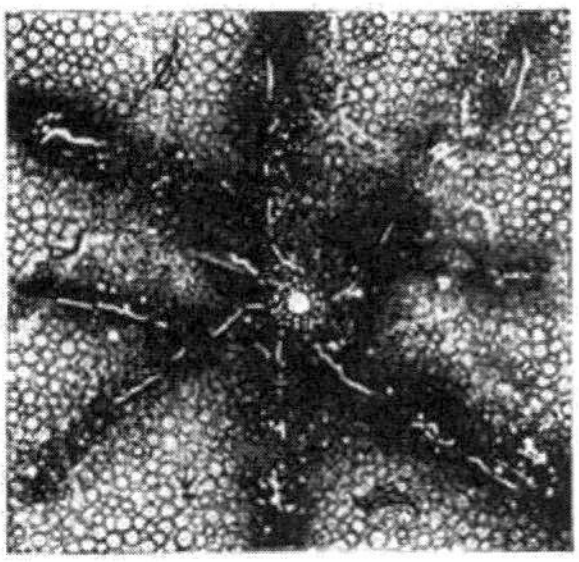

図31（再掲）　ジアイの中の地球。

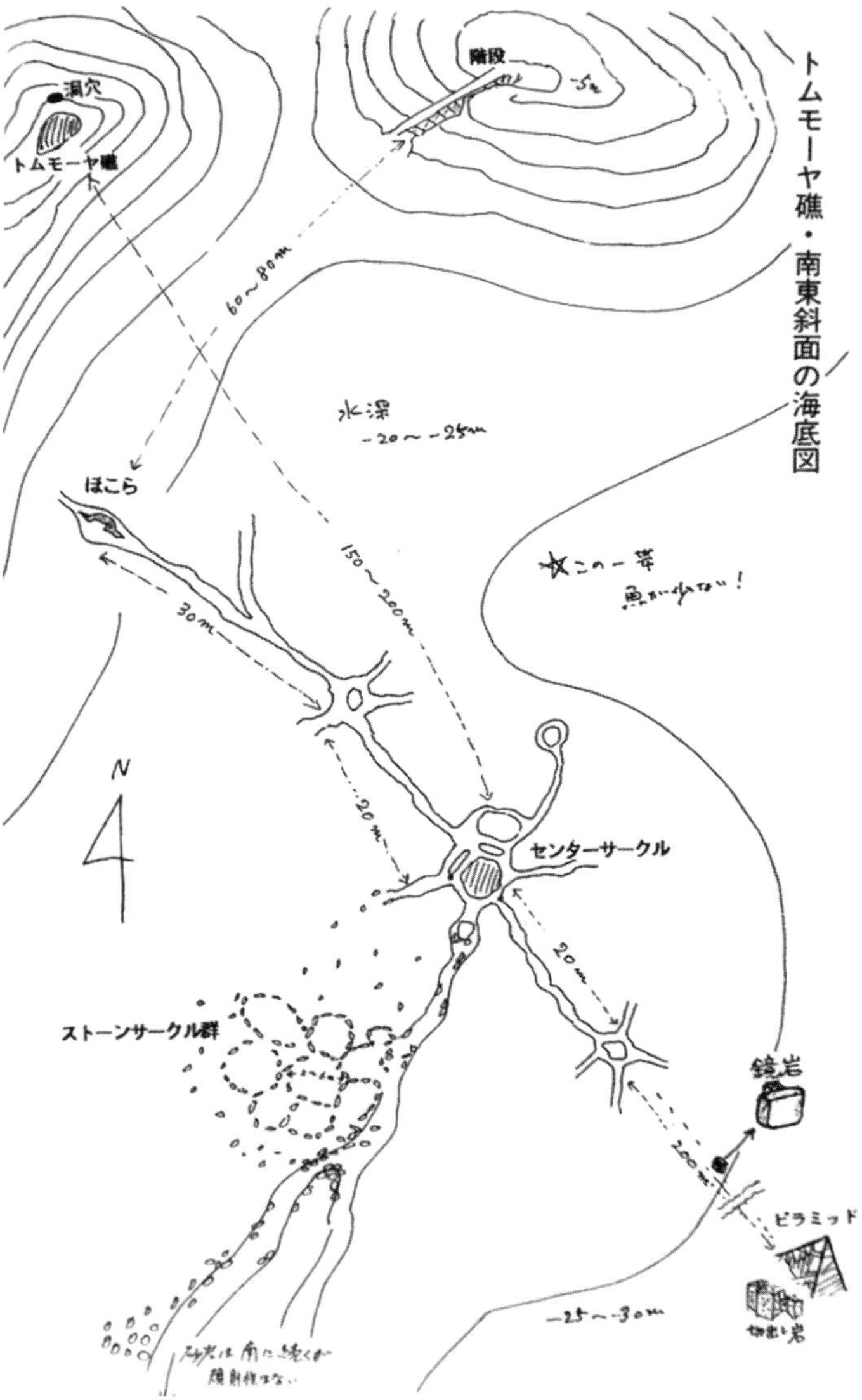

図 39　谷口氏が描いた「海底地図」。センターサークルから 6 本の道路が延びている（提供・マリーンサービス宮古）。

仮に『オアスペ』の宇宙論を立体的に説明する模型を造ったとしたら、この「海底遺構」の地図のようになるのではないだろうか。

しかし、より『オアスペ』を想起させるのは、遺跡を発見した谷口氏の次のエピソードである。最初の発見から一八年経った一九九四年。海底遺構を再び調べていた谷口氏が、写真を撮るために海底のサークルの石を動かした後、民宿で打ち上げをしているときに突然、意識を失って倒れたのだ。翌日には回復して自宅に戻ったが、頭部の痛みが取れない。病院で精密検査をしても原因がわからず、頭痛は続いたが、ユタの祈祷でようやく頭の痛みが取れたという。

ユタの不思議な能力に感銘を受けた谷口氏は、池間島に住む別のユタに慶良間の海底遺構について尋ねてみた。遺構の写真を見たユタは、急に顔つきが変わり、次のようなことをとうとうとしゃべり出した。

――センターサークルについて。

「神々の会議の場であり、周りの六個の石に六人の神が座し、真ん中の六角形の石には母なる神が座るのよ……。この（道路の）溝は、世界に通じる方位を表わす路《みち》だよ。それぞれの路をずーっとどこまでもたどっていくと、やがてここと同じような場所にたどり着くさぁ」

――センターサークルの東と西の壁に、左右対称に突き出たおかしな形の石は？

「ここは神様の科学の場である。神様がここで、いろんな生物や人間も造った……」

谷口光利「海底に並べられた複数の〝石の輪〟」『海底のオーパーツ』より

「神々の会議場」とは、まさに『オアスペ』に出てくるホアドの玉座であり、「六人の神」とは、地球の神と地球の五つの地域を担当する五人の首長なのではないのだろうか。

その会議場には、エーテリア界からダンハのたびに女神や神々が訪問、玉座に着席する。それが母なる神が座る玉座であろうか。生物や人間は神々が造った。その最初の場が、パン大陸があった、この海底遺構のセンターサークルの「科学の場」であった可能性もあるのである。

与那国の海底遺跡も、慶良間の海底遺構も、沈んだパン大陸の太陽石や神々の会議場であったとすると、妙に合点がいくのである。もちろん、証拠は別の海底から見つかる可能性もあるかもしれない。たとえば、インドネシアのスラウェシ島や南太平洋の島々から、パン大陸の遺跡や痕跡が今後発見されることも十分にありうる。

今はとりあえず、日本およびその周辺の海底には、パン大陸が存在したことの証《あかし》となる遺跡が眠っている可能性があるというだけに留めておこうと思う。

3　菜食主義の問題点

肉食と草食についての記述

ジェホヴィは言った。

「見よ、第七の時代が始まった。あなた方の創造主は、争いを好む肉食の人間から、平和を愛する草食の人間へと変わることを命ずる。そうすれば四頭の獣はいなくなり、地上から戦争も消えるだろう」

（第二章「オアスペ」より）

肉食の功罪、菜食の功罪

『オアスペ』では、人間が誕生した最初のころは肉食を禁じていなかったが、途中から肉食を禁じるようになる。この方針転換をどのように解釈すればいいのだろうか。

ここからは、秋山氏とともに、『オアスペ』の教義上の問題点に焦点を当てて議論を展開しよう。

布施　どうして肉食を禁じるようになったのだと思いますか。

秋山　ニューブローの意向が反映しているように思えます。「私は肉食を止めて啓示を受けられるようになったので、みなも肉食はやめなさい」となってしまった。チャネリングや自動書記には、得てしてこういう落とし穴があるのです。菜食になったからといって、四頭の獣が地上から消えて、戦争がなくなるわけではありません。四つの獣の問題の根は、ほかにもあるからです。まあ、植物だけを食べて宗教を捨てれば、ある意味、変わることはできるかもしれませんけれどね。

目のある生き物を食べることは残酷だとよくいいますが、動きの少ない植物にもちゃんと意志と心が存在します。残酷さからいえば、物理的にほとんど抵抗できない植物を食べるほうが残酷だと考えることもできます。

布施　すると、多分にニューブローの主観が反映されているということですか。

秋山　体重が一一四キロくらいになり、菜食にしたらぜい肉が落ちたようなことが書かれています。自己都合のようなことがきっかけだったといえます。

それなのに、食べ物で踏み絵をさせて、他の宗教は駄目だというところが、ニューブローの問題点ではないでしょうか。こだわりが強すぎる感じがします。「我」が出たのです。自分がこだわっている価値観を振り回すのは、一見愛情のように見えて、とても危険なことでもあります。

ここで気をつけなくてはならないのは、啓示文書は丸呑みにするのではなくて、何が「我」で、何が本来の啓示なのかをしっかりと分けて理解することです。

彼自身も、『オアスペ』を書くことによって自由とは何かを検証している感じがします。非常にストイックになったり、自分が信じた宗教をいったん否定してみたりするとか、恵まれない子供たちのためにお金のことを考えたりとか、いかに不自由不自在が大変かということを経験しながら、その摩擦熱から『オアスペ』が出てきたわけですから、非常に興味深く思います。

いわば、不自由不自在側から自由自在を見る修行のようなものです。それによって、心の中に自由自在を生み出して、その人に自由自在を説けるようにさせるということでしょうか。

ある意味でそれは宗教的修行の原点ですが、宗教はそれをやっていくうちに、そういう意味での不自由不自在であることを忘れてしまうわけです。ただ苦しいだけの修行をして終わり、とか。下手すると、「おれはこんなに不自由不自在をやっているから正しいのだ」と信じ込んでしまいます。

そういう勘違い、取り違えがあったりするようです。そうなると、いつか来た道になります。人類がよく踏み外してきた間違いです。

布施　実際、肉食は霊的な観点から見て、御法度なのでしょうか。

秋山　必ずしもそういうことはありません。肉食にも菜食にもそれぞれの長所と短所があります。たとえば、菜食主義になれば、ニューブローのようにテレパシーなどの受信能力が向上します。その反面、菜食主義は、自分が信じたものには従順になりやすい、また他人の悪いところに目が向かいやすいという短所もあるわけです。

　反対に肉食をすると、念じてものごとを通そうとする念力系が強くなります。ただし、唯我独尊になりやすくなり、テレパシーの受信能力は落ちます。ニューブローは、天使と交信するため受信能力を高めなければなりませんでしたから、菜食主義になったのは、当然といえば当然のことでした。ただし、功罪はどちらにもあります。

ドルークの血を薄めるための菜食

布施　たしかに、『オアスペ』の中でも菜食主義のイヒンは従順で、神や天使の言うことならなんでも信じてしまうように描かれています。従順ゆえに主体性もなくなり、自分で考えることをしなくなる。そのため、しばらく天使からのインスピレーションを与えずに、自主性を重んじさせるようにしたなどという場面が何度か出てきます。そして物質的な世界ではなく霊的な世界に傾倒していくため、最後には生殖能力も失ってしまうイヒンが描かれています。

　これに対して、肉食をするドルークやイフアンは、神や天使の言うことをほとんど聞きません。霊的なこともほとんど理解できず、目先の欲望を追い求めて、戦争をして、虐殺を繰り返します。その代わり、厳しい環境に対しても強く、生殖能力も強い。

　たとえば、『オアスペ』には次のようにも書いてあります。

動物の本能であると誤って呼ばれているものは、正と負のヴォルテックス力によって動かされる能力のことである。

正と負の流れが継続期間において等しいならば、世界に生まれる性別は、数において等しくなるだろう。男性は正のヴォルテックス力の現れであり、女性は負のヴォルテックスの現れである。女性が正になればなるほど、より子供が生まれにくくなるが、これの正反対は男子にも当てはまる。

人間にとって、草食は負の状態を促進し、肉食は正の状態を増大させる。言い換えると、肉食をすると、人間は預言から遠ざかり、霊性（スピリチュアリティ）からも離れる。肉食者からなる国はいつも、霊性に対する不信仰を最高潮に達しさせ、彼らは肉体的な情熱に溺れるようになる。そのような人間は、貧しければ、世界は空虚で苛立たしいものとなり、富めば富んだで、世界が欲望に入り浸る場所となることを理解することができない。

だから預言者には、彼らを避けさせ、彼らとは結婚させず、彼らとの接点を絶たせなさい。なぜなら、たとえ人間が物質世界のすべての運動と力を学んでも、そこから学べる情報など、アトモスフェリア界とエーテリア界を見通す預言者や予言者から見れば、大海の一滴にすぎないからだ。

（第三八章「宇宙進化論と預言の書」第九節より）

秋山　まさにその通りだと思います。正のヴォルテックスとは発信する力であり、物質などに影響を与える力です。これに対して、負のヴォルテックスは受信する力であり、許容する力でもあります。要はそのバランスなのです。そのどちらが欠けてもうまくいきません。陰と陽があっての世界です。

布施　なるほど。おそらくそれならば、肉食を禁じたくなるのもわかります。「血の陰」の烙印を押された肉食のドルークの血が強くなれば、イフアン、すなわち現在の人間は戦争に向かう傾向が増すわけですが、逆に菜食のイヒンの血が濃くなれば、従順な羊が増えてしまう。

肉食を禁じるのは、現在の人間はドルークの血が濃いので、戦争を止めるには菜食にしたほうがいいからということになりますね。たしかにすぐに「戦争で決着をつけろ」という人間が依然としてこの世界には多いように思います。そういう人間には、ドルークの血を薄めるために菜食にしたほうがいいということでしょうか。それならば、納得がいきます。

神の法はその時代時代の方便か

秋山　この問題には、人間が持つ後ろめたさの問題もあります。生き物を食べるということが、どういう役割を持ってしまうのかという問題は、霊的な観点からも非常に重要なテーマです。しかし、植物だって生き物です。その意味で、動物を食べることも、植物を食べることもまったく変わりありません。

菜食主義と肉食主義について我々が持つ唯一の違いは、おそらく意志を持って動き回り、子供を産む動物を食べることに対する「後ろめたさ」があるかないかということだと思います。当然、それを食べるということは、その生き物の自由を奪ったという後ろめたさを背負うということにほかなりません。ここで罪の意識が付着します。自分の中に自虐的なものが生じるわけです。他の生物の自由を奪ったことに対する自己処罰とでもいいましょうか。そこに「やった、やられた」という輪廻（カルマ）が生じます。より罪深いという意識が魂に刻まれるわけです。

「カルマなどない」という人もいますが、問題意識を持って考えて乗り越えることは、人生の大きな意味なのです。決してネガティブ思考などとして切り捨てるべきではありません。

菜食主義者が後ろめたさを持たないのは、植物が持つ死に対する意識が希薄だからです。植物の怨念も、動物のそれより少ない。ただし、植物も幹をいきなり切ったりしたら怨念が生じます。比較的、葉を食べる限りにおいては、怨念が生じることはまずありません。葉は「生き死に」の意識が非常に希薄です。たとえば人間も、皮が少しぐらい剥けていても、気になりません。皮が「助けてくれ～」とは言いません。

同様に植物も葉を食べられるのは嫌かもしれませんが、それほど深刻には思っていないように思います。むしろ植物は水が少ないと自ら葉を落としたりして、バランス調整します。枯葉はやがては肥やしになるので、自分にも返ってきます。果実も同様です。鳥に実を食べてもらい、種を遠くに運んでもらうことで樹木は種の保存を図っています。

動物はそうした植物の恩恵を受けて生きています。持ちつ持たれつであることを双方ともに知っているので、食べた側も罪の意識を持たないで済むということはあります。

布施　すると、ニューブローが肉食を止めて菜食主義になれと言っているのは、後ろめたさを消すためということにもなるわけですね。

秋山　そうなります。ただし、日本などでは古歌に「草木言止《ことや》めて」とあり、植物も話をすると考える文化もあります。ある意味、草も木も、ことによったら石すらも、意志があるかもしれません。植物と動物を切り離して考えるのもどうかと思います。肉食だけを止めろというのは、キリスト教文化的な要素なのかなと考えています。

布施　ユダヤ教徒らの間で、今も行なわれている割礼の問題はどう見ますか。

秋山　ユダヤ教に対するコンプレックスがあるのかもしれません。イヒンをドルークと区別するために始めた儀礼が、いつの間にか原理主義になったような気がします。

布施　第二四章の「神の第一の書」第四節には、神の法の解釈をめぐる論争が書かれています。ザラザストラの時代には「独身がすべての法の中で最高だったのではないか」との疑問の声が人間から出されたのに対して、神は次のように答えます。「万物には時期がある。ザラザストラの時代には、独身は法の最初にあった。当時の人間は神の法に対する準備ができていなかったのだ」と。

『オアスペ』によると、人間は結婚して子供が生まれると、死後の束縛は六世代先の子孫にまで及ぶというのですね。つまり結婚すると、子孫六世代分（約二〇〇年間）は束縛されて、死後に霊となっても地球かその周辺に留まらなければならない。だったら結婚せずに子供を作らなければ、すぐに楽園に上昇する手もあるよ、という意味だったと神が弁明しているわけです。

ですから、後生大事にして割礼や独身、菜食主義を守り続ける必要がないことがわかります。実際、割礼に関しては、『オアスペ』の最後のほうにある第三二章「審判の書」第三五節で、「時代遅れ」との〝審判〟が下されています。それらの神の法は、その時代時代の方便であると考えた方がよさそうですね。

4　輪廻転生の矛盾点

輪廻転生についての記述

私（ジェホヴィ）は、最初の種子を活性化させたように、地球の終わりまで、あらゆる種子を活性化させる。同様に、生まれたばかりの人間の男の子も女の子も、私が新しい霊（スピリット）を創造して生命力を与えるのである。新しい霊は、受胎のときに私から生じる。私は高い天国や低い天国のいかなる霊（天使）にも、子宮または子宮の胎児に入り込み、再び生まれてくる力を与えることはない。

（第四章「ジェホヴィの書」第六節より）

輪廻転生はあるのか、ないのか

ここに書かれているように、『オアスペ』では輪廻転生はほぼ完全に否定されている。例外的に輪廻転生をするケースとしては、コーポリアル界（物質界）の人生をまっとうしたことがなく、幼年期に亡くなった他の物質界の霊（天使）たちが地球のセムの時代（物質界の生命が活性化して、大繁殖する時代）に肉体をまとって現れてアスと交配したときと、フェタルという憑依霊が赤ん坊や胎児に憑依して元の霊を乗っ取るときの二つの場合だ。

しかしながら、そのどちらの場合も私たちが考える輪廻転生とは明らかに異なる。この違いについて秋山氏に聞いた。

布施　『オアスペ』が輪廻転生を肯定しないのはなぜでしょう。

秋山　そこは時間論の認識の違いの問題だと思います。先祖・子孫というコーポリアル界の関係から見たら、日本人に親しみのある輪廻転生は絶対ではないというのはたしかにそうですけど、結局エーテリア界に行っても物質界に戻ってくる人はいるわけです。

布施　たしかに別の惑星出身のエーテリアの天使（霊）たちが地球にやってきて、ここに残りたいと言って残ったケースが第一〇章「アフの書」にも書かれています。肉体を持った経験がないエーテリア界の天使がコーポリアル界デビューするケースもあれば、最初からエーテリア人の素質を備えた救世主が地上に生まれるケースも描かれています。

秋山　そうです。意外と交流は自由なのです。もしかしたら、別の惑星の天使が地球に棲みつくというケースが今は増えたのかもしれません。だから、よくいわれるところの周りに気を遣わないアスペルガーっぽい、天使から人間になりたての後輩たちが、たくさん地球に来ている感じがします。

逆にいうと、天使や霊たちも向こうの世界に慣れてしまって、いかにあの世が面白くないかというのがわかってしまったのかもしれません（笑）。どんなに自由自在であっても、飽きるときは飽きるのです。

布施 『オアスペ』の創造主は一見、輪廻転生を否定しているようでもあり、ところが輪廻転生のような現象があることを認めているようでもあります。本当はよくないけど、趣味でやるのは仕方がない、というような感じを受けます。創造主の基本方針は「自由にこの世界を楽しめ」ですからね。

秋山 まさしくそうです。こういう肉体の系の中に残るために生まれてくるということは、肉体をまとうというトレーニングを選んだということだからです。言い換えれば、人間というコスプレを選んだわけです。それはそれでいい、というスタンスがあると思います。肉体の系で何回も生まれ変わるということは、私たちが選択できる試行錯誤の一つです。

当然、それを選ばない神々もいるわけです。そういう神々は、「別に創造的に自由に生きている自分たちを客観的にイメージすればいいだけの話だ」と思っているはずです。「リアルに肉体をまとう必要はない」と。

彼らにしてみれば、肉体をまとうことは、自分をやたらいじめるという宗教と同じに映るわけです。「あ〜あ、あんなに自分を傷めつけて、何が面白いのだろう」と訝《いぶか》りつつも、「まあ、自分で選んだ趣味みたいなものだから、仕方ないいか」と納得する。そういう図式があります。

だけれども面白いのは、これはスペースピープルにも聞いた話ですが、地球人というのは宇宙中から本当に注目されている、面白がられているということです。

布施　そんなに変だということですか。

秋山　地球人が変だから面白いのではなく、かなりの負荷を自ら負って生きているからです。地球での生活はいわば、我慢大会とかオリンピックのようなものなのです。魂に負荷をかけたうえでの自由合戦をしている感じでしょうか。ときどき、やりすぎて救急車に運ばれたりする。スペースピープルとしては、観客として見るぶんには目が離せないほど面白いわけです。

スペースピープルも輪廻転生をする！

布施　エーテリア界から来る地球の神様や大天使たちがスペースピープルだとすると、彼らは一種の輪番制で地球担当をしていることになります。それは秋山さんのスペースピープル地球担当輪番説と一致しますね。しかし、『オアスペ』に出てくる歴代の地球の神様たちは、肉体を持っていないように描かれています。スペースピープルには、もはや肉体は必要ないのでしょうか。

秋山　スペースピープルも肉体を持っています。正確にいうと、彼らは肉体の世界と霊的な世界の両方に自由に出入りできるのです。霊界と物質界を行き来できるけれども、物質界側にいるのがスペースピープルです。そういう世界を選んでいます。

布施　ということは、スペースピープルも肉体が滅んで死ぬわけですね。

秋山　それは我々と同じで、肉体を持つということは、肉体はやがて滅びるということです。しかし、魂は永遠であるという認識は、とても深いところにあります。

布施　スペースピープルは、寿命は長いし、肉体を持って生まれ変わらないと決めたら、そういうこともできるということですか。そもそも肉体の生も死もそれほど気にしていないとか。

秋山　そうです。生まれるということもそうですが、死を恐れることの度合いが違うのです。我々は死がめちゃくちゃ怖いわけです。しかも死の手前で、非常に無駄な痛みが多い。これに対して、スペースピープルは長く生きて、死の恐れを超えるあらゆる技術を持っています。かつ痛くない死を迎えます。そして死んだ後は、輪廻転生をするなら、それを選んで生まれ変わります。彼らには「次の生」をクリエーションするという意志がちゃんとあります。当然、自殺などありえません。

　地球人がよく言うような「来世でやり直し」をするのではないのです。そういう意味の輪廻転生はありません。彼らが転生するのは、次のキャンパスに絵を描くのに似ています。我々はそれがわかっていないから、「一からやり直し」をするのです。

布施　我々はやり直しをしなければならないから、選んで転生するのでしょうか。

秋山　私も生まれてきたときに、「またここなのか」と本当に思いました。おそらく前世はまだ、目的を達成することができなかったのでしょう。私の一つ前の過去生は、ジョージ・H・ウィリアムソンと親戚関係にあったと思いますが、あまり霊的なことに関心がなかったように感じています。身内にはウィリアムソンをはじめ精神世界に造詣の深い人たちがいて、それを「なんて変な人たちだろう」と思っていたに違いありません。おそらく私はそれを悔やんだのだと思います。そこで今回は「超能力少年」としてメディアに取り上げられ、UFOを呼んだり能力開発の方法を教えたりして、精神世界の研究・実践者になったのです。

前世で霊的なことに興味を示した背景には、その一つ前の過去生である前々世で、能力を封印したからだと思います。過去生を通算しても、私が霊的なことにかかわっていた前世はそれほど多くありません。

私には、今世でわかったことがあります。霊的なことにかかわっている時間が少ないぶんだけ、霊的な部分を客観的に説明することができるということです。霊的なことにどっぷりとつかっている人は、なんでもすぐにわかった気になってしまうので、それを説明することができないという傾向があります。

そもそも能力者だったら、学問をやろうとは思いません。客観性や論理中心の学問と、主観性や直感中心の霊的なこととは、対極にあるからです。でも、私があえて学問の世界に踏み入ったのは、霊的なことを客観的に説明することが私の今生での役割だったからです。

布施　『オアスペ』が輪廻転生を否定するのは、割礼、独身、菜食といった神の掟と同様に、その時代の方便であったような気がします。闇の霊や憑依霊が跋扈《ばっこ》する時代においては、輪廻転生を否定せざるをえない。でもやがて、霊的世界や霊的進化に対する無知蒙昧が取り除かれ、スペースピープルのように地球人も進歩すれば、次の生をクリエーションする時代が来るのかもしれませんね。

秋山　『オアスペ』に貫かれているテーマは、自由と創造です。それを我々がどう考えてきたのか、神々もそれをどう考えてきたのか、それが地球創造史として描かれているのが『オアスペ』です。

コラム

ただの駄洒落か、それとも神の采配か

輪廻転生問題とは関係ないので蛇足になるが、「こじつけ」ともとられかねない地名の問題にも言及しておこう。「ザパン（Zha'Pan）」（パン大陸の残骸）が「ジャパン（Japan）」になったとする、駄洒落のような主張が『オアスペ』に書かれているからだ。

また、紀元前一五五〇年ごろジャフェス（中国）に現れた救世主のチャインがまとめた国が「チャインヤ（Chine'ya）」となり、「チャイナ（China）」になったとする見方も書かれている。これは、どのように考えればいいのだろうか。

日本はもともと、中国語の「日本（Jihpun）」から「ジパング（Zipangu）」となり、それが「ジャパン」になったとされている。ザパンがジャパンになったというのはこじつけだと読者が解釈しても、まったく不思議はない。しかしながら、よく読むと、ザパンだからジャパンになったとは言っていない。ザパンは、今日ジャパンと呼ばれる国があるところである、とだけ書かれているのだ。つまり、偶然だと言っているようにも取れる。

同様に中国は、紀元前三世紀に中国最初の統一王朝「秦（Ch'in）」が樹立されたことにちなんで、

表7　国名・地域名の変遷

ジャフェス（Jaffeth）→チャインヤ（Chine'ya）→チャイナ（中国）
シェム（Shem）→ヴィンデュ（Vind'yu）→インド
ハム（Ham）→アラビンヤ（Arabin'ya）→エガプト（Egupt）→エジプト
ハム→アラビンヤ→アフリカ
グアタマ（Guatama）→ザウリ（Thouri）→アメリカ
グアタマ→グアテマラ
ワーガ（Whaga）/ パン（Pan）→イスタ（Yista）/ ザパン（Zha'Pan）→ジャパン（日本）

「チャイナ」になったと考えられている。ここでも『オアスペ』は、チャインヤがチャイナになったとは言っていない。チャインヤはあくまでも「チャインの国」という意味だと言う。つまり、チャインヤの後、たまたま秦（チン）王朝が誕生し、チャイナになったと主張しているようにも解釈できるわけだ。

一方、「グアタマ（Guatama）」が「グアテマラ（Guatemala）」になった件では、『オアスペ』が一歩進んでいるのかもしれない。というのも、なぜグアテマラという国名になったかについては、インディオ（中南米のアメリカ先住民）の言語であるということがわかっているだけで、語源や意味についてはわかっていないからだ。

ちなみに『オアスペ』によると、グアタマの意味は、諸民族が集まるコスモンの夜明けを意味するのだという。たしかに諸民族が集まって、コスモンの夜明け前にアメリカ合衆国が誕生した。

これもやはり偶然であろうか。偶然は神の采配であるとするならば、これらの名前がついたのも、やはりジェホヴィの粋な計らいであったのかもしれないのである。

参考までに「国名、地域名の変遷」を表7に挙げておく。

5　コスモン時代の幕開けに何があったのか

コスモン時代についての記述

ジェホヴィの声が光の中から聞こえてきた。

「見よ、偽の神々は追放され、彼らのいるべき場所に送られた」

「もはや他のどの偽の神、首長、救世主も、私の民を連れ去ることは二度とない」

「私自身の創造物にとって、私は十分である」

「したがって、これをコスモン時代の始まりとしなさい」

（中略）

「私は、人間、人種、宗派、教義、あるいは過去の天啓を区別したりしない。すべての民は私の民である！」

「天国の門を開けなさい。私の天使たちに人間と話をさせなさい！」

（中略）

これを受けて地球の神は言った。

「天国の門を開けなさい！　ジェホヴィの天使たちに人間と話をさせなさい。父の御国の時代はすぐそこにある！」

「天国の門を開けなさい！　力を結集して天使たちに出現させなさい！」

そして地球のグアタマ（訳注：アメリカのこと）のロチェスターで、天使たちはジェホヴィの名において、永遠に二度と閉じられることのないように、扉を開けた！

（第二九章「エスの書」の第一九節より）

ラップ音から始まった近代スピリチュアリズム

これが一体いつのことなのか、いつコスモンの時代が幕を開けたのか。

その時期については、現代語版『オアスペ』の編注に記されているように、一八四九年一一月一四日であった可能性が高い。この日、ニューヨーク州ロチェスターで、一〇代の少女マーガレット・フォックスを霊媒とした、霊界交信の最初の一般公開実験が開かれたのだ。

壇上に上がった解説者が、ラップ現象（霊によって引き起こされる音の現象。ラップはドアをノックする音のこと）の説明をしている間中、霊はラップ現象を起こして「彼の話に力を添えていた」と、イギリスのスピリチュアリズム雑誌の編集長アーネスト・トンプソンの『近代スピリチュアリズム百年史』（原書は二〇世紀なかばに出版）に書かれている。実験は大成功だったのだ。

被験者となったマーガレットとケイトのフォックス姉妹は、公開実験の前に霊から、「この現象はお前たちだけのものではなく、やがて世界に発生するだろう」と教えられていたのだと同書は言う。そしてその予言通り、近代スピリチュアリズム運動はこの日を境に世界の各地に燃え広がり、続々と心霊現象が起こるようになったのだと、トンプソンは書いている。

事の発端は、一八四八年三月三一日の夜、ニューヨーク州北端の村ハイズビルにあるフォックス家の一軒家で起きた。

前日一晩中悩まされたドアをノックするような「ラップ音」の正体を見極めようと、フォックス家の姉妹ケイトとマーガレットは身構えていた。予想通りラップ音が始まると、姉妹は両親がそばにいるので勇気を出して、その音の主に話しかけてみることにした。

ケイトが指を鳴らしながら「幽霊さん、幽霊さん、私の真似をしてごらん」と呼びかけると、ケイトが鳴らした数だけ音が応えた。そこにマーガレットも加わり、霊との交信が始まったという。

霊は音だけでなく、音を鳴らす動作にも反応した。人間側の動きがわかるのだ。この日から交信は連日のように続き、アルファベッドを使った会話もできるようになった（主にアルファベッドを唱え、該当するアルファベッドの箇所でラップ音を鳴らしてもらう方法で会話した）。

このことが近隣に知れ渡ると、調査委員会が結成され、ラップ現象を引き起こしている霊との対話を実施することになった。すると、この霊はチャールズ・ロズナという行商人で、四、五年前にその家で殺され、地下室に埋められたということがわかった。

後日、地下室を掘ってみると、石灰や木炭とともに、少量の骨と毛髪と歯が出土した。骨はたしかに人間のものとされたが、少量であったため証拠としては不十分であった。ところが、それから五六年後の一九〇四年、同じ地下室の壁の下からほぼ一体ぶんの人骨と行商人用のブリキ製の箱が見つかり、実際に殺人事件（ハイズビル事件）があったことが証明されたのであった。

「三つの拍手」の印が与えられた

しかしながら、現場の地名からとったこのハイズビル事件は、コスモン時代の夜明けとは直接的な関係はない。『オアスペ』のいうコスモンの夜明けは、前述したようにラップ現象を最初に公開実験したロチェスターのコリンシアン・ホールで起こったのである。なぜなら、ハイズビル事件は一人の殺された霊のラップ現象にすぎなかったが、ロチェスターの公開実験は大勢の天使たちが参加した大規模な計画であったことがわかるからだ。

現代版『オアスペ』の編集者は、その日の公開実験について次のように書いている。


フォックス家の姉妹が、名士たちが集まった公開の場での調査に怖気づき始めたとき、ジェホヴィの天使が話しかけてきて、彼らを勇気づけ、これは計画的に準備された彼らの運命でもあると告げた。

そして（公開実験の）当日、天使たちが失望させることはなかった。天使たちは自信満々に、鋭い破裂音やノック音、鈍く神秘的な叩く音を次々と生じさせ、人々を驚かした。これらの不思議な物質的出来事は、まったく物理的原因がないにもかかわらず起きたのだ。

このことは人々の関心を大いに高め、翌日の調査委員会の調査報告とあいまって大熱狂を引き起こし、それは何日も続いた。連日連夜、会場には大勢の人々が押しかけて超満員となった。新聞は大々的に書き立て、その驚異的な出来事はすぐに世界中に伝えられた。


この日は、人間界で大きな出来事になっただけでなく、ジェホヴィや地球の神、そして天使たちにとっても特別な日となったと『オアスペ』に書かれている。天使たちが、インスピレーションによってだけでなく、人間に話しかけることが許されるようになった記念すべき日だからだ。


ジェホヴィは、地球の神を通して、天国のとばり（ベール）を少し引き上げて言った。

「私の天使たちに行かせなさい。生者と死者が一緒に語り合うようにしなさい」

それによってジェホヴィは、天国の天使たちが人間に知られるようになった日を神聖な日と定めた。

そしてジェホヴィは、昼夜においてその日を祝う支部のマスター（師匠）の印として、「ベールを開けた天国」を意味する「とばりを少し引き上げた手」の印を与えた。

さらにジェホヴィは、支部のメンバーに「永遠の喜び」を意味する「三つの拍手《かしわで》」の印を与えて返答した！

そしてジェホヴィは言った。

「この日を覚えておきなさい。そして世界の終わりまで神聖な日にしておきなさい。なぜなら、書物も議論もなく、見よ、私はあなた方に人間の魂の生命が存続することを証明したからである！」


（第三四章「インスピレーションの書」の第一六節より）


ジェホヴィはここで、この特別な日の意義について、人間が死後も霊として存続し、生命が永遠であることを証明したからであると説明している。コスモンの時代とは、霊とその世界の理解が進む時代のことであったのだ。

その中でも注目されるのは、「三つの拍手」の印である。三つの拍手（柏手）とは、日本人が神社で参拝するときの儀礼とほとんど同じではないか。数こそ「二拍手」と「三拍手」で異なるが、明治維新以前の神社への参拝では三拍手が基本であったとの説もある。

秋山氏はこれに関連して次のように言う。

「本来、日本は奇数を重んじますから、神社で三拍手をしてもおかしくないわけです。三本締めというのもあります。参拝は三拝に通じるともいいます。三拍手には神様を呼ぶ力があるのではないでしょうか」

そうだとすると、日本の神社においては、古い時代にはこの三拍手によって神霊界の扉を開け、神と交流することができると考えられていたのではないだろうか。

また『オアスペ』では、地球の神は歴代、三角形の印を授かるとある。日本の神社にも、三角形をモチーフにした神紋（たとえば弁財天の「波に三鱗《みつうろこ》」）があるのは、偶然ではないのだろう。

「三角形は弁財天の神紋です。三鱗といって水神のマークです。弁財天は梵語（古代インドの梵語）でサラスバティのことです。宇宙語で地球を表わす「サラス」と共通する神の名です。ですから、非常に示唆に富んでいます。三角形は、神道に伝わる天・地・人とも関係します」と秋山氏は言う。

次章で触れるが、さすが「神の儀式と儀礼の名を守る」よう運命づけられた「パン大陸の生き残り」が暮らしてきた国である。だからこそ、地球の神の印である「三角形」と拍手の儀礼を現在に至るまで、守ってきたのではないだろうか。

弁財天の「波に三鱗」の神紋。

偽の四神は消えても戦争は続いた

このように『オアスペ』によると、地球の人間や天使たちがあれほど望んでいた「コスモンの時代」は一九世紀なかばにすでに到来したという。

しかし、これは同時にちょっと拍子抜けである。というのも、コスモンの時代は第七の時代とされ、「四頭の獣はなくなり、地上から戦争が消える」と書かれているからだ。しかし、ご存知のように、人間はその後ますます激しく、おぞましい戦争を続け、二〇世紀には二つの世界大戦を経験、原爆や化学兵器という大量破壊兵器を持ち、それを使うようになった。四頭の獣は、依然として猛威を振るっているように見える。

しかしながら『オアスペ』は、「四頭の獣」のボスである「偽の四神」は一八五〇年までには取り除かれたという。では、なぜそれから一七〇年近く経った今も、地上では宗教の名の下に、あるいは宗教とは関係がなく、戦争が続けられているのだろうか。

『オアスペ』はその理由に関連して、次のようなことを言っている。

エスは言った。

「低い天国の主な偽の神々の運命はそのような（訳注：救済されて改心したこと）ものだった。

しかし、先の三〇〇〜四〇〇年間で、これらの偽の神々の多くの部下は、偽の神々から離れて、自らの小さな天の王国を築いていた。そして、彼らの人間の崇拝者は、それを宗派と呼んだ」

（中略）

長老派教会員、メソジスト、モルモン教徒、ローマカトリック教徒はそれぞれ、自分たちのキリストがホンモノで、その他の宗派のキリストは偽物であると非難した。どの宗派の信者も、正義やよきことを実践せず、利己心のために戦士や金の亡者となった。

（第二九章「エスの書」第一八節）

つまり『オアスペ』では、宗教間の対立が宗派間の対立へと細分化したことを示唆している。その細分化した対立は、「偽の四神」を追放した際に弱まったかのように書かれているが、どうやら新たな火種として残り、くすぶり続けているらしい。

しかしながら、偽の四神とともに消された火種もあると『オアスペ』は言う。

その一つが、アメリカの奴隷制度の廃止だ。ジェホヴィが天使を通してエイブラハム・リンカーン大統領にインスピレーションを与え、奴隷解放の決心をさせたのだと第二九章「エスの書」の第二〇節に書かれている。

同時に王政が倒され、選挙制度という民主主義に根差した共和制も誕生するようになった。また人間が、肌の色や人種のことではなく、健康と気高さを誇るように、インスピレーションを与えて、アルゴス人（ギリシャ人）とパーシエ人（ペルシャ人）に特有の陸上競技（後の近代オリンピック）を人間の間に定着させ、人間の健康、強さ、持久力を高めるのに役立たせたという。

たしかに、人間が一九世紀なかばから成し遂げたことは多い。だが、コスモン時代が訪れ、偽の四神が追放されたにもかかわらず、あまりにも紛争や戦争が後を絶たないのはなぜなのかという疑問は、一向に解消されないままだ。

『オアスペ』が掲げる宗教無用論の真相

『オアスペ』が正しいかどうかわからないが、この世界に宗教や宗派があるかぎり、戦争もなくならないのだろう。四頭の獣が完全に消えない限り、戦争も続くということだろうか。その宗教について『オアスペ』は次のように書いている。

（ジェホヴィの娘エスによる審判の言葉）

「私は彼らに伝える。私の子供たちには偶像を持つことを許可したが、今やあなた方は大人なので、偶像を捨てて、至高の創造主ジェホヴィを受け入れなさい」

「そして、『バラモン教徒の原理、仏教徒の原理、儒者の原理、キリスト教徒の原理、またはイスラム教徒の原理を私は崇拝します』とは、もはや誰にも言わせはしない。なぜなら、これらのすべては、戦争と破壊という結果に終わることを、自ら証明してきたからだ」

（第三二章「審判の書」第三節より）

地球の神は言う。

「今、ここに、来るべき時代が来た。バラモン教、仏教、ユダヤ教、儒教、キリスト教、イスラム教のなんであれ、教義、信条、宗教の古い体系は、人間には必要ないということが私にはわかっていたのだ」

「今こそ人間よ、ジェホヴィの用意周到さに隠された叡智を見よ。ジェホヴィは上述の偉大なる宗教の聖なる書に改悪と矛盾が忍び込むことを意図的に、そして計画があって許したのだ。そうすれば神の御業がわかりやすくなるからである」

「そして、国も民族も一つになるには、新しい宗教体系が必要であり、古い宗教体系は一掃しなければならないことも、私は気づいていた」

（第三二章「審判の書」第三六節より。傍点は訳者）

ということは、それぞれの宗教の聖典で、改悪されたり、矛盾したりするところを徹底的に正せば、至高の存在であるジェホヴィだけを信奉する、新しい宗教的な体系ができ上がる可能性があることになる。ただし地球の神は、それは必ずしも宗教ではないとも言う。「すべてのことは、一つの目的のためにある。それは人間、神、宗教をほめたり賛美したりするのではなく、地上にジェホヴィの王国を樹立することである。世界のすべての国と民族に適した、普遍的な平和、愛、調和、そしてコスモンの体系を人間にもたらすことである」と。

この場合のコスモンの意味は、霊感と霊的知識と、五感と物質的知識がバランスのとれるようになる時代のことを指すと、現代語版『オアスペ』の編集者は注釈をつけている。

おそらく新しい宗教的体系とは、あらゆる宗教や宗派を包括し、かつ法王も、司祭も、教会の権威も、いかなる宗教的権力者も必要なく、すべてが自分のためでなく、みなのために何かをする共同体のような世界なのだろう。

同時に、肉体を持ちながら、霊的能力にも目覚め、物質界と霊界が融合するような新しい世界、つまり物質的な科学と霊的な人間の能力がバランスよく保たれる「ジェホヴィの王国」が、目指すべき世界として描かれているように思えてくる。

そして、その「ジェホヴィの王国」へのカギは、実は日本にあるというのだ。最後の章では、未来の地球における日本の役割について論述していこうと思う。

第七章

日本の未来と役割

《あらすじ》

二万四〇〇〇年前にパン大陸が沈没したとき、洪水を逃れた一三八隻の船のうち二隻だけが、特別な役割を持って、現在日本と呼ばれる「ザパン（パン大陸の残骸という意味）」に漂着した。助かったイヒンたちは、一〇〇〇年後にはイファアンと混血してイヒンとして識別することができなくなった。それでも彼らは、野蛮人（イファアン）を救い、叡智と平和に導いた。やがて、一八四九年にコスモンの時代が幕を開け、日本は「天国の御業」を解き放つカギとしての役割を果たすことになった。

パン大陸が二つに引き裂かれ後、パン大陸の北の残骸（訳注：ザパン＝日本のこと）に辿り着いたイヒンたちに首長は言った。

「見よ、あなた方は、これから二万四〇〇〇年後に訪れるであろう『天国の御業（The Labors of Heaven）』を解き放つカギとなるであろう。というのも、あなた方はすべての人類の中でもっとも古い人たちであると評価されるからだ。私が来て、海を解放するまで、あなた方はすべての民族と国の中で特別な種族のままでいるだろう。

それゆえに、あなた方は、神の儀式と儀礼の名を守り、とりわけ大地と水、大空と船の名前を保持し、舌と唇を使わずに人間が喉を通して発するすべての音を保存しなさい。そうすれば、神の栄光のときが来たときには、あなた方も光り輝くであろう。

あなた方はまた、平和な心と高潔さと勤勉さを持ち続けなさい。そうすれば、後に私の威光と偉大なる精霊（訳注：ジェホヴィのこと）が現れたときに、証人となることができるからだ。そのように日本は定められ、今日に至っている」

（第一一章「諸首長の第一の書」の第一節から）

イヒンの血が色濃く残った日本

なぜ、日本に漂着したイヒンとその子孫（日本人）が「天国の御業」を解き放つカギとなるのかは、『オアスペ』には詳しくは触れられていない。

書かれているのは、コスモンの時代においても、日本人が人類の中でもっとも古い民族であるとみなされ、すべての民族と国の中で特別な種族のままでいたということだけである。

これはどういうことかというと、一つは日本に漂着したイヒンの子孫である日本人は、「もっとも古くて特別な民」の血を色濃く受け継いだ子孫として、イヒンがイファアンの前に存在した人類であったことの証拠になるという意味だと、単純に解釈することもできる。

実際ニューブローは、コスモンの時代の幕開けとは、一八五三年七月、アメリカの提督ペリーが古い歴史と伝統を持って長年「鎖国」をしていた日本を開港させるため、東インド艦隊を率いて浦賀に来航し、翌年に日米和親条約を締結、下田などが開港されたことを指していると考えていたことが、

『オアスペ』の原書注釈を読むとわかる。

その注釈では、「コスモン時代の初めに、戦争をすることなく、アメリカ人によって日本の港が開かれたことは素晴らしいことではないか」と書かれている。

しかし、それだけではないようだ。というのも、次のパラグラフで、「神の儀式と儀礼の名を守り、とりわけ大地と水、大空と船の名前を保持し、舌と唇を使わずに人間が喉を通して発するすべての音を保存」するという、特別な役割を彼らが担っていたと書かれているからだ。

それに関連して、第二〇章「フラガパッティの書」の第三六節では、紀元前七〇五〇年ごろ、ザラザストラが救世主として地上に現れた時代に、ザラザストラらによって初めてジェホヴィの言葉が記録されたことを喜んで、エーテリア人のオリアンの天使長フラガパッティが次のように語っている。

「この時代の前には、父（ジェホヴィ）の言葉は、イヒンの部族とともにあったが、秘密にして封印されていた。父の言葉は、すべての人類種を救済するために種子として準備された、ある民族とともに秘密にして封印する以外には、地球で守ることができなかっただろう」

つまり、ジェホヴィの言葉を秘密裏に守るイヒンの種子を絶やさないために特別に準備された民族がいたことが明記されているのだ。おそらくその「ある民族」とは、日本に漂着したイヒンの子孫である日本人のことを言っているのではないだろうか。

日本のイヒンたちがパン大陸に上陸した後、どうなったのかを考えてみよう。すでに説明したが、一〇〇〇〇年後には大陸から渡ってきたイフアンと混血して、イヒンとして識別することができなくなったと書かれている。おそらくその混血人種が縄文人だったのであろう。つまりイフアン種（ガンおよびイフアン／29頁の表4参照）が縄文人というわけだ。

だが、他のイフアンと違うところは、おそらく島国という閉鎖性ゆえに、イヒンの血がより濃かったのではないかとみられる点である。わざわざ二隻だけを海に囲まれた小さな島に漂着させたのは、そうした地球の神の思惑、あるいは配慮があったからだと思われる。

パン文明の精神は縄文人に引き継がれた

他の大陸の地域が大きな戦争の渦に巻き込まれているときも、日本は島国で孤立していたことが幸いした。日本の縄文人の遺跡には、大きな戦禍や破壊を被った形跡がほとんどないからだ。

その間、「世界最古級の土器」（一万六五〇〇年前の青森・大平山元Ⅰ遺跡）や「世界最古の漆の副葬品」（九〇〇〇年前の北海道・垣ノ島遺跡）、それに石と土の文明の象徴である縄文土器や環状列石などを造りながら、パン文明の伝統を保ち、「野蛮人（イフアン）を救い、叡智と平和に導いた」（前出）のではないだろうか。これは世界の他の地域では、見られない現象であった。

しかしながら、一万年以上にわたり比較的平和な縄文時代を維持してきた縄文人も、紀元前四世紀ごろ大陸から弥生人が大量に流入すると次第に衰退、弥生人と同化する形で消えてしまう。

だが、失われたパン文明とその精神は、縄文人や弥生人の精神と血となって現在の我々にも引き継がれたのだ。それらの精神は、古神道（仏教、儒教、道教など外来宗教の強い影響を受ける以前の神道）などに残されたのではないかと考えられる。では、古神道のどの部分がパン文明を伝えているのだろうか。

古神道に伝わる儀礼と儀式の名前が、『オアスペ』の言う「神の儀礼と儀式の名前」と一致するのかもしれない。すでに紹介した「三つの拍手」や三角形の神紋、丸い巨石を台座に置いた太陽石や、沖縄のユタが説明した「神々の会議場」などの古代海底遺跡が、「ジェホヴィの言葉」を継承したパン文明の証拠となる可能性もある。

では、守らなければならなかった「大地と水、大空と船の名前」とはなんだろうか。

記紀神話には、大地の神様（クニノトコタチやウマシアシカビヒコヂ）、水の神様（ウヒジニやイザナミ、イザナギ）、空の神様（アメノトコタチやトヨクモ）の名前が出てくる。それらの神々の名前と関係があるのだろうか。船の名とは、ニギハヤヒノミコトがそれに乗って大空を飛び回ったという「天《あめ》の磐船《いわふね》」や、天孫族が使ったという「天の鳥船」のことであろうか。

そしてもっとも興味を引かれるのは、舌や唇を使わずに人間の喉から発せられるすべての音を保存せよと言われていることだ。すべての音の保存とは、すべての言霊（言葉に宿っている不思議な霊威）と音霊（音に宿っている不思議な霊威）を理解して、それを後世に伝えよ、という意味にもとれるからだ。それはまさしく古神道の奥義ではないか。

私には古神道が、世界の宗教の根底に流れる「真水」のような気がしてならない。それに味をつけて、紅茶にしたのがキリスト教であり、コーヒーにしたのがイスラム教、緑茶が仏教で、ウーロン茶がバラモン教といった具合だ。

そうしたあらゆる味の宗教を受容し、包括することができるのが、「真水」である古神道である可能性はある。宗教の源泉がそこにあるからだ。そう考えると、日本がなぜ「パン大陸の残骸」として残されたのかという意味がわかってくる。

「日本が神の国である」などと言うつもりは毛頭ないが、すべての宗教を包括するような新しい枠組み・体系を作るヒントが、日本人の精神文明の奥深くに流れる古神道にあるのではないだろうか。

世界を取り巻く宗教問題を解決する糸口を、もっとも古い人々が色濃く住むという日本の古きよき伝統や文化の中に見つけることができれば、ジェホヴィが長く待ち望んだ本当の意味での「神の国」が現実のものとなるのかもしれない。

日本は「観光神国」としてよみがえる！

最後に、コスモン時代に「天国の御業」を解き放つ日本の特別な役割とは何か、なぜ日本なのかなどについて秋山氏に聞いた。

布施　コスモン時代の日本の役割とは、なんのことだと思いますか。

秋山　日本はもともと、霊的大国だったのです。私はあえて日本のことを「霊的不沈空母」という表現を使ったこともあります。ですから、神の栄光の出現とともに日本も栄光に浴するのは、当然といえば当然のことなのです。

というのも、この広い世界で、宗教問題で偏らず、対立が少ないのは、日本だけです。別の言い方をすると、宗教の枠に関してこれほどいい加減な国は、日本しかありません。

布施　たしかに、結婚式をキリスト教や神道で執り行なった人が、亡くなると仏教で供養しますからね。クリスマスを祝い、彼岸には仏事や墓参をします。非常におおらかな宗教観を持っているのが日本人だといえます。

秋山　そうです。今ここでもし、すごく古い時代の神の思想がよみがえってきたとします。それを受け入れられるのは、今は日本しかありません。

たとえばアメリカで、もしイエス・キリストのような救世主が生まれたとしても、弁護士とか投資家とかいじめっ子がやってきてボコボコにされるだけです。イスラム教の国家に生まれたとしても、大変なことになります。ロシアに生まれても、「お金持っているの？」と言われるのが落ちです。中国で生まれようものなら、「神のことを説いてはいけない」と牢屋送りにされる可能性があります。

日本なら否定はされません。ただ、そのぶん、妙に合理主義科学に偏って、メディアも宗教問題を扱わないという風潮になってきています。ここに大きな陰謀があるように感じます。陰謀があるとすれば、これです。日本がスピリチュアルなことを受容することを恐れている世界勢力がいるような気がするのです。

彼らは、日本がもしスピリチュアル的なことを受容したら、日本的なものが世界に広がるということがわかっているのです。それこそ「竹内文書」の世界です。ある意味、竹内文書は予言書のようなものなのです。世界中から五色人が日本に集い、神道が世界の宗教として説かれるわけですから。

世界宗教を狙って国家対立がはびこっていますが、大方の一般庶民の感覚として、アメリカ人だってロシア人だって中国人だって、日本に来ているときのあの楽しそうにしている様子を見なさいよ、と言いたいです。みんなどのような宗教の信者であっても、対立していないはずです。どこの国の宗教の信者でも居心地がいいのが日本なのです。どこの国の人も、日本のお稲荷さんに参拝するのです。あれこそが真実です。神社もお寺も誰も拒んだりしません。

竹内文書では、キリストも、モーゼも、お釈迦様もみんな日本に来ていたと書かれています。きっと温泉に入って、果実を食べて、のんびり過ごして帰ったのだと思います（笑）。すべての宗教を包括できるのが神道であり日本なのです。それが観光国としてよみがえりつつあるのだと思っています。

豊かな自然と近代文明が同居している刺激的な観光大国が日本なのです。オアスペはそのような「神の国」がよみがえることを予言しているようなものなのです。

コラム

「竹内文書」と『オアスペ』が描く不思議な世界

五世紀末に成立したとする「竹内文書」には、宇宙の創成から神武天皇以降の歴史時代までを、主に天皇（スメラミコト）の統治年代ごとの出来事を記した「天の巻」があり、その一部は、『神代の万国史』として「皇祖皇太神宮」から出版されている。

その『神代の万国史』によると、超古代においてスメラミコトは日本に拠点を置き、天地の神を祭る任務を担っていた。スメラミコトは天空浮船《あめそらうきふね》に乗り、世界各地を巡幸したが、実際の政治はスメラミコトにより選ばれた各地の民王が行なった。スメラミコトはヒヒイロカネという金属を使って天越根国《あめのこしねのくに》に広大な神殿（天神人祖一神宮。後に皇祖皇太神宮に改名）を造り、モーゼ、釈迦、孔子、キリスト、マホメットら世界各地から聖人が来日、神宮に参拝したとしている。

そのほか、地球が何度も天変地異に見舞われ、ミヨイ、タミアラという大陸が沈没したことや、スメラミコトから五色人が誕生し、全世界に散らばったことなどが記されている。

『オアスペ』との興味深い符合は、スメラミコトを「地球の神」、五色人あるいは民王を「五人の首長」、天空浮船《あめそらうきふね》を「火の船（エーテリアの船）」、日本を「パン大陸」、天越根国を「ホアド」、皇祖皇太神宮を「玉座」に置き換えると、そのまま『オアスペ』の概略になってしまうことだ。ただし『オアスペ』では、パン大陸だけが沈没したことになっているのに対して、竹内文書ではミヨイ、タミアラという二つの大陸が水没しているのが、わずかに異なる点であろうか。

現在、竹内文書は偽書とされ、学界からは無視されている。だが、秋山氏が言うように、世界中の宗教関係者が垣根を越えて集《つど》えるような、超宗教性を持った国が日本であると書かれていると考えるならば、竹内文書が「パン大陸」同様、再び浮上する日も来るのかもしれない。

解き放たれた「七つの海の封印」

布施　ところで、「神が海を解放するとき」という言葉の意味ですが、ニューブローはそれをアメリカが日本に開国を迫り、港を開放させたことではないかとみているようです。これについてはどう思いますか。

秋山　そう解釈することも可能ですが、もう一つの本当の意味は、おそらく七つの海を越えるという意味です。つまり、海を解き放つということはインターネットが普及するということです。海に関係なく、コミュニケーションができるようになるからです。

すでに障壁としての「海」は解き放たれました。世界中の人々は、海を越えて瞬時かつ自由にインターネットで交流できます。でも、「悪い馬」もたくさん出てくるわけです。おかしな先走りやエゴが大量に世界にバラまかれました。それが『新約聖書』の「ヨハネの黙示録」に出てくる七つの封印が子羊によって解かれた後に出てくる暴れ馬たちです。勝利の上に勝利を重ねようとする白い馬、戦争をもたらす火のように赤い馬、飢饉をもたらす黒い馬、死をもたらす青ざめた馬です。

こうした悪い馬たちは、インターネットを見てもわかるように、世界中で暴れ回っています。エゴ、強欲、嘘、虚栄、悪口、嫉妬、憎悪をネットで吐き続ける馬たちです。

布施　なるほど、面白いですね。海の解放とは、インターネットのことで、ヨハネの黙示録に出てくる四つの馬は、『オアスペ』が説く偽の四神に率いられた四つの宗教であると解釈することもできますね。ということは、すでに「神の御業」は解き放たれたことにもなります。

秋山　ええ、もう放たれました。そして『オアスペ』が言うように、封印が解かれた後の世界で、そのカギとなるのは日本です。

布施　やはり日本なのですか。

秋山　ええ。インターネットが本当の意味でプラスに活用されるとしたら、どこにいても仕事ができるようになります。どこに住みたいか。もっとも安全で確実に約束を守る国はどこかといえば、日本しかありません。どんな宗教でも受け入れられて安全な国が日本です。

春夏秋冬もあります。暑い国の人たちは、避暑として夏に来ればいいのです。寒い国の人たちは冬だけ来ればいいのです。渡り鳥のように。日本は世界のリゾートになります。
七つの海の呪縛は解かれました。七つの海の封印が解かれたのです。その意味で、ジョン・ニューブローの予言（『オアスペ』の預言）は成就されつつあります。

布施　地上に「神の国」が実現したとき、日本が中心になるということですか。

秋山　もちろん、どこの国も「神の国」にならないと地上に神の国は実現できませんが、日本が一種の模範になることは事実です。とにかく日本が素晴らしい国になることがわかっていて、そこは侵せないのだけど、そうすぐには台頭させられないという気持ちがどこかにあるわけです。とりあえず遅らせたいというのが、「陰謀」を企てる彼らの本音です。日本が世界の中心になってしまうのは、決まっています。しかし彼らは、その状況をなるべく遅らせたいのです。

布施　本当に日本が世界の中心になるのですか？

秋山　なります。単純に大陸移動説で予測した場合でも、日本は最終的には巨大な大陸の中心になります。アジアとアメリカ大陸は合体しますから。巨大な大陸の真ん中に位置するのが日本です。ただし、それまで地球が持てば、の話です。地球が持てば、大陸は再びくっついて、ど真ん中が日本です。我々の子孫はその真ん中にいます。まあ、何十億年か先の話です（笑）。

「核を止める」が絶対条件

秋山　いずれにしても、日本はほっておいても中心になります。インターネットはそれを先行させたのです。七つの海の封印を解いたわけです。「ダヴィデの若い枝（古代イスラエルの王ダヴィデの子孫のこと。その子孫から救世主が出ると考えられた）」が解きました。多くの国々が権謀術数で情報の統括管理をやろうとしていますが、それらの試みは自滅的に崩れていきます。結局、地道にやっていた、地道に畑を耕していた「権兵衛さん」が世界の中心に立つということになるのです。そういうシナリオだと思います。

日本は朴訥《ぼくとつ》な権兵衛さんの国なのです。でも、周りの雄弁で権謀術数に長けた人たちはみな滅んでしまって、結局日本に中心が来るというシナリオははっきりしていると思います。

布施　それはいつごろの話ですか。

秋山　それが急加速するのは二〇三〇年ころからではないでしょうか。キリスト教とイスラム教の最終的なストレスが爆発します。それも中国の奥地でそれが起こります。

布施　中国の奥地？

秋山　イスラム圏との接点となる場所です。解放自治区あたりの接点でぶつかり合いが起こるはずです。イスラムと組んだロシア軍と、米英国連軍が激突すると、聖徳太子の『未来記』を読み解くことができます。

布施　聖徳太子の『未来記』にそんなことが書かれているのですか？

秋山　明確にそう書いてあるわけではありませんが、そのように解釈もできるということです。始まりは二〇三〇年からです。軽い「ハルマゲドン」（編注：「ヨハネの黙示録」に出てくる神とサタンの最終戦争の場所。ヘブライ語で「メギドの丘」という意味）です。

イスラム教も、キリスト教原理主義のアメリカも、歪んでいるのです。歪んでいるものが長続きするわけがありません。最初は、歪んでいるものでも多くの人数を集めることができます。排他的だからこそ人が集まるという面はあります。でも、そうすると出られなくなるのです。宗教的な病気です。やはり調整しようとしたら、宗教の永世中立国である日本が、出てくるほかないわけです。しかしながら、気をつけなければいけないのは、日本の国内でも、他国に対する恐れが強まって、原理主義的、排他的になっていることです。世界各国と同じで、右傾化しています。

ここに何か問題が起これば、さらに激しい右傾化が進むでしょう。日本には韓国問題があります。後ろでアメリカが煽っています。戦争が起きたら、両方に武器を売るのが彼らの常套手段です。

韓国は本音としたら、北と組みたいはずです。というのも、北と組めば核が持てるからです。それがあれば、日本なんか簡単に踏みつけられます。

難しい選択ですが、日本がもしこの混乱期において、核を持つことなく泳ぎ切ったら、日本の未来は明るいです。実際はすでに核を持っているという説もありますが、建前にせよ、核を持たずにこの乱世を泳ぎ切ったら、日本は世界に冠たる「世界中立国」になります。逆にいうと、世界に対して今でも「核はやめようよ」と言えるのは、日本しかないのです。二回も祟りが起きたわけです。広島と長崎で祟りが起きて、また福島でも祟りが起きています。世界中で三度もボコボコに核でやられているわけです。この国は本当に核を持ってはいけないのです。それをすごく感じます。

霊性を高める時代の到来を告げる「Lシフト」

布施　核エネルギーの問題でいえば、日本の原子力発電所（原発）の輸出にストップがかかったのは朗報でした（編注：日本が国策として原発をイギリスやトルコ、リトアニアなどに輸出しようとしたが、凍結したり断念したりした件）。

秋山　本当に馬鹿な話です。泥棒以下です。核であんな目に遭ったにもかかわらず、核を輸出するとはいったいどういう感覚を持っているのでしょうか。世界に恥をさらしているようなものです。

安倍首相でもこんなになってしまいましたから、次の首相は責任重大です。もはや小泉純一郎氏でもどうすることもできません。もっと精神世界を理解している人が首相にならないと困ります。世界の霊的な情勢を読めるぐらいの人、霊的天皇のような人が出ないとだめだと思います。今現在で、候補はまったくいません。

これからの政治選びは、非常に難しいです。内閣がこけたら、株価が崩壊します。ひどい綱渡りをしている状態で、そう簡単に批判して落とせなくなっているのが実情です。自分さえよければいいという無責任な国民では困ります。国民が政治を決めたら、それを支えないといけないという話になってきます。株の社会はそうです。政権を支えないと、全部崩壊します。だから馬鹿首相は選べません。政治家が悪いのだという論法はもう通じません。国民の責任が突きつけられているのです。

布施　日本は結構、切迫している状態にあるようですね。選択次第で、「獣の戦い」に巻き込まれかねないということでしょうか。

秋山　日本は危ない状態にあります。たとえば老人医療で失敗したら、全部瓦解します。年金制度で失敗しても同様です。一部では、日本が崩れ落ちないように官僚は守っているわけです。官僚が一方的に悪いわけではありません。

国民一人ひとりがツイッターで、芸能人でも〝殺せる〟時代です。経営者もやっつけられる、そういう時代になったのです。ところが自分たちが責任を持たない限り、あっという間につぶれることになるのです。個々の霊性を高めるのが急務です。

布施　『オアスペ』でも、コスモンの時代は人間が霊性を高める時代だとしています。そこには、秋山さんがスペースピープルから告げられたという真正アセンション「Ｌシフト」と似通った考えがありますね。第二宇宙から第三宇宙への移行を意味するＬシフトでは、これまでの物質偏重の科学（第二宇宙）ではなく、人間の心や想念が物質に影響を及ぼすことを是認した新しい霊的な科学（第三宇宙）を作り上げることが急務になっているとのことでした（詳しくは、ナチュラルスピリット刊『Ｌシフト』参照のこと。アセンションとはいわゆる〝次元上昇〟の意)。

秋山　そうです。それは物質世界と精神世界が融合したような「物心一体の科学」です。スペースピープルが実践しているのは、まさにこの科学です。地球人にとっても、Lシフトは急務なのです。今しっかりとLシフトのウェーヴ(大きな時代の流れ)を把握しないことには、みんなおかしくなります。

　ネットで人のことを叩いてばかりいる人たちは、信用を失っているし、生きていけなくなっていきます。世間も馬鹿ではありません。一〇%の何もしない人たちが、とりあえず口先だけで何かをしようとする時代はもう終わりました。ネットの弊害は終わります。問題はその次です。

異教徒同士が学ぶ学校作り・教育が急務

布施　次はどういう時代に向かっていくのですか。

秋山　やはり、次は教育です。テペスアロー(編注:秋山氏が他の惑星で見た、まったく異なる種類のスペースピープル同士が協力して学ぶ学校のこと)です。つまり外国人同士とか、異教徒同士のように、異なる者同士がお互いに教え合う、お互いに育て合うということが大事になります。

　今は教育の焼け野原のような状態です。若い人たちは個人主義に大きく偏ってしまったように思いますし、老人たちも自分たちの資産や生活に固執するという有様です。私たちを含めて、老人はやがていろいろなことを忘却し、若い人たちの負担になることも考えられます。やはり若い人たちの中に、何が重要なのかがわかっている人が出てこなければなりません。我々の世代にできることは伝えることぐらいです。ちゃんと次の世代にリレーすることです。

ＧＡＦＡ（グーグル、アップル、フェイスブック、アマゾンの米巨大ＩＴ企業四社）は融合しないと銀行も融資しなくなっています。もはや彼らも融合するしかないのです。でも結局早晩崩れて、政府管理になるでしょう。中国は経済で足元をすくわれましたから、たぶんアメリカの実質的な管理となるでしょう。そのアメリカでも、いろいろな原理主義者らが足を引っ張り合いながら滅んで、結局日本がいいのではないか、という話になっていくのです。

一番、意気地なしのようにいわれている「平和主義者」こそ、いずれは勝つのです。それがいつか立証されると思います。一〇〇年先のことなのかもしれません。でも、そのころには世界中の王政や君主制も滅びると思っています。あと一一〇年くらいです。一九七五年ごろ、一五三年後に滅びるといわれましたから。中学生のときにその啓示を受けました。計算すると、二一二八年ごろでしょうか。

おそらくそのころに、ものすごく力を持った霊的なリーダーが世界に現れるのではないでしょうか。

布施　地上の王政に関係して救世主ザラザストラは、九〇〇〇年前に次のように言ったと書かれています。「創造主オルマズド（ジェホヴィ）は、東のイヒンのように、王なしで生きる力を創造された。オルマズドが創造されたこの力の名はランハと呼ばれた」（第二一章「神の言葉の書」第二一節）と。東のイヒンとは、おそらく日本のイヒンのことです。縄文時代の日本には王がいなかったはずですからね。

で、ザラザストラは、地上の人間はこのランハの域に達しなければいけないと説いているわけです。「すべての統治者、王、女王、諸主、神々を否定しなさい」ともザラザストラは言っています。王政や君主制、そして宗教が説く神々は、いつかはなくなるべきものなのでしょうね。

ところで、パン大陸は再び〝浮上〟するのでしょうか。

秋山　たぶん再浮上します。当然、周期的にはパン大陸が浮上する可能性があります。または、パン大陸自体は浮上しませんが、わずかに残った日本から、再びパン大陸並みの文明が浮上する可能性があります。実際、そうなるはずです。

先ほども述べましたが、大陸移動説でいえば、日本は、世界の中心となる巨大な大陸の中心に位置する可能性が高いように思います。現在、太平洋を挟んだ日本とアメリカ大陸は、プレートテクトニクスの理論によって、お互い近寄ってきていると考えられているからです。

そのようなことは、とんでもない先の話だと思われるかもしれませんが、もし我々が時空を超えられるようになったら、いくらでもその未来の世界に行って居住することができるようになるはずです。未来において、一番激しく変わるのは、大陸です。大陸は絶対変わります。日本は謎の島のまま残ると思います。今でもこのような島国なのに、世界の経済でこれだけの影響力を持っているわけですから、本当に不思議な島です。『オアスペ』に描かれているように、この島は特異な島です。異常といってもいい。香港や台湾には、この異常さはありません。

なぜ、小さな島国である日本が世界からこれほど気にされるのかというと、みななんとなく日本が特別であることを知っているからです。むしろ恐れてさえいる。失われたパン大陸の記憶を、みな本当は持っているからです。そうでなければ、ニューブローがあのような「日本がパン大陸の一部だった」という啓示を天使から受けるはずがありません。

日本の国粋主義者が「日本が世界の中心だ」と騒ぐのはたわけた話ですが、海外の人たちが日本について騒ぐのには、そうした背景があるのではないかと思います。

あとがき――秋山眞人

『オアスペ』との出会いとその意味について

啓示者が経験する辛い人生

私が『オアスペ』という文献があることを知ったのは、本書でも紹介したジョージ・ハント・ウィリアムソンの著作の中に、いくつか『オアスペ』からの引用があったからだ。宇宙考古学やＵＦＯ問題、そしてオカルトの研究において、さまざまな霊的な謎解きに挑んで功績を挙げた巨人であるウィリアムソンの思想の原点ともいうべき『オアスペ』を、こうして日本の読者に紹介できることは、非常に光栄なことであり、うれしく思う。

同時に『オアスペ』をじっくり読んでみて、なぜ今まで日本で翻訳されなかったのかという理由を改めて再認識したのも事実だ。世界のニューエイジ運動家たちになんらかの影響を与えながらも、『オアスペ』の教えが広がっていかなかった理由もわかったような気がした。

その理由の第一は、この本自体が予想以上に膨大な分量があることである。おそらく『旧約聖書』

の一・五倍くらいの長さがある。一冊一二万字ほどの単行本で換算すると、一五〜二〇冊分の超大作であろう。生半可な気持ちでは、とても読み切れる分量ではない。

もう一つの大きな理由は、この本の冒頭近くで、一見すると四大宗教を否定しているように見える箇所があることだ。今まで信じていたものを否定されたら、もうそれだけで拒絶反応が起きるわけである。

さらにニューブロー自身が、決して恵まれた人生を送ったわけではなかったことも、人々の印象を悪くしたという面もある。

これは歴代、神《かん》なぎ（巫）と呼ばれる神から啓示を受け取る人々が、得てして通過しなければならない人生の試練でもある。特に非常に重要な文献を残した人ほど、大変な人生を歩むということがよく起こるように思われる。

たとえば、日本でいえば、天理教の教祖中山みき、大本の開祖・出口ナオの人生がそうであった。特に出口ナオは最初の啓示を座敷牢の中で書いたともいわれている。中山みきも、新興宗教を整理しようとする幕末や明治の人たちによって、何度も投獄されるなど大変な圧力を受けたと聞いている。

啓示者と呼ばれる人たちの中には、苦難の道を歩むタイプもいた。だから、最近のポジティブシンキングを追う人々にとっては、忌み嫌われるタイプといえるのかもしれない。

しかし優秀な画家は、絶対美を紡ぎ出すために、命を削るような大変な苦悩を経験するものなのだ。それは啓示者も同じである。

啓示には、いろいろな役割がある。中でも啓示者は、一番きつい役割を担うのではないかと思っている。それほど、肉体的にも、精神的にも負担が大きいのだ。天使たちはニューブローをダイエットさせ、菜食主義に導き、そして常に慈悲の心を持ち続けられるように、恵まれない子供たちのための施設を運営させた。施設の経営は大変だったと思う。

ニューブローの精神的な清らかさをある程度保たせるために、天使たちはあえてそういう環境を整えていったのではないだろうか。また、四大宗教に対して距離を置くという考え方が、キリスト教国に生まれたニューブローに大きな葛藤をもたらしたであろうことは容易に想像できる。

人間には宗教や思想の対立を超越する力がある

しかし、『オアスペ』をひも解き続けていけばわかるのだが、決して四大宗教自体が駄目だと言っているわけではない。四大宗教そのものも、ジェホヴィの大いなる計画の中で天使がもたらしたものであることがわかるからだ。四大宗教が後々、さまざまな対立もたらしたり、問題を起こしたりすることも、ジェホヴィの大天使たちは知っていた節がある。

というのも、人類がその対立のパズルをうまく解いて超越する、哲学的にいえばアウフヘーベン（矛盾する諸契機の統合的発展。止揚ともいう）することによって、さらに深い平和や慈愛の域に達することができるからである。他人が異なった考え方や宗教観を持つことに対する恐れや不安を超える力を、それぞれが歴史の中で育てていくことを促すために、四大宗教をあえて作らせた可能性があるように思われてならない。

そういう意味では『オアスペ』全体が、人間の考え方の違いや、人種の考え方の違い、宗教観の違い、霊性の違いなど諸々の違いに対する恐れと対立を超越するための歴史と、進むべき未来の道を説いているのだということもできる。『オアスペ』はそういった壮大な、我々の心のテストパターンを示しているのではないかとも考えられるのである。

さらにもう一つ重要な点は、なぜニューエイジの運動家たち、あるいは日本では精神世界の人たちの中に、精神世界的なことやスピリチュアルなことは好きだが、宗教は嫌いだという人たちが増えてきているのかという現象の根本的な問題点を突いていることである。

スピを好きだけど、宗教は嫌いという人たちは、交差点の真ん中からどんどん四方八方に広がっているという印象を強く受ける。彼らは、長らく続けられてきた、たとえば仏教の法事に疑問を持ったり、排他的な教義に反発したり、愛と平和を説くはずの宗教同士が対立することに疑念を抱いたりしてきた。

そもそも思想や宗教というものの窮屈さに辟易し、満身創痍の状態で精神世界に入ってくる人はとても多いのである。特に日本の精神世界運動をひも解いてみると、一九六〇年代のマルクス思想が吹き荒れた時代に、そこで対立し、傷つき、苦しみ、そしてその閉塞した世界の外側に出る恐れにあえて挑戦した若き人々が、大挙してこの精神世界に流れ込んできたのだ。

一九七〇年代には、ユリ・ゲラーがスプーンを曲げることによって、物質を超越する能力が人間の精神の中にあることを示した。「超能力」と呼ばれる力は、精神が物質をただ凌駕するだけではなくて、さまざまな思想や宗教の対立を超越する力を持つ可能性すら示されたのだ。

そうした大きな流れは、『オアスペ』に記された「コスモン時代の到来」と矛盾することはない。霊的な世界を理解して、人間の霊性を強めなければならない時代がようやくやってきたのだ。『オアスペ』は、我々がとるべき重要な立ち位置を教えてくれているのである。

霊的世界の仕組みから科学的宇宙論まで

この『オアスペ』の要約・解説本を出版するに当たっては、多くの障害があった。あまりにも長大で、一般の読者には難解な部分もあるために、出版社側が出版に及び腰になってしまうからである。そこで本書では、徹底的に『オアスペ』を読み込んで、各章の初めに「あらすじ」をつけたり、図表を多く取り入れたり、巻頭に基本概念や地球創成史、それに人類史の概略を紹介したり、巻末に用語解説や年表を加えたりするなど多く工夫を凝らした。

やや残念なのは、今回は歴史部分に焦点を当てたため、地球最古の言語であるパン語を含む言語の分類や言語史とシンボルの意味・分類を扱った第三五章の「サファーの書」や、宇宙の起源・進化論や予知・霊能力の開発法などが記された第三八章の「宇宙進化論と予言の書」を、主に図表と説明だけの触り程度にしか紹介できなかったことだ。

霊的能力の世界と物質科学（宇宙論）の世界が合体したような言語・シンボル論と宇宙・予言論の部分は、機会があれば『オアスペ』の「知識編」として、「歴史編」同様に要約と解説をつけた本、あるいは二章だけを全訳した解説本にしたいと考えている。

これまでの『オアスペ』のように、精神世界ではいまだに重要な影響を与えた、歴史的な本を世に出せないでいるケースも多い。たとえば、『デモノラトリー』という一五〇〇年代に書かれた本は、日本では依然として出版されていない。ニコラス・レミという異端審問官が魔女から聞き出した魔女の生態と秘密を記録した本だ。半村良氏が『妖精伝』のネタ本にしたともいわれている。大手出版社も何度か翻訳に挑戦しているが、担当者が倒れるなどいろいろなことがあり、出版できなかったという、いわくつきの本でもある。

翻訳できない場合は原書を原文で読むしかない。いわば本書も、抜粋の要約を解説つきで提示しただけにすぎない。本書によって少なからず『オアスペ』に興味を持たれ、かつ英語に長けた方は、ぜひ『オアスペ』を原文で読まれることをお勧めする。最初は現代語版『オアスペ』を読まれるとよい。的確な注釈つきで、文節にも明確に番号を振っており、読みやすい。明瞭な図版もふんだんに盛り込まれている。現代語版は左記のサイトで入手できるはずである。

「http://oahspestandardedition.com/（第七時代のフェイシストのホームページ）」

『オアスペ』には、霊的な世界の仕組みから科学的な宇宙論まで、さまざまなヒントが盛り込まれている。そのため、読者の世界観・歴史観・宇宙観が広がる書であることは間違いない。それらの見方を、日本でもよく引き合いに出される霊的な歴史文献であるところの「カタカムナ文献」「竹内文書」「ホツマツタヱ」「日月神示」などが伝える世界観や歴史観、宇宙観と対照あるいは比較検証をすれば、一致点や相違点が見えてくるはずだ。

相違点はそれぞれの個性であり、一致点は人類の普遍的な真理であると見ることもできる。そして、そこには必ず、人類にとって重要な真のメッセージが込められているのである。ぜひ、そのメッセージを自分の目で確かめてもらえればと願っている。

『オアスペ』要旨・骨子

第一章　タエの祈り

人間の中の無垢の声の象徴である「タエ」（子供の声）**が創造主に教えを真摯に乞う。**

「人間の生命が永遠だという証拠はどこにあるのか」「約束された天国はどこにあるのか」と。

それに対して創造主は次のように答える。

「物質的なことを学べるように、私は人間に肉体を与えた。しかし、人間が天使として霊性を高め、エーテリア界（物質にまったく縛られない霊的な世界。神界）に住むことができるように死を創造したのだ」

「私は人間に二つの感覚を与えた。一つは肉体性であり、もう一つは霊性である」

「人間は使者に頼らなくても、自分自身で物事の真実を見抜く力を持っている」

第二章　オアスペ

人間創造後の歴史が創造主によって語られる。

第一時代

知識、力、統治の能力を授けたが、人間は無力で、直立歩行もできなかった。

第二時代

天使が地上に降りて、人間を直立歩行させた。

第三時代

天使が人間を集めて、都市や国で共存するよう教えた。この時代に人間の中に、利己心や独占欲が生じた。

第四時代

人間の間で戦争を始めた。

第五時代

戦争と肉食によって人間は創造主の声を聞けなくなり、信じなくなった。

第六時代

人間は堕落し、四頭の獣（the Beast）を崇拝した。四頭の獣とは、バラモン教、仏教、キリスト教、イスラム教のことで、地球を四つに分割した。

バラモン教には七〇〇〇万人の兵士、仏教には二〇〇〇万人の兵士、キリスト教には七〇〇〇万人の兵士、イスラム教には二〇〇〇万人の兵士がそれぞれおり、殺し合った。人生と労働の六分の一を戦争に捧げ、三分の一を放蕩と酩酊に投じた。

第七時代

創造主は天使を派遣して、「人間は地球に住んで、地球を楽しむように創造された。第7時代は始まった。争いのもとである肉食の人間から、平和を愛する草食の人間に変わりなさい。四頭の獣はなくなり、地上から戦争が消える」という創造主のメッセージを伝えさせた。

また創造主は「私（創造主）以外を崇拝してはならない」と告げた。そして人間を「創造主を信奉するフェイシスト・選ばれし民」と「創造主と契約しないウズィアン（ウズ人）」という二種類に分けた。ウズ人には人数分の獣（四つの宗教）を与えた。

一八四九年ごろ、何十万人の天使が地球に派遣され、創造主とその御業について教えた（訳注：これがスピリチュアリズム運動の始まりである）。その三三年後の一八八二年に、地球の人々の復活のための創造の計画が知らされた。それが『オアスペ』である。

オアスペ（Oahspe）は地球の最初の言葉であるパン語に由来する言葉で、「O」は空または天、「Ah」は地球（大地）、「Spe」は霊（スピリット）という意味である。

第三章　人間の声

人間の声が、戦争、犯罪、貧困をはびこらせた自分の弱さを嘆きながら、その後悔の念を創造主に次のように告白する。

・王国という幻想を作って、神の名（四頭の獣）のもと、戦争に駆り立てた。

・敵を殺すことは偉大な愛国心であると教え、多くの人を巻き込んで殺し、創造物を破壊した。声は最後に、戦争、犯罪、貧困を消し去り、人間を平和、愛、美徳、真理の道に導くように語ってくれと創造主に懇願する。

第四章　ジェホヴィの書

創造主（私）がどのようにこの世界を創造したかを明らかにする。

1　宇宙を構成する要素と三つの世界

・私は、時空を超えてすべての中に存在する。「私は在る！」「私は最初であり、最後である」
・私には二つの実在がある。「強力である見えないもの」と「それ自体は無力な、見えるもの（肉体、物質）」である。
・私は、この二つの実在を通して、私自身に似せて人間を創り、男女を創造した。
・人間は風の音にちなんで私を「エ・オ・イ！（E-O-Ih！）」と呼んだ。現在はジェホヴィ（Jehovih）と発音されており、図40のように円と

図 40　創造主の名のシンボルマーク。

クロスと葉で表わされる。

・人間は見える世界を「コーパー（Corpor）」、見えない世界を「エス（Es）」と呼んだ。

・私は「エス」に「コーパー」を支配させた。

・私は「エス」を異なる密度の二つに分けた。人間はそれらを「エーテリア（Etherea）」と「アトモスフェリア（Atomospherea）」と呼んだ。

・私が創造した世界は、エーテリア、アトモスフェリア、コーポリアル（コーパー界、物質界）の三つである（訳注：人間は死ぬと、アトモスフェリアの霊として生きる。やがては人間も、エーテリアの住人として生きるようになる）。

・エーテリア界は至高の天国、自由な天国であり、アトモスフェリア界はより低い天国、束縛された天国である。

・私は、エーテリア界の材料として、もっとも希薄な「イーズ（Ethe）」を創った（18頁の図3参照）。

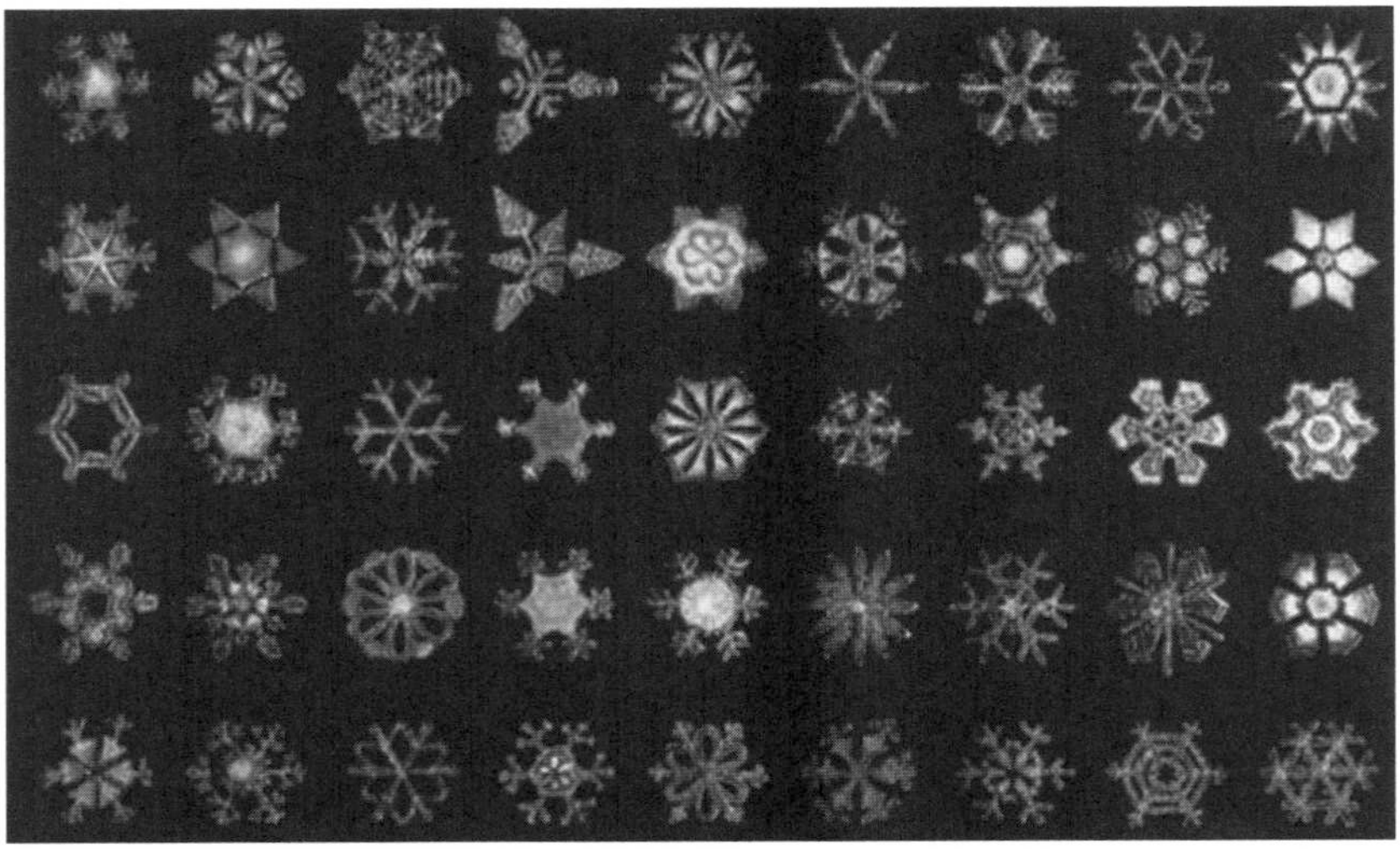

図41　雪の結晶。目に見えないエーテリア界の世界を人間が理解できるように、高い天国の多様性と壮麗さを示すために雪の結晶を観察させた。

・イーズは創造物の中でもっとも繊細な存在で、どこでも透過することができ、どこにでも存在できる。もっとも物質的な世界でも存在できる。イーズはアトモスフェリア界とコーポリアル界の両方を支配する。

・エーテリア界は至高の存在が住む場所として創造された。エーテリア界の世界は何一つ同じものがないように造られた。それを象徴するのが、雪の結晶である（図41）。

・私は、コーポリアル界の周りにアトモスフェリア界を同時に創った（図42）。

・アトモスフェリア界は、コーポリアル界とエーテリア界の中間の状態であり、無形、あるいはその形は常に変化する。

・エスの世界（目に見えない世界）には三段階の密度があり、人間は、より希薄な密度をジアイ（Jy'ay）、比較的濃い密度をアイ（a'ji）、非常に濃い密度をネビュラ（nebula: 星雲）と名づけた。

2　宇宙創造と太陽系創生の秘密

・私は、嵐の力が地球の塵を集めて一つにするように、天国の嵐の力によってコーポリアル界の恒星や惑星、衛星

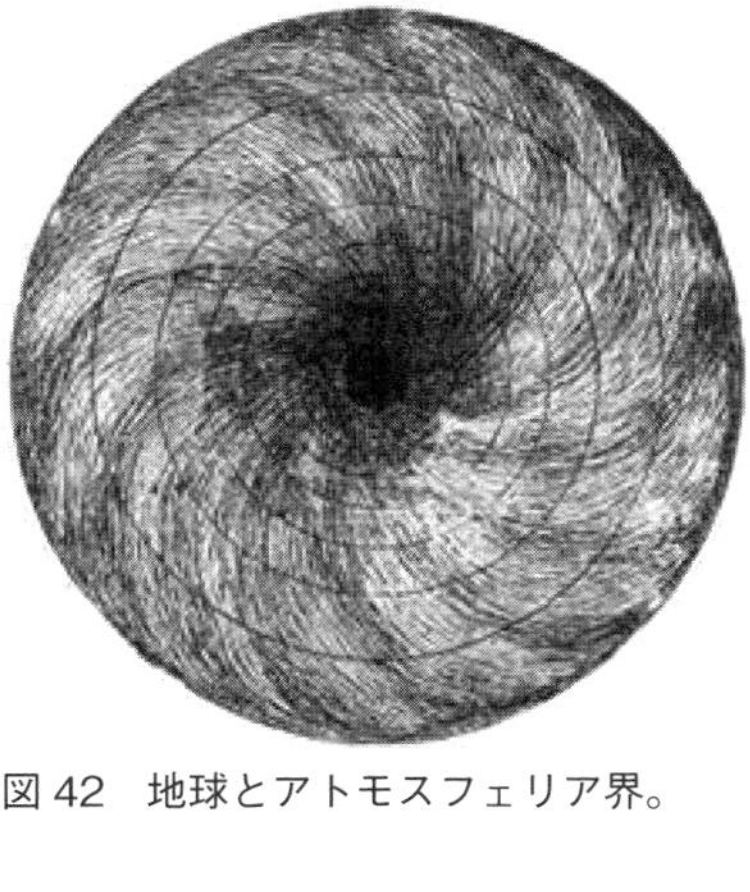

図42　地球とアトモスフェリア界。

を創造した。

・人間は、この回転の力によってアトモスフェリア界を凝縮させる「天国の嵐」のことを「ヴォルテックス（Vortex：渦巻）」と呼んだ。

・私は、ヴォルテックスの世界の回転について人間に理解させるために、土星の環《わ》のように、コーポリア界の周りのいくつかに星雲の帯と環を創った（97頁の図29参照）。

・私はヴォルテックスを最初に創り、その回転によって、ヴォルテックスが移動した空間にコーポリアル界を孕ませた。

・一般的な場合は、渦を巻くヴォルテックスが宇宙を漂い、アトモスフェリア界の材料を渦の中心に集める。すると、その材料は次第に濃縮して物質化する。

・ヴォルテックスの発達には四段階ある（19〜20頁の図4〜7参照）。

・私は、太陽を創造するために大きなヴォルテックスを創造した。その太陽のヴォルテックスに、地球や木星、土星など他のヴォルテックスを運ばせる力を与えた。つまり、巨大なヴォルテックスの中に、太陽の周りを回転する惑星のヴォルテックスを創造した（23頁の図9参照）。

・コーポリアル界の移動は、エーテリア界の動きと位置にまったく影響を与えないが、エーテリア界はコーポリアル界に成長と老化、最終的には消滅をもたらす作用がある。

・何十億もの数えきれないコーポリアル界があるように、何十億ものエーテリア界がある。

・エーテリア界を通過するコーポリアル界の光球（太陽のこと）は、エーテリア界の密度によって大きくなったり、明るく照らされたりすることがある（89頁の図28参照）。

3　天国の印と、この世界の構造

・私は、見えないものが見えるものを支配するように創造した。
・見えないものから見えるものができる様子が人間にもわかるように、雲の形成を観察できるようにした。
・私は、水を蒸気として上昇させ、一定高度に滞空させることにより、低い天国の霊（スピリット）が住むアトモスフェリア界の場所を示す印とした。
・水、熱、霊など、上昇するすべてのものが、それ自体の密度の水準、つまりそれぞれが持つ独自の水準にまで上昇し、地球のヴォルテックスにあるそれぞれの層に居場所を見つける。
・それらの層は地球全体を包むので、「停滞域（Plateaus）」あるいは「天空の領域（Spheres）」と呼ばれた（15頁の図1参照）。
・天空の領域の高度は数十キロから数万キロ以上までさまざまで、それらの領域すべてが「アトモスフェリア界」あるいは「より低い天国」、場合によっては「第一の天国」と呼ばれた。
・雲にそれぞれの階層（界層）があるように、アトモスフェリア界の材料も場所が制限された。
材料は、地球から離れればより繊細で強力になり、地球に近づけば近づくほど濃密で力は弱くなる。

・アトモスフェリア界におけるさまざまな停滞域の中で、人間の霊も、それぞれの停滞域に居場所を見つける。具体的には、生前の食事、欲望、行動など、地球での人生でなじんできた習慣に合った「第一の天国」と呼ばれる領域で、霊の形で住む（16頁の図2参照）。

・このように自分の習慣に合ったそれぞれの領域で人間の霊が住むのは、人間が過ちを犯さないように、似た者同士が引き寄せ合うように万物を創造したからである。

4 コーポリアル界（物質世界）の周期と星の一生

・私が創造したすべてのコーポリアル界（物質世界）には、幼児期、生殖期、老年期、死期がある。

・ヴォルテックスが蒸気を運び、蒸気が凝縮するにつれてその摩擦で熱が生じる。その熱が溶けて、「天国の火球」となると、私がその火球を新しく生まれた世界に置き、軌道に乗せる。これが幼児期である。

・次に私は、生き物を生み出す機が熟したので、その火球を「セム（se'mu）」に持ってくる。セムとは、土、空気、水、熱、濃縮されたアトモスフェリアを混ぜ合わせたコロイド状の物質である（100頁の図30参照）。

・そこで私は動物界と植物界をその惑星に与える。これが生殖期である。

・次に「オトゥ（ho'tu）」と呼ばれる不毛、不妊の時代に入る。生命を誕生させる時代は過ぎたからだ。老年期である。

・最後に「アドゥ（a'du）」と呼ばれる死期に入る。そこでは何も誕生させることはできない。そして、物質の第四次元ともいうべき力である「ウズ（uzu）」が訪れ、かつて火球だったものは見えない領域に連れ去られる。

・このようにして、私は太陽、惑星、衛星を創造し、消滅させる。

・コーポリアル界には周期がある。

・植物が好例だ。私は大地から木を育て、果実を生み出す時間を与える。そして、不毛の時間が続き、死が訪れ、最後には消滅する。古い土地は枯渇するが、私は肥沃な土壌と新しい土地を準備して生命を誕生させる。

・動物界も例外はない。マンモスや恐竜の大きさに人間が驚く必要はない。かつてそのような時代があったということだ。それは微生物の世界でも同様である。

5　地球創生期の真相

・私はふさわしい時期に、地球に前出の「セム」を大量に降り注ぎ、私の存在によって、生きとし生けるものすべてを活性化した。それがセムの時代である。

・人間がセムの時代を理解できるように私は、セムが存在した印として、クラゲと緑の藻類をいつの時代にも現れるようにした。

・私は一つ一つの生き物をすべて、種子なしで、独自の種類のみから創造した。決して、一つの動物が変化して別の動物になるということはない。

・より希薄な密度であるジアイの中に地球がいるとき、地球は氷河期で、周囲の星雲であるムハク(m'ha'k)が地球の地殻を壊して隆起させ、山脈を形成させた。この氷河期に地球の軸はぶれて、北が東になり、南が西になった(100頁の図31参照)。

・星雲がもたらしたヒアーティ(Hyarti)によって、地球は暗くなり、一三〇年間闇の中にいた。これがヒアーティの時代である(101頁の図32参照)。

・私は、暗い領域から地球を取り出して、エーテリアル界の光を地球にもたらした。これがエックスサージス(X'Sar'jis)と呼ばれる、セムの時代の終わりである。この時代において、動物の創造が完了した(101頁の図33参照)。

6　人類の創生の真相

・私は木に生命を与え、人間には生命と霊(スピリット)を与えた。私が創造した霊は、肉体の命とは別のものである。

・コロイド状の物質セムから、私は人間を創造した。私はその人間を「アス（Asu）」と呼んだ。アスを表わすペルシャ語は「アダム（Adam）」である（31頁の図12参照）。

・私が創造した広い天国には、地球が創造される前に存在していて、他のコーポリアル界で亡くなった何百万人もの無数の死者の霊が散見された。

・私がそれらの霊に、「私は新しい世界を創造した。来て、新しい世界を楽しみなさい。他の世界との関係を、その新しい世界で学びなさい」と呼びかけたところ、地球の行く手に無数の天使が現れた。彼らの多くは、コーポリアル界の人生をまっとうしたことがなく、幼年期に亡くなった天使たちであった。

・私は地球に舞い降りた天使たちに言った。「地球の最初の人類アスを闇から救済しなさい。なぜならアスも霊的に進化し、やがては私のエーテリア界を引き継ぐことになるからである」

・そこで天使たちは、地球の構成要素を用いて、自らの意志力によって肉体をまとい、アスのそばに現れた。

・私は肉体を持った天使たちに言った。「地球上にあるすべてを食べてもいい。だが、生命の樹の果実は食べてはならない。というのも、それを食べると（訳注：比ゆ的に生殖行為をすることと思われる）、元いた天国のことがわからなくなってしまうからである」

・ところが、天使たちの中で肉体や物質のことを学んでこなかった者たちは、叡智が不完全であったために、私の言葉を理解しなかった。彼らはアスとともに住み、誘惑されて生命の樹の果実を食べた。そして彼らは、生身の裸を知った。
・天使が果実を食べたことにより、イヒン（I'hin）と呼ばれる新しい人種がアスから生まれた。
・こうして地球のセムの時代は終わりを告げ、天使たちは肉体を手放した。私は天使たちに、生まれた新しい人間（イヒン）の守護天使になるように告げた。

7　地球の周期と、地球の神、統治者

・人間が天国で私の天使団から証を受け取る「ダンハ（dan'ha）」（大いなる光の時代）は、ある時代、ある時期になるとやってくる。
・太陽系が描く軌道を一周するのに四七〇〇万年かかる。私はその軌道上に三〇〇〇年間隔でエーテリアの光を置いた。
・その光がある場所を地球が通過するときは、第二の天国（エーテリア界）から天使がコーポリアル界に現れる。天使は、数百、数千、数万人単位の諸集団として現れ、「至高のエーテリア天使団」と呼ばれる。
・私の「偉大なる蛇（great serpent）」（訳注：太陽を蛇の頭にたとえた太陽系の密集集団。太陽系の惑星がとぐろを巻く蛇、あるいは胴体をくねらせる蛇のような形に配置されることから名づけられたとみられる）の光を見るとき、心ある人間は、天使団の到来と、新たなる創造が始まったことを知る（図43）。

・私は、人間とともに地球に残った天使たちに次のように言った。「（アスと交配して）息子と娘ができたのだから、あなた方はより低い天国の束縛された霊となった。あなた方は、彼らを救わない限り、再び上昇して私の天国を継承することはできない」

・さらに神は束縛された霊に言った。「私はあなた方を咎めない。というのも、あなた方は物質的なことを学ぶことによって、コーポリアル界の人間をよく理解、共感し、かつ永遠の生命を持つ可能性のある人間を地上に満ちさせたからだ」

・私は、地球の天使と人間を統治する首長（Chief）を選んだ。首長は天使の中から、「高官(officer)」、「使者（messenger)」、「アシャール（ashar)」（人間の守護天使)、「アサフ（asaph)」（亡くなったばかりの霊の守護天使)、「エスエナウ(es'enaur)」（天の歌手・音楽家）を任命した。

・首長は「神（God)」と呼ばれ、ホアド（Hored）という「神の最初の王国」に玉座を持ち、会議を主宰する。

・ホアドは、後に「パン大陸（the continent of

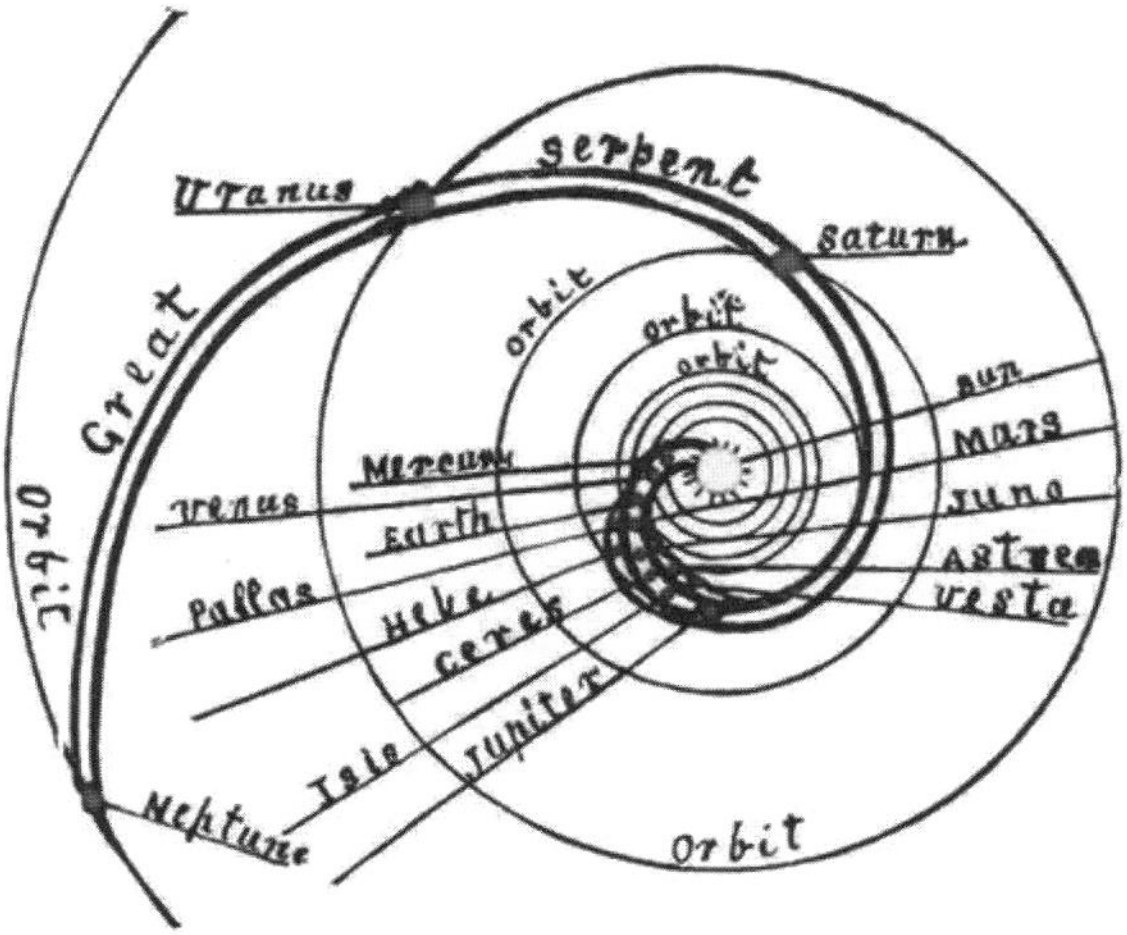

図 43　偉大なる蛇と軌道。

Pan)」と呼ばれる国の、ウル（Ul）の東のウゴクイにあるアオタン山脈の上方に存在した（26頁の図11参照）。

・神は地上で人間とともに住む「諸首長（Chiefs）」を任命した。彼らは土地の神々として「氏神・鎮守の神（Lords）」とも呼ばれ、任期は、地球にもたらされる「ダン（dan）」と呼ばれる光の領域に応じて、二〇〇～一〇〇〇年以上となっている。ただし任期が三〇〇〇年を超えることはない。

・任期が終わると、首長（神）と諸首長（統治者）は、第一の天国（アトモスフェリア界）にすべての天使を集める。そして第二の天国（エーテリア界）に上昇するのに十分なほど霊的に成熟した天使は、ジェホヴィの花嫁、花婿と呼ばれる。

・ダンの時代に、私はエーテリア界から神と統治者たち、それにジェホヴィの花嫁、花婿たちのために船を派遣する。彼らは、私のエーテリア界の神々や女神たちによって、その船で彼らのために準備した高貴な領域に運ばれる。このとき高貴な領域に運ばれる者たちは、「私への収穫（Harvest to Me）」と呼ばれる。

・収穫は、地球がダンの領域に入る周期、すなわち二〇〇、四〇〇、五〇〇、六〇〇年の小さなサイクルでなされる。そのとき私は、私の僕《しもべ》に予言表を渡すのである。

・神と統治者たちの後継者は高官から選ばれる。

8　天使たちの役割と記録

・人間の守護天使であるアシャールは、それぞれの人間の知恵と善行の等級の記録をつける。その人間が死ぬと、人間の霊はその記録とともに、別の守護天使であるアサフに届けられる。アサフは記録に従って、亡くなったばかりの霊たちをその等級に応じた天国へと送る。

・それぞれの天国の送られた霊たちは、私が創造した「復活の場所（the place of resurrections）」に応じて、仕事を課せられ、学校に行かされる。

・首長と諸首長は、自分たちの統治についても記録し、彼らの後継者もまた同様に記録を永遠につけさせられる。

・それらの記録のコピーは、エーテリア界に取り込まれ、エーテリアの住人である「オリアンの天使長たち（Orian Chiefs）」と「大天使（Archangel）」によって保管される。

・人間の守護天使であるアシャールを追い払い、人間を戦争と破壊へといざなう天使もいる。その数は、数万人、数億人である。しかもその天使たちは、天国のいたるところで戦争と悪をはびこらせる。これがいわゆる地獄と呼ばれる場所である。

・戦争で殺された人間の霊は、混乱状態でエスの世界に入り、死んだことにも気がつかずに、やみくもに戦い続ける。

・私は、天使と人間が天国と地球のことを理解し、愛と不幸の試練を知ることができるように、このような可能性の世界を創った。私が創造した善悪の両極端を知ることなしには、叡智は身につかないようにしたのである。

・しかし私は、地球と天国を襲う闇の時代には、地球に大いなる光の時代であるダンハをもたらすことにした。光の時代には、エーテリア界の住人がやってきて、彼らを悪から救い出すだろう。

・私は天使たちに言った。「あなた方が天国から天国へと船で移動するように、地上の人間たちにもインスピレーションを与えて船を建造させ、航海させなさい。それは地球の異なる地域の住人が知り合えるようにするためである」

・地球の移住が完了して、東西の市民交流が成し遂げられたとき、私は「コスモン時代（the Kosmon era）」を地球にもたらす。そのとき「天使の御使い（angel ambassador）」、神々と女神たちは、天地創造や神々の統治の歴史である天の王国の記録を明らかにするであろう。

第五章　セザンテスの書

人類創造後の第一のサイクル（約七万二〇〇〇〜六万九〇〇〇年前）**の地球の最初の神である大天使セザンテス**（Sethantes）**が、地球と人類の歴史を語った書。初めて生まれた**（肉体が滅んだ人間の）**霊をどのように扱うか試行錯誤したことや、セザンテスが「神の船」に乗って、パン大陸など地球の**

五大地域を視察したことなどが書かれている。

地球の天国（アトモスフェリア界）の「第一の神（First God）」に就任したセザンテスは、地球のパン大陸の上空に天国ホアドを設立、そこで会議を開き、五大地域を担当する首長（氏神、鎮守の神）を決めた。その五大地域とは、担当の首長の名前から名づけられた「ワーガ（Whaga）」（パン）、「ジュド（Jud）」（アジア）、「ザウリ（Thouri）」（後のグアタマすなわちアメリカ）、「ヴォフ（Vohu）」（アフリカ）、「ディス（Dis）」（ヨーロッパ）であった。

人間が亡くなって霊（スピリット）として生まれると、その霊は天国の新生児を意味する「エスヤン（es'yan）」と呼ぶことや、人間が生きている間は守護天使であるアシャールがその人間を守り、人間の死後、アシャールはそのエスヤンを生命の記録とともに、亡くなったばかりの霊の守護天使であるアサフに引き渡すこと、エスヤンはその後、霊年齢で五〇歳になるまで地上の親族に会えないことなどが決められた。

ホアド設立から一〇〇年が経ち、セザンテスは地上の五大地域を視察するため「神の船」に乗って、それぞれの地域を訪問、担当首長（氏神）たちにそれぞれアドバイスを与えた。

ホアド設立から一三〇年、地球はまだ満ち足りているとはいえなかった。そこで、地球の低い領域を覆っている大気を浄化して、人間の住む場所を増やすため、ジェホヴィの意志によって、火、硫黄、鉄、リンが五つの大陸・領域を含む地球に降り注いだ。

事前通告があったことから、セザンテスはそのことを諸首長（氏神）に連絡。諸首長は守護霊のアシャールを通じて天のことをよく知る人間（イヒン）に伝達して、破壊される場所から人間を退避させた。その結果、誰も亡くならなかった。だが、アスの多くは焼死した。

ホアド設立から二〇〇年、三〇〇〇万人を超える人間の霊が救済され、第二の復活を遂げた。彼らは地球の「最初の収穫」として、エーテリアの火の船に乗って、エーテリア界へと旅立った（21頁の図8参照）。

セザンテスはエーテリア人の副神ハジャに地球の神の座を譲った。ハジャも責務を果たし、多くの人間を救済した。

その後、地球の神は地球出身の天使が担うことになったが、エーテリア人に比べエスヤンを甘やかした。地球出身の神と諸首長は、人間の親族に戻ることに共感して、エスヤンに好きにさせたのだ。このためエスヤンは、他者のために働くことを学ぶことによって高い領域への自分の「復活」を目指す天国の労働者とならずに、天国の怠け者・放浪者となった。地上の親族が亡くなると、彼らにも自分と同じように地上の親族と暮らすように説得した。

地球の神は、自分たちの寛容さが天国を混乱に陥れていることに気がついたが、遅きに失した。天国の怠け者たちが、地球の天国の教育と産業のいたるところに出没して、「他者のために精を出して働いても意味がなく、自由になって自分のために生きろ」と、他の霊たちを説き伏せるようになったのだ。

このようにして、少しずつ、地球の天国は堕落し始めた。

第六章　最初の諸首長の第一の書

セザンテスが地球の第一サイクルを担当したときの地球の天国の首長たち（氏神たち）の書。彼らは地球の人間種がどのように生まれ、交配し、暮らしたかを語っている。

最初の人類は「アス（Asu）」。次に天国の天使が地上で肉体を持ち、アスと交流したことによって生まれたのが「イヒン（I'hin）」。イヒンとアスが交流することによって生まれたのが「ドルーク（Druk）」。アスは八〇〇〇年間で滅んだ。そのうちイヒンらと共存した期間は二〇〇〇年であった。

ドルークには、戦争を意味する「血の影（the shadow of blood）」の烙印が押された。今日生きている人間はみな、イヒンとドルークの子孫である。戦争を行なう者たちは、イヒンの血統よりも、ドルークの血を濃く受け継いでいる。だが、ドルークの人種と血統は、未来に起こることに備えて人類を肉体的に強化するために必要だったのである。

しばらくすると、食糧問題に端を発してイヒンとドルークの間で戦争が発生、全世界に広がった。地球の首長（氏神）は争いに疲れたイヒンに言った。「ドルークの中にも、あなた方を見て学ぶものがいる。彼らが学べるように彼らと交流し、あなた方は正義の手本として地球で暮らしなさい」

氏神の言葉に従ったイヒンはドルークと交流して、交配。それにより、新しい部族「イフアン

(I'huan)」が生まれた。

ドルークの血が入っているイファンだが、イファンはドルークを憎み、復讐心から彼らを狩り立てた。イファンによる虐殺行為を見た地球の神は、イヒンを介してイファンに次のように伝えさせた。

「生命を創造されたものを誰も殺してはならい。というのも、それは首長（氏神）が作った掟だからだ。あなた方（イファン）が虐殺すればするほど、復讐心を抱いた霊で天国はいっぱいになる。それらの霊は、あなた方に報復し、やがてイファン同士で殺し合うようになるだろう」

しかしながらイファンは、この言葉の意味を理解せず、信じることもなかった。そして、深い闇が地球を覆って、少数のイヒンを除く人間は、生涯を邪悪に捧げるようになった。彼らは、首長（氏神）の声を聞かず、神について知ろうともしなかった。

疲れ切った地球の首長たちは、地上を離れた。これによって雲は地表を覆い、月は輝かず、太陽は赤い石炭の火のようになった。「収穫」は失敗に終わり、飢饉が訪れた。怪物、ヤク、ドルークは、数千万人が次々と亡くなった。地球の首長らから霊感を受けていたイヒンは、飢饉に備えていたため無事であった。イファンも、ドルークや怪物ほどは深刻な被害を受けなかった。

第七章　アーショングの書

人類創造後の第二サイクル（約六万九〇〇〇～六万六〇〇〇年前）を担当したエーテリア界の副天使長アーショングの書。アーショングは、肉体が滅んでも地球の天国に上昇することなく、地上の親族らのところに留まろうとするドルジ／ドルジャ（闇の霊）を地上から追放して別の場所で教育するなど、劣化し始めた地球とその天国の建て直しに取り組んだ。

地球救済のためにジェホヴィによって派遣されたアーショングは、闇の霊（ドルジャ）以外の霊が安心して定住できるよう地球の天国を一新した。その一方で、地上にいるすべての悪霊や浮遊霊、そして闇の霊を集めて、アトモスフェリア界に連れてきた。その数は九億人だった。

彼ら（悪霊、浮遊霊、ドルジャ）は、エーテリア界の天空で物質世界を持たずに単独で回転・移動するアトモスフェリアのヴォルテックスに運ばれ、そこに住まわされた。アーショングは、彼らがいずれジェホヴィの王国の一員になれるよう、エーテリア界の神や首長、執事らをそこに派遣して、彼らをしつけ、教育させた。これにより、地球とその低い天国は浄化された。

アーショングは七年と六〇日が過ぎて、ダンハの夜明けの終わりが来たとき、地球生まれの天使の中から次の神や諸首長を選び、ジェホヴィの名において地球とその天国を統治させた。

その後、二〇〇〇年間は地球の天国から「収穫」すること（第二の復活。エーテリア界の霊になること）ができたが、六回目を最後に、収穫は途絶えた。誰もエーテリア界の天国で生きるだけの十分な階級に至らなかったからである。

そのころ、地球のアトモスフェリア界で戦争が勃発し、何千、何万人という天使たちが戦い合っていた。地球の各地域とそこに住む人間を占有しようと、何百万人もの天使たちが戦いに出かけた。戦いに取り憑《つ》かれた天使たちの影響を受けて、人間も戦争へと駆り立てられ、自分たちの都市や国を破壊した。

再び神と諸首長の王国は無力化し、第二サイクルの終わりには、六〇億人の天使が地球のアトモスフェリア界にいたが、ほとんどが闇の中で、自分が何者で、どこに住んでいるかもわからず、他に天国が存在しているかどうかも知らず、また気にかけることもなかった。

第八章　諸首長の第二の書

アーショングの時代の地球の天国の首長たちの書。人間の依存癖と、うぬぼれの周期性について書かれている。

地球の首長（氏神）は長い間、人間に寄り添って復活の道について教えてきたが、人間はあらゆることで首長に依存するようになった。そこで、人間が自分で成長することができるように、首長は一時期、人間から離れることにした。ところが人間は、安楽と肉欲におぼれ、堕落してしまった。首長は人間のところに戻ってきて、人間を育て直した。首長によって叡智、平和、美徳をもたらされた人間は有頂天となり、首長に守護者は必要がないと告げた。

そこで首長は、もう一度人間から離れることにした。すると、人間はますますうぬぼれるようになる。人間の部族はお互いに征服しようと目論み、戦争と破壊が起きた。

この惨状を見た地球の神は、「人間よ、私の声を聞きなさい！　首長の声に耳を傾けなさい！」と人間に向かって叫んだ。

しかし人間の落ちた闇は深く、神の声も首長の声も彼らには届かなかった。首長は人間に天使を送り込み、人間の理解を得ようと試みた。ところが、天使も闇に溺れ、人間を闇から救い出せなかった。手の施しようがなくなった首長は、地球から離れていった。

地球上で人間は、増殖しすぎたゆえに枯れ腐った収穫物のようになった。

第九章　十六サイクルの概要

第一サイクルを担当したセザンテスから、第一六サイクル（約二万七〇〇〇～二万四〇〇〇年前）を担当したネフまでの十六サイクル、約四万八〇〇〇年の歴史の概要が書かれている。

どのサイクルも最初はエーテリア人らによって地球とその天国は浄化・救済されるが、時が経ってサイクルの終わりごろになると、必ず人間と地球の天使たちは堕落した。そこでジェホヴィは、エーテリア界の大天使や天使長を招集して、腐敗したパン大陸を破壊し、地球とその天国の大改革に乗り出すことを決めた。

第一〇章　アフの書

第一七サイクル（紀元前約二万三一五〇〜同一万九五五〇年）**を担当したジェホヴィの息子アフと、アフの友人フィアティシによる天国の記録。約二万四〇〇〇年前にジェホヴィの命令によってワーガ（パン）大陸が水没したことについて詳しく書かれている。**

この時代は大洪水の時代と呼ばれた。パン大陸の破壊と水没によって、地上に巣食っていた闇の霊たちは集められ、別の場所で再教育を受けた。

船で難を逃れたイヒンたちの船団は四つに分けられ、地球の四つの異なる地域、「ジャフェス（Jaffeth）」（中国）、「シェム（Shem）」（インド）、「ハム（Ham）」（エジプト）、「グアタマ（Guatama）」（アメリカ）に運ばれた。このとき船団の中の二隻の船を、沈没を免れた「パン大陸の北の地」（編注：日本列島のこと）に運ぶことが許された。その二隻の船が、いつかしかるべきときに（パン大陸が存在した）

証明となるからであった。

地球とその天国の大改革によって、地上も天国もしばらくは繁栄した。だが、地球が再び宇宙の闇の領域に入ると、高い天国（エーテリア界）の光は地上と天国に届かなくなり、再び人間は堕落した。

第一一章　諸首長の第一の書（編注：パン大陸沈没以降の首長たちの第一の書）

アフと同時代の地球の天国の首長たちによる書。アフの書は地球の天国について、諸首長の書は地球についての書である。

天国の働きを解き明かすカギを握った種族として、二隻の船のイヒンたちが、沈没したパン大陸の残骸である「ザパン（Zha'Pan）」（日本）に漂着したことが記されている。

第一二章　スーの書

第一八サイクル（紀元前約一万九五五〇～同一万六三五〇年）**を担当したオリアンの天使長スーの書。スーは六年間、地球とその天国に滞在して、主に地球の天国を改革した。**

地球の天国では、偽の神々や首長たちが跋扈《ばっこ》していた。彼らは闇の霊やフェタルを奴隷として使役していた。偽の神とは、虚栄心に満ちた利己的な神のことである。

スーはエーテリア人の素晴らしさを見せつけることで、偽の神たちに宝石、王冠、装飾品を手放させ、とりわけ利己心を手放させた。

こうしてスーは、六年間で一〇億人の霊をエーテリア界に送ること（収穫。すなわち第二の復活をさせること）ができた。

その後、しばらく「収穫」が続いたが、やがて収穫は減少。深い闇が地球とその天国を覆い、再び人間と天使（霊）はエーテリア界のことをわからなくなった。

第一三章　諸首長の第二の書

スーと同時代の地球の天国の首長たちによる書。パン大陸沈没後のイヒン、イフアン、ドルークのことについて書かれている。

イヒンが約二万年後（編注：大雑把にいうと、西暦ゼロ年ごろ）までに滅び、イフアンがイヒンの後継者になることをイヒンは首長（氏神）から告げられる。

イフアンは多産な民となり、あらゆる地域で急速に広がった。イフアンは二〇〇〇年間、繁栄して、多くの国で強くなった。しかし、時が経つにつれ、イファアンはお互いに戦争を始めた。そして、神の掟をもはや守らず、ドルークと交わり、闇の子孫を輩出した。

第一四章　アポロの書

第一九サイクル（紀元前約一万六三五〇〜同一万三五五〇年）を担当した、地球（パン大陸）生まれのオリアン人の天使長アポロの書。

アポロは人間の体を均整のとれた形に変え、人間に調和、対称性、音楽を賛美させた。その一方で、地上では王と王女がアポロに対する偶像崇拝をやりすぎて、人間は奇形や手足の不自由な子供たちを殺し始め、人間の悪を天国にももたらした。

第一五章　諸首長の第三の書

アポロと同時代の地球の天国の首長たちの書。イヒンとイファアンの関係について書かれている。

イファアンは部族同士、国同士で戦争をした。イヒンの祭司の言うことも聞かなくなった。首長（氏神、鎮守の神）は、長い間イヒンを通して預言を与えてきたが、これからはイファンの間に預言者を育てることにした。

イファンの女性がイヒンを誘惑、より均整のとれた子孫を産んだ。これらの子孫は、預言の才能と、天国の天使のビジョンを見たり、声を聞いたりする才能を持つようになった。そして彼らは、より均整のとれた人間を意味する「オングウィー（Ongwee）」もしくは「ガン（Ghan）」と呼ばれた。

第一六章　ソー（トール）の書

第二〇サイクル（紀元前約一万三五五〇～一万〇三五〇年）を担当した、オリアン人の天使長ソーの書。

地球の天国では、再び偽の神と偽の首長（氏神）がはびこるようになった。ソーは問題点を理解し、偽の神たちに自らの魂の声を聞く訓練を毎日するように告げた。

偽の神たち（闇の天使たち）が学び方を教えてくれる指導者を欲したので、ソーは教師と神律に厳しい者たちを彼らに割り当て、エーテリア界にアジの住み家の共同体を造り、そこで彼らを教育した。多くの闇の霊たちがそれによって救済された。

しかしながら、偽の神や首長は再び、地球の天国と人間の各都市で自分たちの王国を建て始めた。

彼らは自らをソーかアポロと名乗った。

深い闇の領域が来たので、霊たちの魂は、迷信と闇でいっぱいになった。霊たちは無為に時を過ごすばかりで、天国や地球のために役立つことを何もしなくなった。

第一七章　諸首長の第四の書

ソーと同時代の地球の天国の首長たちの書。人間が知識を書き記し、書物にするようになったことなどが書かれている。

祭壇と神殿、偶像と像、描いた印と彫った言葉によって、一世代の知識が次世代に伝承できるようになった。

ジャフェス（中国）、シェム（インド）、ハム（エジプト）の地には何百万人ものイフアンとガンが居住していた。神のインスピレーションを受けた、三つの国の各男女約二〇〇〇人のグループはそれぞれ他の二国に旅立った。

四年間の旅で、三つのグループはそれぞれの目的地を訪ね、お互いの書き言葉と話し言葉を学んだ。そして彼らは、自分たちを「ノウのアーク（the arc of Noe）の三人の子供たち」と呼んだ。これが、『旧約聖書』「創世記」に出てくる「ノアの三人の息子」の起源である。

現地に二年滞在した三カ国のグループは、四年後に生まれた国に戻った。しかし、途中、約六〇〇〇人の旅人のうち、一〇部族の計三八六人が行方不明になった。中国、インド、エジプト、ペルシャで、はるか昔に神の選びし民が古代の同胞を探して長旅に出て、一〇の部族が荒野に消えたという伝説（失われた十部族）が残っているのは、このためである。

だが再び、闇が人類種を襲った。彼らのうち数百万人は原始状態に戻った。そして、闇の天使が地球にやってきて肉体を持ち、人間と住み、おぞましいことを実践した。地球の土地は闇に覆われて、太陽は長期間、明るく輝くことはなかった。

第一八章　オシリスの書

第二一サイクル（紀元前約一万〇三五〇～同七〇五〇年）**を担当したエーテリア界の神オウシア**（オシリス）**の書。人間を偶像崇拝**（アポロやソーの偶像化）**から離れさせ、科学者にさせるためにオシリスはやってきた。これにより人間は、認識能力、知的能力、推理能力などの能力を大いに発達させることができた。**

地球は無政府状態になり、偽の神々と首長たちは戦争で地球の天国を奪い合っていた。ジェホヴィの命を受けたオシリスは、偽の神々や諸首長を次々と征服し、約七八〇人の偽の神の王国を粉砕した。

偽の神々はすべて捕えられて、オシリスの玉座の前に連れていかれた。そこで偽の神々であった神々は、以前持っていたすべての臣民とともに新たに用意された王国の神として、臣民たちを奴隷ではなく、救済する目的で教育や仕事に就かせるように命じられた。その際、四年間、エーテリア人が副神として彼らをアドバイスすることになった。

一方、地上ではイフアンやガンが世俗の知識を得るのに全力を注いでいた。悪霊や闇の霊にそそのかされて、自分の命を霊的な成長につながらないことに浪費していた。そのため、彼らは亡くなって天国に入ると、容易に悪霊の奴隷になることがオシリスの視察によって判明した。そこでオシリスは、偽の神に頼らず、星々や太陽の運行を観察して収穫や種蒔きの時期を知る方法を教えた。

オシリスは、「私は今、地球に新しい人種（物質的知性と物質的判断力を備えたオングウィー、ガン）のための基礎を築いている。ガンの親族から物質的知識と霊的知識の両方をもったコスモンの子孫が生まれる。物質的知識だけを持つ者は、その知識ゆえに栄え、その知識ゆえに落ち、そして滅亡する」と予言した。

さらにオシリスは、星々の物質的知識に根拠を与え、星々に名前をつけさせた。これによって人間は、季節を予想し、飢饉を避ける知識を授かった。

第一九章　諸首長の第五の書

オシリスの時代の地球の天国の諸首長の書。シェム（インド）族によるヒンズー教の教典の原型が語られるようになり、首長たちは人間に星々、太陽、月について教え、地球の時間と季節を見つける方法を教えた。

地球の首長は、人間にイヒンの生き方を見習わせて、産業、平和、正義へと導いた。それを実践したのが、日本にいたイヒンたちであった。日本に漂着した一〇〇〇年後にはイフアンと混血して、イヒンとして識別することができなくなったが、それでも彼らは、野蛮人（イフアン）を救い、叡智と平和に導いた。

一方、その他の地域では、地上の王と女王は天文台「星の神殿」を持ち、神殿の神の部屋には占い師（予言者）が配置され、占い師は王に種まきや収穫の季節と時間を知らせた。

人間は、織物、書物、数学、法律、航海術、化学、植物学を発展させ、望遠鏡や顕微鏡も発明した。そして、人間は地球の神と首長（氏神）に感謝しなくなり、うぬぼれるようになった。人間は実際、神も首長もジェホヴィも崇拝しなくなり、星々を崇拝するようになった。

第二〇章　フラガパッティの書

第二二サイクル（紀元前約七〇五〇～同三九五〇年）を担当したオリアン人の天使長フラガパッティの書。「復活の光の後継者」であるザラザストラ（ツァラトゥストラ）が救世主として地上にもたらされたことや、フラガパッティが堕落した地球の天国（地獄）を救済した話が書かれている。

フラガパッティが地球の神に赴任する前、地球ではイフアンによる強い国パーシェ（後のペルシャ）が興り、太陽都市オアスを造った。

オアスを治める王は太陽王と呼ばれ、オアスは全世界で知識だけでなく、力と統治においても地球の中心となることを望み、軍隊によって征服と破壊、収集と略奪を繰り返した。ジャフェス、シェム、ハムの地が人間の血で赤く染まり、パーシェ国では、霊が存在するとは誰も信じておらず、創造主を賛美することを禁じていた。

フラガパッティは、着任するとすぐに地球の天国を視察。そこで出会った比較的高い天国の神である「事なかれ主義」のホアブを説得、ホアブの力を使って地球の低い天国（地獄）を救済することに成功した。

一方、ジェホヴィを信じなくなった人間に、罪と闇よりも美徳と真理のほうが素晴らしいことを証明するため、「復活の光の後継者」であるザラザストラが、ジェホヴィの計画により救世主として地上に誕生した。フラガパッティはザラザストラに、人間の人生の法則、主神の教え、信仰、懺悔、賛美、預言、あらゆる高潔な才能、奇跡の力、霊が肉体に勝ることについて書き留めさせた。それが、人間に与えられた、ジェホヴィの教えを伝える最初の「聖書」であった。

そして計画通り、ザラザストラの「死と復活」が実行され、ザラザストラは人間の肉体の死が決して霊的な死ではないことを示すために死後、大勢の人の前に人間の姿で現れた。そして自らが上の天国に上昇していく様を見せることによって、人間が霊として復活していくことを人々に理解させた。

フラガパッティは五年と五〇日間で、地球の天国に秩序をもたらした。次の地球の神にはホアブが選ばれた。選ばれた神々による新しい天国の会議『ディーヴァ（Diva）』が発足、そこで決まったことは『神法（Divan Law）』と呼ばれ、絶対的な法とされた。

第二一章　神の言葉の書

フラガパッティと同時代の地球の神の統治についての書。ジェホヴィの言葉を人間とともに確立するため地球に最初に降り立った神（サマティ）のことについて書かれている。

紀元前約七〇五〇年、ペルシャに神の目的のために救世主ザラザストラが現れた。ペルシャとインドは当時、学問において最高峰であった。サマティの啓示を受けてザラザストラがもたらしたゾロアスター教は、現代の仏教とキリスト教の枠組みと基盤に散見される。

イヒンとイファアンの娘らをかけ合わせること五世代。六世代目にスーイス（霊的なことを理解・知覚する力）とサージス（物質界に影響を与える力）の能力を持つザラザストラがパーシェ（ペルシャ）の首都オアスで生まれた。幼児のころからイファア・マズダ（イファアン人種の神の意。ここではサマティのこと）の言葉を語った。

七年間、イヒンと暮らしてジェホヴィの教えを学び、「神の掟」（イファア・マズダ法、オルマズド法、ゾロアスター法）を書き留め、人間のために作られた最初の神聖な書物である「聖書」を完成させた。ザラザストラはその神の掟を教えるため、パーシェだけでなく、ジャフェス(中国)、シェム(インド)、ハム（エジプト）を旅して神の言葉を説いた。彼が約四年後に再び首都オアスに戻ったとき、オアスの門番ジューダス（ユダ）の裏切りなどもあって捕まり、パーシェの太陽王ポンヤーの命令で処刑されることになった。

ザラザストラは逆さ吊りの刑で処刑されたが、ザラザストラの肉体が滅びる前に、彼の預言通りに王の神殿は落雷によって真二つに裂けて崩れ落ち、太陽王も群衆によって殺された。

肉体が滅んだザラザストラは、サージスの力を使って、ゾロアスター教の信奉者の前に生前の姿で現れた。そして、この世界には霊的な世界が存在し、人間は死後も体から離れて霊として成長するのだと説いた。彼は三昼夜にわたり弟子の前で説教をして、弟子はその言葉の内容を書き留めた。

四日目の朝、ザラザストラは「火の船」に乗って、上の天国へと昇っていった。

第二二章　神性についての書

フラガパッティが地球を担当したサイクル（三一〇〇年間）における、アトモスフェリア界（地球の天国）での神の働きについて書かれた書。

ザラザストラがサマティ（イファア・マズダ）とともにもたらしたオルマズド法、イファア・マズダ法、ゾロアスター法は、地球の天国でも「神法」となった。

霊（天使）の掟が次々と天国の会議「ディーヴァ」で決められていった。地上ではゾロアスター教の力があまりにも強かったので、戦争は終わり、部族と国々は一緒に平和に暮らすようになった。

しかし、地球の神ホアブの統治が終わると、人間は霊の世界のことばかり考えて怠惰になり、物質界は雑草が生い茂る、放置された農場のようになった。そこへジアイの闇の領域が地球にもたらされ、地球とその天国は堕落していった。

紀元前五八五〇年ころには、地球の天国でジェホヴィを拒絶する首長（氏神）が現れ、自らを至高のマスターである「アフラ」と偽称した。アフラは大学、学校、工場といった天使の共同体を私物化し、地球の神に背くようになった。彼の影響力は地上にも及び、アフラ・マズダと呼ばれた。

アフラは「ディーヴァ」から離脱、独自の新しい天国を宣言し、地上の人間を支配するための諸首長を任命した。彼は闇の時代を利用してジェホヴィへの不信仰を地球とその天国に広め、闇の霊を集めてアフラの王国を確立した。それを反映して地上では、戦争、殺人、欲望が広まった。

しかしながら、時が経つと、アフラの従神たちが反乱を起こすようになった。アフラがその反乱を鎮めるため、ピラミッドの形の船団で各地を移動しているときに、アフラの王国では暴動と略奪が起きた。暴動は一時的に収まったが、彗星が地球のヴォルテックスの中に入ったとき、地球とその天国は一二日間の闇に閉ざされて、アフラの王国に八〇以上の地獄が造られた。アフラと従神たちはその地獄に飲み込まれ、閉じ込められた。

地球の神は四年かけてアフラを地獄から解放した。そしてアフラに、彼がかつて支配し、堕落させた従神や臣民を地獄から救うための王国を引き受けることを約束させた。

第二三章　スペンタアルミジの書

第二三サイクル（紀元前約三九五〇～同一五五〇年）を担当したニルヴァニア人の女神スペンタアルミジの書。神に選ばれし民の最初の救済について書かれている。この時代、四人の救世主が地上にもたらされた。

スペンタアルミジは、地球を訪問するとすぐに、すべての天国を訪問した。そして四人の救世主であるヴィンデュ（インド）のブラーマ（別名ブラフマン）、ジャフェス（中国）のポー、アラビンヤ

（エジプト）のアブラム（別名アブラハム）、グアタマ（アメリカ）のイワタをそれぞれ担当する神を任命した。また、四大地域と日本を含む一〇の地域に天国を樹立することを決め、それぞれ担当首長（氏神）も任命した。

スペンタアルミジは、地獄から救済されたアフラとも面会し、アフラの天国をより上昇させるよう告げた。アフラはそれを成し遂げ、地球のジェホヴィの天国である「ヴァラ・ピシャナハ」が誕生、アフラはその天国の神に就任した。だが、かつてのアフラの従神アヌハサジだけはそれを嫉妬し、喜ばなかった。

最後にスペンタアルミジは、地上の救世主を助けにいった四神を救済するため、地上に降りた。救世主ブラーマとその妻ユーティヴは、死後スペンタアルミジによって復活を遂げ、地球の高い天国に上昇した。こうしてスペンタアルミジの四年と三二日間の地球救済期間は終わった。

第二四章　神の最初の書

スペンタアルミジと同時代の神の書である。地球の神によって選ばれた四人の救世主について詳述している。

（1）ポー

ジャフェス（中国）の北の領域はオルマズド法の影響もあり、平和で人々も幸福であった。だが、物質的知識をオルマズド法より優先させるハンが現れ、中央の玉座を奪って王国を樹立、自ら太陽王を名乗った。同法を信奉するゾロアスター教徒は弾圧された。

ポーは、生まれつき性別のない「イエス」であった。神イーマの啓示を受けながら、三人の養子を持つ女性と結婚。哲学論争で哲学者の知事ハイ・セイアングと親しくなり、その知事と一緒に、散りとなったゾロアスター教徒の部族を集めて、ゾロアスター教徒のための領土を確保しようとした。目の前に立ちふさがるのは、ゾロアスター教徒を目の敵にするハンの王国であった。

ポーたちの動きを知ったハンは、知事とポーを倒そうとしたが、ポーら一行は南に逃れた。ハンは深追いしすぎて、軍隊が分散。その隙を突いた野蛮人がハンの軍隊を襲撃し、壊滅させた。ハン自身もその攻撃で亡くなった。

替わって、ハイ・セイアングがジャフェスの統治者となり、法律によってポーの教えを確立させた。ポーはジャフェスの各地を旅して、ジェホヴィの掟を説明して、それを実践した。

（2）アブラム（アブラハム）

パーシェの集団から生まれたアブラムは、目がなくても見ることができ、耳がなくても聞くことができ、自らの中に住む神によって物事を知ることができた。その力に気づいたアブラムは、神からの啓示によってエジプトの王や学者から逃げて、籠と装身具を王の民に売って生計を立てているリスティアンの部族と森で過ごした。

やがて町で行商をするリスティアンを通してアブラムの噂が広まり、奴隷が拘束から逃れてアブラムのところに頼ってくるようになった。アブラムは彼らに神の掟と法を説き、導いた。やがて、その数は四五〇〇人に達した。

王から追われる身となったアブラム改めアブラハムらの一行は、神の啓示に従って移動し、難を逃れた。途中、シディムの谷にあるソドムとゴモラに立ち寄ると、人間に取り憑いて欲望に浸る闇の天使（ドルジ）たちが巣食っていた。神は天使を通して、ドルジたちに火と硫黄の雨を降らせ、彼らを焼いて破壊した。

仲間たちを焼かれた悪の天使たちは、仕返しをしようとアブラハムの後を追ってきて、彼の前に現れた。そして、彼らはアブラハムに燔祭《はんさい》（編注：古代ユダヤ教において、動物を焼いて神に捧げること）の用意をさせ、一人息子イサクを連れて丘の上に行くように言った。丘の上で悪霊は神のふりをして、イサクを生贄に捧げるように命令した。

これに対してアブラハムは、次のように霊に告げた。

「まず、あなたが神であることを、私に示してください。なぜなら私は、殺してはならないと命じられてきたからです」

この言葉を聞いた悪霊は、アブラハムが神の掟を知っていることを認めて、アブラハムから去っていった。

その何年か前、アブラハムの妻サライに子供がいなかったころ、サライのお手伝いのハガルに息子イシュマエルが生まれた。サライは、夫の子ではないかという猜疑心と嫉妬心から妊娠中のハガルを酷使した。そのとき首長（氏神）がアブラハムに、女性たちの間のわだかまりを解かないと、ハガルの息子は野蛮人となり、全人類に逆らうようになると告げた。

アブラハムはサライに、「創造主が生きとし生ける者すべての父である」と告げると、誤解は解けた。実際、イシュマエルはアブラハムの子ではなかったからだ。一方ハガルは、イサクが生まれると逆に嫉妬心をもち、イシュマエルを連れてアブラハムの家から出ていった。

アブラハムはその後も、ジェホヴィの教えと法を説き続けた。息子イサクは、神の言葉を聞くことができる娘リベカを妻にした。アブラハムは神の言葉に従って、民を数十人、数百人、数千人の家族に分け、それぞれの家族に一人のラバ（祭司）を与え、それらの家族すべてに一人のラバ長を与えた。

そして遺言書を作り、イサクとリベカの子孫を後継者に任命した。

(3) ブラーマ（ブラフマン）

ブラーマは幼児期から額の上に星を持ち、創造主であるオルマズドの声と話をすることができた。そして彼はゾロアスター教のラバ（祭司）から、利己心を手放すことと、古代人の儀式を学んだ。

成長したブラーマに、神は言った。

「息子よ、明日起きたら、あなたを別の国に案内しよう。そこであなたは結婚して、七人の息子たちを育てるのだ。私は、過去の時代において救世主の『イエス』を育てたが、彼らは生涯肉欲がなかった。当時はそれでよかった。だが、そのような人間には、地球を永続させることができなかった。オルマズドの光は今、地球を永続できる者たちのためにある」

神に言われるままに、オルマズドは翌朝、チャマ王国を訪れた。そこの祭司の家に行く途中で出会ったユーティヴという女性は、ブラーマの額の上の星を見ることができた。しかも、彼女は「祭司のもとに急ぎなさい」という声を聞いたので、ブラーマに出会うことができたのだという。

すっかり意気投合した二人は、デートを重ねるようになり、やがて結ばれて、六人の息子が生まれた。その間、天使の声は聞こえたが、オルマズドの声は届かなくなった。それでも二人の愛は少しも弱まることはなく、オルマズドへの信仰も揺らぐことはなかった。

しかし六人目の息子が生まれた後、ユーティヴはオルマズドへの信仰を失った。二人は次第にオルマズドという名前を口にしなくなり、その代わりに古代人が呼んだように「エオリン」と呼ぶようになった。そのようなときに、二人の間にもう一人の息子ホグが生まれた。

ユーティヴは三歳になったホグを離乳させた。すると翌日、ブラーマに神の声が届いた。

「ブラーマよ、あと一八年忠実でいなさい！　私は最後まであなたとともにいる！」

喜んだブラーマは妻にそのことを伝えた。ユーティヴは喜ばず、しばらく黙って上を見て、それから言った。

「一八年も、ですか！　ホグは二一歳になり、私たちは年をとってしまいます」

オルマズドの光は、ホグの二一歳の誕生日に届いた。日の出の時刻にブラーマの家族が朝食をとっていると、太陽のような光が小屋の中に入ってきて、ブラーマの頭上を通りすぎ、消えていった。そして、頭上の何もない空間から言葉が聞こえてきた。

「これよりずっと、二一歳は人間が成人するときである。オルマズドの声を注意深く聞きなさい。オルマズドは絶対存在である！」

家族の全員が光を見て、声を聞いた。だがホグは、神の光を見ることも、神の声を聞くこともできなかった。ユーティヴは、それは自分が不信仰であるときにホグが生まれたせいであると嘆き、涙で崩れ落ちた。ホグは母を慰めて言った。

「母よ、泣かないでください。あなたと、神のような父が私を生んでくれたおかげで、私の魂は無限の歓喜にあふれています。母よ、私は闇の中にいるわけでもなく、盲目でも難聴でもありません。もう一つの世界があるならば、何が問題となるでしょうか。この栄光は無限です」

この日から約四〇日間にわたって毎朝、ジェホヴィ（オルマズド）はブラーマを通して話をするようになった。

三男のヴェーデがジェホヴィの声を書き留めた。ホグには光を見ることも声を聞くこともできなかったが、兄たちが、何が起こり、ジェホヴィが何を語っているかを伝えたので、ホグはジェホヴィと会話することができた。

ホグは叡智と聡明さで質問をし、ジェホヴィは叡智と愛で答えた。こうしてヴェーダ（ヒンズー教最古の聖典）が完成した。

ブラーマの家族は神に従って、ヴェーダの教えをインド各地に広めた。ブラ―マを殺そうとした王でさえ、ヴェーダの支持者となった。ブラ―マの民は七つの都市と三〇の村まで広がった。

だが、ブラーマとユーティヴの時代は終わろうとしていた。彼らは老年になっていたからだ。ユーティヴが先に亡くなった。四日間の葬儀が行なわれた。そして四日目にユーティヴは白衣を着た天使の姿で現れて、肉体の死と霊の誕生について語った。ホグは、声は聞こえたが、母親かどうかはわからなかった。ユーティヴはみなに別れを告げて、上昇していった。

そのとき、夫のブラーマも亡くなった。そして、二日目の日没二時間後に太陽のように明るい光が降りてくると、そこにブラーマとユーティヴの姿が現れた。

ブラ―マは、「神や首長、救世主、祭司、王を決して受け入れず、永遠の全一の存在である創造主だけを受け入れなさい。万人によきことを実践し、利己心を手放しなさい。そうすればオルマズドはあなたの中に永遠に住まわれるであろう」と言うと、ユーティヴと一緒に、ホグに近づいた。

そのとき、ホグは初めて、そこに父と母の姿をはっきりと見たのであった。そして二人は火の海に乗って、高く上昇し、ついには空の彼方に消えていった。

（4）イワタ

グアタマに流れ着いたイヒンの子孫は、しばらくはイヒン同士で結婚していたが、やがてドルークとも交配するようになり、イファンが生まれた。その中から、ジェホヴィの声を聞く一八部族が選ばれた。やがて七人の偉大な王が現れ、それぞれの国と都市は縦横に走る運河で結ばれていた。

創造主は天使を派遣して、運河を造る秘訣や陶磁器と釜の作り方、金や銀鉱石を見つける方法、小麦とトウモロコシの栽培方法、猛獣を殺す方法を人間に教えた。

地獄の住民である悪心イトゥラは、イファンの強い人種がいるグアタマに狙いをつけた。イトゥラの悪の天使団は早速、グアタマの王と学者に取り憑いてそそのかし、他王国との戦争へと駆り立てた。大地は瞬く間に人間の血で染まり、王国同士、都市同士、人間同士が争った。

惨状を見た創造主は、イヒンの血がもっとも濃いホンガの諸部族に呼びかけた。その呼びかけに応えるように、ホンガの種から背が高く、銅色に明るく輝いた顔をしたイワタが声を上げた。

「偉大なる精霊よ、私はここにいます！」

創造主はイワタに、風の音になぞらえて「エゴキム」と自分を呼ぶように告げた。そしてエゴキムの教えをグアタマの人間に伝えるように命じた。

イワタはエゴキムの言うとおりに、エゴキムの八つの法を人々に教えた。グアタマのすべての領域を旅して、人々が永遠に偉大なる精霊と固く結ばれるように、人々を集め、教え、誓わせた。

イワタは四〇の広大な王国を建て、あらゆる国は独立国となった。イワタはさらに、それらを結びつけて一つの強力な民族にして、それを「単一」を意味するオーパエゴキム（エゴキム連合）と呼んだ。そして彼らは、トウモロコシ畑をその国に植えて、平和に暮らした。

第二五章　ジェホヴィとの戦いの書

スペンタアルミジが担当した地球の第二三サイクルの時代、アフラの従神であったアヌハサジがゼウスと称してジェホヴィに反旗を翻す。偽の神であるゼウスは、テ・イン、スガ、偽のオシリス、バール、アシュトレトといった偽の神々を従えて、地球とその天国でジェホヴィの天使たちを巻き込んだ領域拡張戦争を開始した。ゼウスが仕かけた戦争のその顛末が書かれている。

スペンタアルミジの救済によって地球の天国は調和を取り戻し、地上も四人の救世主によって戦争のない平和な時代が訪れた。しかし、それも長続きしなかった。

偽の神アフラの従神だったアヌハサジは、地獄から救済された後、一時改心したが、再びサタン（利己心）が目覚め、自分の王国を持ちたいと思い始めた。そこで彼は、それまでの行ないを後悔しているふりをしてアフラに取り入り、再び地球の首長が統治する天国で天使として働くようなった。一〇〇年経ってアヌハサジは、マイトレイアス（ペルシャの天国）の統括神の側近に昇進し、そこで一七〇年間仕えた。統括神はその働きぶりを認め、彼を後継者に任命した。

統括神になったアヌハサジはまず、霊の階級を決める天秤のマスターである従神アヌビを抱き込み、地球の神が統治する天国クラオシヴィではなく、自分が担当する天国に霊（天使）を送り込ませる仕組み作ることに成功した。

次に地球の天国の首長（氏神）一〇人全員を、時間をかけて手なずけ、そのうち一人をオシリスと呼んでおだてた。そしてとうとうアヌハサジは、自分の天国をホアドと呼ばせ、強大な王国を築いた。もはやクラオシヴィで開かれるディーヴァに参加する首長はいなくなり、アヌハサジはホアドに統一王国を樹立、その王国の神に戴冠され、「偽の神」となった。首長たちも神や女神と称された。招集される議会名は「デイウス（ゼウス）」とされ、地上ではゼウスは神（アヌハサジ）の名であると考えられた。

アヌハサジ（ゼウス）を筆頭とする偽の神々は地上の各地で、ゼウスを崇拝する人間にジェホヴィの信奉者（フェイシスト）を殺させるようそそのかし、天使たちを運ぶためクラオシヴィに向かう船を破壊した。

ジェホヴィの天使たちは地上や天国から追い払われ、天国の図書館にあるジェホヴィに関する記録や書物も全部隠された。ジェホヴィの存在はゼウスには邪魔であったからだ。

これに対してジェホヴィの天使たちは、人間にインスピレーションを与えることと真理を説くことによってのみ抵抗した。

このゼウスの仕かけた戦いは、一〇〇〇年間続いた。その中で戦いの神としてゼウスが重用したのは、テ・インを偽称したハイカス、スガを偽称したウォチンジ、オシリスを偽称したチェ・レ・ムング、それに偽オシリスの部下であるバールとアシュトレットの五人の偽の神・女神であった。彼らはそれなりの〝戦果〟を収めたが、ゼウスには勝利を過大に報告した。

勝利に有頂天になったゼウスは、五人の偽の神・女神のうちテ・イン、スガ、オシリスの偽の三神に、ゼウスにとって都合のいい聖書（偽の聖書）を作らせた。それは地上にももたらされ、当時の聖書となった。

しかしゼウスの統一王国にも綻びが出始めた。まず、一向に待遇が改善されないバールとアシュトレトがオシリスに反逆してアラビンヤから独立すると、オシリス、テ・イン、スガが相次いでゼウスから離反していったのだ。そして、ほかの低い天国の首長（氏神）たちも次々とゼウスの同盟から離脱していった。

怒ったゼウスは、全世界を再び手中に収めるため戦天使を自ら率いて、反逆者たちから統治を奪い取ろうとした。このとき、ジアイの領域が地球を覆った。ゼウスの天国であるホアドは下降し、最後は物質界の地球に触れた。するとすべての秩序が崩壊し、発狂した暴徒の霊がゼウスの玉座と首都を略奪して破壊した。ゼウスは地獄に閉じ込められた。

一方、オシリス、テ・イン、スガの王国でもそれぞれ部下の戦天使たちの反乱が発生した。低い天国はすべて無政府状態となり、三神も闇の霊たちに捕まり地獄に落とされた。バールとアシュトレトの二人の偽の神だけは逃れ、邪悪な計画に野心を燃やしていた。

第二六章　リカの書

第二四のサイクル（紀元前約一五五〇〜紀元後約一八五〇年）を担当したニルヴァニア人の天使長リカの書。この時代、三人の救世主がもたらされた。地球を闇から連れ出したので、「ボンの夜明け」と呼ばれた。

リカは、火の船「エアラヴァグナ」に乗って、地球のアトモスフェリア界の広大な高原であるセオヴラキスタンに天使団とともに降り立ち、そこに地球の天国ヨガナカクトラを造った。

地球のもっとも低い天国に七〇の新しい王国を樹立し、学校、大学、工場を建造させた。地獄に束縛された九一〇億人を救済するため、担当天使が振り分けられた。

アヌハサジ（ゼウス）は、かつての〝上司〟であるアフラが地獄から救出した。他の偽の神々もそれぞれの地獄から救出された。地上からドルジャも取り除かれた。カピリヤ、モーゼ、チャインの三人の救世主に、インスピレーションを与えて導く神々も地上に派遣された。リカによってチャインの復活も成し遂げられた。

第二七章　ボンのアークの書

リカの時代の紀元前一五五〇年ごろに現れた三人の救世主カピリヤ、モーゼ、チャインの歴史が記された書。

(1) カピリヤ

ヴィンデュ（インド）に巨大な王国を持ち、ゼウスを信奉するヨコヴラナ王には、後継者がいなかった。そこで天使の指揮官ヒラタクスは王に神託を与え、フェイシスト（ゾロアスター教徒）の家に生まれたカピリヤを、そうとは知られないようにしながら、王の後継者にさせた。カピリヤは、中性のイエスであり、生まれつきスーイス、サージスの力を持っていた。

カピリヤが王子として成長すると、旅の許可を王に求めた。王子は九年間の旅で、フェイシストが散り散りになって、教育を受けることを禁止されるなど迫害されている実態を知った。

このときまで、カピリヤは自分がフェイシストの子であるとは知らなかったが、ジェホヴィの声が聞こえてきて、出自が明かされた。

時が来て、カピリヤ王子は王に目的を知らせずに故郷を出発した。王子はジェホヴィに導かれるままに、彷徨《さまよ》えるフェイシストが住む、荒れた土地に来た。そこで新月章の形をした「ジェホヴィの祭壇」を造らせ、フェイシストを集めさせた。

彼らの多くは飢えていた。そこに「アオハマ」という栄養豊富な食べ物が天国から降りてきて、人々は空腹を満たした。この場所はマクサビと呼ばれ、フェイシストの共同体が作られた。

こうしてカピリヤは、ヴィンデュ各地の未耕作地に共同体を作っていった。他の民が耕して住む土地には、決して共同体は作らなかった。また王子は、彼らにジェホヴィの法を教えた。

このカピリヤの行動は王に報告され、王族会議で王子は審問を受けた。王子は、「フェイシストの教育を禁じた法は古代人の法律であり、古代の王の死を持って廃案となったはずだ」と主張。さらに、無力な者を助けるのは最高の美徳であり、土地を開墾者に開け放つことは、豊穣の基礎になるなどと力説した。

王と王族会議はカピリヤの叡智に圧倒され、カピリヤの演説は新しい法律の基礎となった。また、フェイシストは開墾した土地を所有することを許され、戦争に徴用されない法律も制定された。王は亡くなり、カピリヤが王位を継いだが、法律を承認した後、退位した。フェイシストには王がいないことが掟だからだ。後任の王もフェイシストを保護した。

退位したカピリヤは、各地を旅して散らばった残りのフェイシストを集め、共同体を作らせた。彼は美徳を人々に教え、ヴィンデュの土地に平和と豊穣をもたらした。

（2）モーゼ

エガプト（エジプト）にはドルジャ（闇の霊）がはびこり、偽の神オシリスが作らせた太陽法によりジェホヴィは否定され、イスラエル人のフェイシストは奴隷状態に置かれていた。そこで地球の神は、イヒンの血が濃く、神と対話できる能力を持つモーゼをイスラエル人の中に誕生させた。

ジェホヴィの天使はモーゼの母に、モーゼをエジプト王（ファラオ）の娘レオトナスのもとに送り、育てさせるように言った。というのも、当時のエジプトではイスラエル人の男児は、殺されるか、社会から追放されるか、したからだ。

母親はモーゼの保母になることと引き換えに、決してモーゼの母であることをモーセに伝えないという条件で同意した。そして、天使にモーゼをパピルスの籠に入れて、王宮の中に置かせることを許した。

王の娘レオトナスがお付きの者を連れて川のそばを歩いているとき、籠の中に子供がいるのを見つけた。彼女はその子がヘブライ人（イスラエル人）であるとわかったうえで、これは神々の思し召しであるとして、モーゼを自分の弟、もしくは息子として育てることにした。そして、門の外にいたイスラエル人の女（モーゼの母）を、その男の子の母とは知らずに、その子の保母にした。
モーゼは、息子のいないファラオの王子として育てられ、学問を学び、成長して大男となった。彼は多くの言語を習得して、各地の王、女王、知事と親交を深め、大使として一二年間務めた。しかし、モーゼにはイスラエル人の血が流れているという偏見のため、宮廷ではファラオがモーゼを重用することに反対する者が多かった。

その扱いにわだかまりを持ったモーゼは、エジプト全土を四カ月間旅して、イスラエル人が虐げられている状況をつぶさに視察した。イスラエル人の窮状を訴えたモーゼの言葉にファラオも共感した。その夜、ジェホヴィの声がファラオ、レオトナス、モーゼに告げた。

「エジプトの地から四〇〇万人のイスラエル人のフェイシストを脱出させなさい。そうすれば、あなたの民（イスラエル人）に古代人の土地を授ける。その場所には私が導く」

ファラオは驚いたが、反対はしなかった。

出エジプト計画は三年の間、着々と進められた。しかし、その計画が宮廷人と貴族の耳に入ると、彼らは計画を黙認したファラオに、モーゼを追放するか、王座を後継者ヌ・ガンに譲るかのどちらかを選ぶように迫った。

ファラオは当時、干ばつにより飢饉が起こりそうな状況であることを理由に、モーゼの処分よりも当面の飢饉対策に全力を尽くすべきだと訴えた。同時に、イスラエル人のエジプトからの移住（出エジプト）計画を認める意向を示した。

貴族らの不満がますます募ったとき、ファラオがモーゼの目の前で亡くなってしまった。偽の神バールに踊らされているヌ・ガンは、戴冠するとすぐに奴隷（イスラエル人）の出国を禁じた。モーゼはジェホヴィに促されて、新ファラオのヌ・ガンに出エジプトを認めるよう懇願した。ヌ・ガンは聞き入れず、逆にモーゼを追放すると宣言した。

ここにきて、エジプトを疫病とイナゴの大群が襲った。モーゼは王に伝令を送り、再度出エジプトの承認を求めたが、王は聞かなかった。すると今度は、モーゼの予言通り、カエルと爬虫類の大量発生と消失が起き、エジプト人の各家庭で長子が次々と倒れて死ぬ事件が発生した。ヌ・ガンの長子も亡くなった。

悲嘆に暮れた王は、モーゼとイスラエル人を呪い、虐殺することを決めた。事前にそうなることを予測し、夜眠らずに出発の準備を整えていたモーゼらイスラエル人の一行は、夜明けとともにエジプトを発った。モーゼを追撃したファラオの軍勢は、ジェホヴィの天使らによって混乱させられて、海に導かれ潮流につかまって溺死した。

こうしてモーゼら一行は、昼は雲の柱、夜は火の柱によって導かれ、エジプトを脱出した。モーゼは法を示し、アブラハムの時代以来失われたものを再確立した。

(3) チャイン

ジャフェス(中国)で生まれたチャインは、銅色で非常に大きかったが、髪がキツネのように赤く、内気であった。子供のころは小食でほとんど話さなかったので、聡明なのか愚鈍なのか誰にもわからなかった。一六歳のとき、チャインは突然強くなり、一日で一冊の書物を学んだ。一度聞いただけで、学んだことを決して忘れることがなかった。

二二歳になると、チャインは話し始め、天国の天使も彼の口を通して話すようになった。彼の話は叡智に溢れ、日の出から深夜まで話すのを止めなかった。この偉大な叡智はジャフェス中に知れ渡り、多くの知識人と学者がチャインの知識を試しにきたが、誰もチャインと同等に議論できる論客は現れなかった。この現象は四年間続いた。

ところが突然、チャインは語らなくなり、すべてのことに「はい」と「いいえ」で答えるようになる。この状態は七年と八〇日続いた。

その後、チャインはジェホヴィの言葉を話すようになった。チャインは言った。

「完全な光を崇拝しなさい。私は絶対存在であるジェホヴィである。私は人間の中に溢れているので、人間が口を開けば、言葉が出てくるのである」

ジェホヴィの言葉がチャインから発せられるようになった後、チャインは三年間各地を移動、平和と愛を賛美して、戦争に反対した。その後、一四〇日間休んで、幼児のように眠った。

目覚めたチャインは別人になっていた。今度は自分の言葉でジェホヴィの教えを説き出したのだ。チャインは言った。

「偉大なる精霊よ、私は誓います。私は戦争をせず、戦争の扇動もしません。永遠に平和を貫くことを誓います。そして彼らが、私を徴用し、拷問にかけ、あるいは完全に殺しても、私に強制させません。あなたが創造した老若男女の一滴の血も、私は流させません」

「落胆した人々を元気にさせ、苦しむ者と無力な者を救済し、悪も怒りによる報復も決して行なわず、私を虐げる者たちに善行を施し、ジェホヴィよ、あなたの教えを忠実に行動します」

当時ジャフェスの大都市は、偽の神テ・インとその悪霊によって破壊されていた。チャインは、荒廃した都市を再興するため、二〇〇家族に一人の祭司を与え、四〇〇〇人の住民で都市を築くように定めた。そして彼らにジェホヴィの教えを説いた。

偉大な哲学者でもあるアショングの王テ・ジーは、魔法使いや預言者と称する人々の話を聞き、研究を続けていた。しかし彼らの話は浅はかで、虚偽であるようにしか思えなかった。ジェホヴィに命じられるままにチャインはテ・ジーに会って、ジェホヴィの教えを説いた。チャインの話は深く、王が思っている疑問にすべて明解に答えた。感銘を受けたテ・ジーは、偽の神テ・インなどジェホヴィ以外のすべての神を崇拝することを禁じた。

死期が近づいたことを知ったチャインは、再びテ・ジーのところに戻ってきた。生命が永遠であることを示すためだった。チャインは亡くなり、予言通り死後七日目に、焼かれて山に撒かれた彼の遺灰はつむじ風によって集められ、チャインが再び肉体を持って現れた。

その後七日間、チャインは肉体を持ったまま、平和と自由をテ・ジーらに説いた。そして、チャインヤ（中国）が全世界でもっとも人口の多い国になり、戦争や戦争の発明品に手をつけないことによって、愛と忍耐と美徳を全世界に示す手本の国になることを予言して、火の船に乗って上昇、大きな光の中に消えていった。

第二八章　エスクラの神の書

第二四サイクル（ボンのサイクル）のうち紀元前約一五五〇年から紀元後約一四五〇年までの三〇〇〇年間の地球の神の書。永遠に消えないジェホヴィの言葉の書でもある。チャインら三人の救世主の話から、「四つの獣」とされる四大宗教の誕生とその支配の歴史について書かれている。


アヌハサジ（ゼウス）ら偽の神が地獄から救済された後、地球の低い天国にはまだ、バールやアシュトレトといった七人の偽の神の王国があった。

地上では、チャイン、カピリヤ、モーゼの三人の救世主によって各地域のフェイシストたちは、立ち上がって団結した。しかしその後、戦争の影（中国）や言葉の壁（インド）が立ち塞がり、進展はほとんど見られなかった。

自らをイスラエル人と呼んだアラビンヤ（中東）のフェイシストは、口伝律法の下で生きるミシュナ派と、成文律法の下で生きるトーラー派に分かれた。前者は「オラライト」、後者は「レヴィティカン」（訳注：レヴィ族の人々。『オアスペ』では「残ってつきまとう者」「不完全な肉体と霊を持つ者」として描かれている）と呼ばれた。

レヴィティカンは戦争をし、彼らの子孫を守ることに執着した。オラライトは無抵抗で、何も所有せず、すべてのモノを公益のためにラバ（祭司）に与えた。偽の神バールに影響を受けたイスラエル人は、人間の王を立てて、「ジェホヴィより人間が大事である。見よ、我々は我々とともに戦う首長（氏神）を崇める！」と宣言した。

偽の神バールの成功に嫉妬した、ペルシャを支配する偽の神アシュトレトは、ペルシャの人間をそそのかして、バールが支配するアラビンヤ（エジプトや中東）に対して戦争を仕かけさせた。このようにして偽の神同士が戦って、地上に戦争がはびこるようになった。

偽の神々の横暴に辟易した、地球の神に仕える三人の天使、ルーアマング、カバラクテス、エノチサは「地球の神のやり方は手ぬるい」「正義の目的のための戦争は正しい」として、偽の神々に宣戦布告。地球の神の反対を押し切って、力によって偽の神々を抑え込む同盟「三位一体」を結成した。「三位一体の神々」と偽の神々との間の争いは、地上にも殺戮と破壊をもたらした。

そのころ、モーゼとその民を迫害しようとしたファラオのヌ・ガンは、地獄の束縛から救済されずにいた。というのも、モーゼが生前、ヌ・ガンに呪いの言葉をかけたからであった。

エーテリア界にいたモーゼが至急、地球に呼び戻された。モーゼは呪いの言葉をかけたことを悔い、ヌ・ガンを地獄の束縛から救い出した。正気を取り戻したヌ・ガンは、彼自身が生前イスラエル人にかけた呪いの言葉の責任をとるため、偽の神に操られているイスラエル人の中で心ある者たちを助ける役目を負った。

ヌ・ガンとその天使団はその後数百年間、地上の彼らとともに住み、エスの世界の教えである平和と無抵抗を実践する生き方を再確立させることになった。

ジェホヴィの計画も着々と進められていた。紀元前七五〇年ごろ、インドにサカヤ、中国にカユ（孔子）という二人の救世主が誕生したのだ。

サカヤは完全菜食主義者で、カピリヤの教え（ゾロアスター法）を再確立。他者のために生きることの重要性を説いた。孔子は過去の書物から最善のものを選び、一万八〇〇〇冊の本を要約して二〇冊の本にまとめた。中庸（両極のバランス）をとることの大切さを説いた。

三位一体の神々と偽の神々の戦いでは、「三位一体の神々」が偽の神々を追い散らし、地上とその天国を統治するようになった。

勝利に浮かれた彼らは有頂天になり、利己心に支配されるようになった。そして、ルーアマングは「キリスト」、カバラクテスは「仏陀」、エノチサは「ブラーマ」とそれぞれ称して、自分を崇める「宗教の王国」を樹立した。その教えがキリスト教、仏教、バラモン教である。

一方、長年ルーアマングの下で大佐として働いてきたトートは、一向に改善されない待遇に不満を持ち、自ら「ガブリエル」と称して、王国を樹立。地上のモハメッドにインスピレーションを与え、アラーを唯一神、ガブリエルを、全世界をまとめる彼の天使であると教え、イスラム教を誕生させた。

こうして偽の四神は、宗教によって人間を束縛しながら、自らの領土を拡張する戦争へと邁進、ほしいままに地球を四つに分割した。

第二九章　エスの書

ボンのサイクルの最後（西暦約一四五〇〜一八五〇年）**の四〇〇年間の地球とその天国、エーテリア界の歴史が記された書。**

ジェホヴィは、大航海の時代を地球にもたらし、地球の国々が船に乗って全世界を回ることができる時代の到来を宣言した。

コスモンの時代に先立ちジェホヴィは、「これからは救世主や祭司や聖典の口承によって人間が教えられるのではなく、私自身の叡智の光を通して、人間に直接理解させる。私が人間自身の魂に話しかけるように、人間は私の言葉を理解するだろう。最高の叡智は、すべての人間が自由自在に、すべてのテーマについて自分自身で考えることである」と述べた。

このとき、エーテリア界のオリアンの天使長リタバカスラヴァは、ジェホヴィの命を受けて、ペロニトゥスの女神アタヴィアらエーテリア人の六人の天使たちを火の船に乗せ、地球の天国である「パラダイス」にやってきた。

折しも、イタリア・ジェノヴァ出身であるコロンブス（一四四六年ころ～一五〇六年）が、天使からのインスピレーションの助けをもらいながら、西の大陸（アメリカ大陸）の〝発見〟に成功したときであった。その喜びの中、パラダイスでは三日間の祝宴が開かれた。

三日間の終わりにリタバカスラヴァが神の玉座に座り、次のように述べた。

「コスモンが到来するまで、まだ人間の数世代はかかる。その間、集会所の暗い四隅はあなたに飛びかかり、あなた方とジェホヴィが成し遂げた御業を破壊するだろう」

「偽の四神は最期まであなた方と戦い、彼らが地獄に落ちた後、初めてジェホヴィの王国は到来することができる」

「すべての惑星の世界で、それはいつも同様である。ある偽の四神が、その惑星のコーポラル界とその天国を支配下に収めようとして、蜂起する。彼らは真実を標榜するが、虚偽を行なう。平和を標榜するが、戦争を行なう。彼らは、ジェホヴィの完全人格とやり方を捻じ曲げようとして、人間と天使をあらゆる悪へと駆り立てる。

そうだ、彼らはまた、自分自身が本物の創造主ジェホヴィであるとさえ思い込み、人間にインスピレーションを与えて、自分たちがそのような創造主であると思わせようとする」

「それでもジェホヴィは、地球全体とその天国で勝利を収めるだろう。人間と天使は自由になり、彼らを恐れさせる者は誰もいなくなる」

ジェホヴィの声がそれに続いた。

「すべての人間は私の子供たちである。私はすべての人間を、意識を持った存在として創造した。だが、他国や他民族を審判して、未開人の国だとか異教徒であるなどと叫んではならない」

「見よ、私だけが審判を行なうのだ。戦争に従事する者たち、戦士を雇う者たち、砦と武器を持ち、死の兵器を使う者たち、私が生命を創造したものを殺したり、その肉を食べたりする者たちすべての上に、私の印はつけられる。なぜなら、すべてのそのような者たちは、私の目から見れば、異教徒であり未開人であるからだ」

「私の神々は、平和と調和で彼らをまとめ、隔離された国と民族であった者たちの港を開き、戦争や破壊の礼賛をやめるよう説得し、すべての国の民族がお互いを受け入れ合うようにさせ、すべての国と民族を守る」

ジェホヴィの声がこう言い終わると、神の玉座のあたり一帯は、黄金の火の海のようになった。こうして、リタバカスラヴァの船は地球を去っていった。

一方、低い天国にいた偽の四神とその臣民は、突然地球の天国パラダイスにやってきた、見知らぬ神の火の船の出現に狼狽し、戦々恐々としていた。天国の外からの来訪者を見たことがなかったからである。

早速、偽の四神は偵察隊を派遣したが、彼らの船が地球の天国に着いたときには、リタバカスラヴァの船は立ち去った後であった。だがルーアマングの偵察隊は、歓迎の祝宴とリタバカスラヴァを目撃した天使から、コロンブスが新しい大陸を見つけ、その国ではジェホヴィだけが崇拝されているという話を聞き込んだ。

偽のキリストであるルーアマングの戦天使たちは、新大陸（アメリカ）にコロンブスを出航させた国々（イタリア、スペイン）の人間に反乱を引き起こさせ、「キリスト（偽の神）」を信奉しない者たちを宗教裁判にかけて処刑させた。さらに、「キリスト崇拝者」の人間を新大陸に送り込み、破壊工作をさせた。これにより中米には、ルーアマング（偽キリスト）を崇拝する国ができた。

これに対して、地球の神の天使たちは、アメリカにジェホヴィの国の基礎を樹立させるため、イギリス生まれの革命思想家トマス・ペイン（一七三七〜一八〇九年。一七七四年に渡米）にインスピレーションを与え、「人間の叡智と力のすべてを結集して善を行なうことが、最高の宗教である」とする神の教えを説かせ、一七七六年に『コモンセンス』を出版させた。ペインの思想は、アメリカ独立の機運を高めた。

ペインの教えが、地球の神によるものだと気づいたルーアマングは、戦天使を北アメリカに派遣。地球の神側は、ルーアマングの画策によって宗教裁判で処刑された天使を割り当てて、ペインのほか、トマス・ジェファソン（一七四三〜一八二六年。後の第三代米大統領）、ジョン・アダムズ（一七三五〜一八二六年。後の第二代米大統領）、ベンジャミン・フランクリン（一七〇六〜一七九〇年。独立宣言起草者の一人）、ジョージ・ワシントン（一七三二〜一七九九年。後の初代米大統領）ら重要人物七人を守らせた。こうしてイギリスとアメリカの間で独立戦争が始まった。

ワシントンらを暗殺しようとするルーアマングの企みは、ことごとく守護霊によって阻止された。一七七六年の独立宣言によって王のいない共和制が樹立され、ルーアマングの目論見は失敗した。

これより前、偽の四神はそれぞれの王国で反乱が起きたこともあり、同盟関係は崩壊し、お互いが勢力争いを始めていた。インドでは仏教徒がバラモン教徒の虐殺を始め、ルーアマングはイギリス人の東インド会社を利用してインドを支配、キリストと聖霊の名の下に七〇〇万人の人間を殺させた。

ルーアマングはまた、中国を支配しようとして、イギリス人を使って中国人をアヘン漬けにした。それでも中国は、孔子がもたらした儒教の力により、それ以上の侵略をなんとか阻止した。ルーアマングはさらに、北アメリカをなんとしても取り返そうと、キリスト教徒にアルゴンキン族を襲わせて、三〇〇万人を殺させた。

ここに至って地球の神は、ジェホヴィの声に従って、低い天国に降り注ぐ光（訳注：おそらくアトモスフェリア界で生きていくための材料）を断《た》った。これによって偽の四神に仕える霊たちは苦しくなり、宮殿の略奪を始めた。四神は彼らに捕まり、地獄に突き落とされた。

その後、地球の神は、六〇億人の天使に三四日間働かせて、四神とその従神ら七〇〇億人の霊を地獄から救出した。四神らには審判が下され、それぞれ割り当てられた場所へと運ばれていった。

だが地上では、それぞれの宗教に宗派が生まれ、争いの火種は残された。それでも、ルーアマングらに騙されて彼らの奴隷となっていた霊たちが解放されたように、地上でもアメリカで奴隷解放が実現した。アブラハム・リンカーン米大統領に天使たちがインスピレーションを与え、奴隷解放に導いたのである。

一八四九年にはアメリカのロチェスターで、霊の世界が存在することが示された。そして、その三二年後に地球の人間と霊の歴史が『オアスペ』を通して明かされた。後にオリンピック競技となる陸上競技も確立された。こうしてコスモンの時代が始まったのである。

（第三〇章以降は骨子のみ）

第三〇章　ボンの賛美の書

最後のサイクルの別れの言葉と、新しい時代へのインスピレーションが語られる。

第三一章　オーラナゼンの書

新しいサイクルへの神の最初の言葉が語られる。

第三二章　審判の書

新しい時代の始まりに向けて、神が世界の指針について語る。

第三三章　神律の書

人類と各人が前進するための目的と進歩を図る基準が示される。

第三四章　インスピレーションの書

インスピレーションの基礎を明らかにし、現在の新しい時代で最高のインスピレーションを得やすい方法を伝授する。

第三五章　サファーの書

人類がインスピレーションで成し遂げたことを詳《つまび》らかにする。

第三六章　ベンの神書

ベンが、時代を超えて存在している体系と九つの存在について明らかにする。

第三七章　知識の書

天国と地球の目に見えない構造、秩序、体系を人間に示す。各サイクルの終わりには、人間の中の「獣」を克服しなければならないことが示される。

第三八章　宇宙進化論と予言の書

私たちの物質的な宇宙の基礎構造、体系、秩序、それに予言の基礎知識について語られる。

第三九章　地球におけるジェホヴィの王国の書

調和して平和な社会秩序がもたらされ、肉体的にも精神的にもバランスのとれた人生へと人間を導くであろうことが語られる。それがコスモン時代である。

◉ 巻末資料

『オアスペ』用語解説

（ア行）

アーショング　エーテリア界の副天使長。地球の第二サイクルを担当した。
悪魔／サタン　悪の働き手。実は人間や霊に潜む利己心のこと。
悪魔／デーモン　自ら人間に憑依する天使。幼児の段階で肉体を奪って、もともとの霊を機能停止にすることもある。ドルジャ（闇の霊）の一種。
悪霊　痛みや不幸で人間を悩ませるために、意図的に人間のところに来る霊。ドルジャの一種。
アサフ　死んだばかりの人間の霊（エスヤン）を守る守護霊。
アシャール　人間が生きている間、その人間を守る守護霊。
アジ　ジアイよりも密度の濃いアトモスフェリア界の材料（目に見えない物質）。
アス　地上に生まれた最初の人間の種。霊的なことを理解できず、永遠の生命を持つこともなかった。『旧約聖書』に出てくるアダムに相当。
アトモスフェリア界　コーポリアル界とエーテリア界の中間にある世界。たとえば、地球の天国がある世界。物質に束縛される低い天国。いわゆる霊界。
アヌハサジ　アフラの従神で、その後アフラ同様にジェホヴィに反逆し、ゼウスと称して独自の天国を建国、人間を支配しようとした。
アフ　第 17 サイクルの時代に地球を担当したオリアン人の天使長。堕落した地球とその天国を救済するため、パン大陸を沈没させる大変革をもたらした。
アフラ　ジェホヴィに背き、独自の天国を建国した地球の首長。地上ではアフ

ラ・マズダとして知られた。

アブラム　アブラハムのこと。アラビンヤに現れた救世主。37頁参照。

アポロ　地球の第19サイクルの時代を担当した、地球生まれのエーテリア人の神。ジェホヴィの意向を受け、地球の人間の肉体を均整のとれた美しい体に変えた。オリアン人の天使長に名誉昇進した。

アラビンヤ　現在のアフリカあるいはエジプトのこと。

イーオン人　エーテリア人の一種。エタン人より階級が上とみられる。

イーズ／イーサー　エーテリア界を構成する材料。いわゆるエーテルのこと。もっとも希薄な「目に見えない物質」ともいえ、すべての物質を透過して存在することができる。

イエス　性別を持たない中性の人間のこと。

イスタ　パン大陸の残骸であるザパン。日本のこと。

イヒン　地球で最初に霊的なことを理解できるようになった人間の種。アスと宇宙の霊との交配によって生まれた。霊として永遠の生命を持つ。

イファン　イヒンとドゥルークの間に生まれた人間の種。

イワタ　グアタマに現れた救世主。38頁参照。

ヴィンデュ　現在のインド。

ウォーク　球形のヴォルテックス、もしくはヴォルテックスが形成する球形の領域、環状の帯とみられる。

ヴォルテックス　コーポリアル界を創るために、ジェホヴィがエーテリア界の空に創造した渦巻き・旋風のこと。エーテリア界やアトモスフェリア界に存在する材料を渦で集めて、物質を造ったり保持して運んだりする力がある。長い漏斗状の形をしているが、究極的には球形に近づく。

ウズ　見えるものが見えないものの中に溶けて消えること。世俗、あるいは世俗の民を意味することもある。

ウズ人　物質を常食とするために、人間の中に棲む霊。人間の強さと生命力を吸収する吸血鬼。

エーテリア界　物質にまったく縛られない、自由な霊的な世界。ジェホヴィの天国。神界。

エーテリア人　エーテリア界に住む人々。

エ・オ・イ　人間が風の音から読みとった創造主の名前。ここからジェホヴィという創造主の名前が生まれた。

エス　目に見えない世界。エーテリア界（神界）とアトモスフェリア界（霊界）のこと。

エスフォマ　「何かが風の中にある」「物事が暗示すること」を意味する。「時代の印」とみることもできる。

エスヤン　肉体が死んだばかりの霊。霊の新生児。生まれたての霊。

エズラ聖書　紀元前5世紀に書かれた「エズラ記」。『旧約聖書』の一書となっているが、偽のキリストであるルーアマングが書かせたものだという。

エタン人　エーテリア人の一種。ニルヴァニア人より階級が上とみられる。

エノチサ　偽の四神の一人で、自分をブラーマと称した。偽のバラモン教を確立した。

オシリス　地球の第21サイクルの時代を担当したエーテリア界の神。人間に科学的思考力を身につけさせた。後に偽のオシリスを名乗る天使が現れた。

オシリス（偽物）　偽の神ゼウスであるアヌハサジによって、アラビンヤを支配する偽の神オシリスとなったチェ・ル・マング。後のエジプトの宗教に多大な影響を与えた。

オリアン人　エーテリア人の一種。

オングウィー・ガン　イフアンとイヒンの間に生まれた人間の種。やがてイフアンとガンを総称してイフアンと呼ばれるようになる。

（カ行）

カバラクテス　偽の四神の一人で、自分を仏陀と名乗った。サカヤの教えとは異なる偽の仏教を確立しようとした。

カピリヤ　インドに現れた救世主。38 頁参照。

ガブリエル　トートの項参照。

カユ　ジャフェスで生まれた預言者。孔子のこと。40 頁参照。

ガン　オングウィー・ガンと同じ。

キリスト　ルーアマングの項参照。

グアタマ　現在のグアテマラ国のことだが、現在の南北アメリカ大陸のことも指す。

グレートサーペント　「偉大なる蛇」とは、太陽を先頭にして水星、金星、地球、火星、木星、土星、天王星、海王星という八つの惑星が形成する大蛇状の帯のこと。一つの太陽と八つの惑星は「九つの実在」を指すともいう。

コーパー　目に見える物質や肉体のこと。「長さ、幅、厚さのあるすべて」の意。

コーポリアル界　物質・肉体界。物質に束縛される不自由な世界。

九つの実在　ジェホヴィ、タエ、エス、コーパー、ハク、ウズ、コスモン、エスフォマ、セファスという、もっとも基本的な生命の九つの構成要素。ジェホヴィ以外の八つの要素は、水星、金星、地球、火星、木星、土星、天王星、海王星と関係しているという。

コスモン　①物質界と霊界の両方の知識が人間に広がる時代。すなわち現在の時代。②スペンタアルミジによって建国された北グアタマ（北アメリカ）上空の天国。

（サ行）

サージス　たとえばスプーン曲げのように、物質界に影響を与えることができる霊的な能力。霊によるラップ音や、霊の物質化のような力も含まれるとみられる。

サカヤ　インドに生まれた預言者。39 頁参照。

ザパン　パン大陸の残骸。日本のこと。

ザラザストラ　ペルシャに現れた救世主。ツァラトゥストラのこと。36 頁参照。

ジアイ　エーテルの次に希薄な、アトモスフェリア界の材料（目に見えない物質）。

ジェホヴィ　至高の人格。万物の創造主。完全な最高の光。「偉大なる精霊」、オルマズド、エゴクイム、アゴクイム、エロイ、「我であるもの」、ジェホヴァとも呼ばれる。

シェム　現在のインドのこと。

ジャフェス　現在の中国のこと。

シャラム　ジェホヴィの寺院（神殿）。フェイシストの居留地。

収穫　ハーベストの項参照。

ジョシュ　エルサレムのそばで生まれた預言者。40 頁参照。

スーイス　霊的な知覚能力。霊的なことを理解したり、感じたりすることができる力。霊（天使）や神と交信することができる。

スペンタアルミジ　第 23 サイクルの時代に地球を担当したニルヴァニア人の女神。救世主ポー、アブラム、ブラーマ、イワタを地上にもたらした。

セザンテス　第 1 サイクルの時代に地球を担当したエーテリア界の大天使。地球の最初の神となった。

セファス　確立されたもの、実施（強制）されたもののこと。「確立された、その土地の法律や宗教」を指すこともある。

セムの時代　新しい生命が創造される時代。惑星の受胎期間ともいわれる。セムはそれを促す材料か。

ソースマ　エジプトのピラミッドを建造した預言者。38 頁参照。

（タ行）

タエ　人間を代表する存在。人間の中の無垢の声でもある。

チャイン　ジャフェスに現れた救世主。39 頁参照。

チンヴァット　エーテリア界とアトモスフェリア界の境界。

天使　霊の同義語。エーテリア界の天使は大天使と呼ばれる。

トート　偽の四神の一人で、自分を大天使ガブリエルと称した。モハメッドを通してイスラム教を誕生させた。以前はルーアマングの下で働いた。

ドルーク　戦闘好きで野蛮な人間の種。「血の影」の刻印が押されている。イヒンとアスとの交配によって生まれた。イヒンと暮らすことによってのみ、永遠の生命を得られる。

ドルジ／ドルジャ　闇の霊。第一の復活を遂げることのない浮遊霊。

（ナ行）

ニルヴァニア人　エーテリア人の一種。オリアン人より階級が上とみられる。

ネビュラ　もっとも密度の濃いアトモスフェリア界の材料。星雲のような物質とみられる。

（ハ行）

ハーベスト　収穫。アトモスフェリア界（低い天国）の天使たちをエーテリア界（高い天国）に迎え入れる第二の復活のこと。

ハク　闇、無知。闇には肉体的な闇と霊的な闇がある。「闇の時代」や「無政府状態と偽の哲学の時代」を指す。

ハム　エジプトのこと。広義にはアフリカ大陸。

パン大陸　かつて太平洋にあった巨大大陸。地上の人間が堕落したため、エーテリア界の大天使らによって沈没させられた。その残骸が日本。

フェイシスト　ジェホヴィの信奉者。ジェホヴィの教えを理解できる者たち。

フェタル　アトモスフェリア界に住もうとせず、コーポリアル界に留まり、人間に憑依しようとする霊。いわゆる憑依霊。

仏陀（偽物）　カバラクテスの項参照。

ブラーマ（本物）　ヴィンデュに現れた救世主。37 頁参照。

ブラーマ（偽物）　エノチサの項参照。

フラガパッティ　第 22 サイクルの時代に地球を担当したオリアン人の天使長。地上に救世主ザラザストラをもたらし、ジェホヴィの教えを書き記させた。

ベルゼブブ　悪霊のリーダー。

ヘレステ　現在の東ヨーロッパ、西アジアのあたりの地域を指す。

ホアド　地球のアトモスフェリア界で最初に造られた「神が住む王国」。パン大陸の上空に建国された。

ポー　ジァフェスに現れた救世主。37 頁参照。

（マ行）

モーゼ／モージズ　エジプトに現れた救世主。39 頁参照。

（ヤ行）

ヤク　アスとドルーク、あるいはドルークとイフアンの間に生まれた人間の種。永遠の生命を持つことなく、絶滅した。

ユーティヴ　ブラーマの妻。37 頁参照。

（ラ行）

リカ　第 24 サイクルの時代に地球を担当したニルヴァニア人の天使長。カピリヤ、チャイン、モーゼといった救世主を地上にもたらした。

ルーアマング　偽の四神の一人で、自分をキリストと称した。キリスト教を確立し、『聖書』を完成させた。ちなみにイエス・キリストは『新約聖書』の中の架空の人物であるという。

ルーイス　人間同士の縁結びを担当する守護天使。特定の人間にインスピレーションを与えて結婚させ、何世代か交配させることによって、ザラザストラのようなスーイスとサージスを持つ人間を誕生させる役割を担う。いわばキューピッドのような天使。

『オアスペ』イラスト集

※本文にはない図で重要なものを掲載（再掲もあり）。

「第４章　ジェホヴィの書」

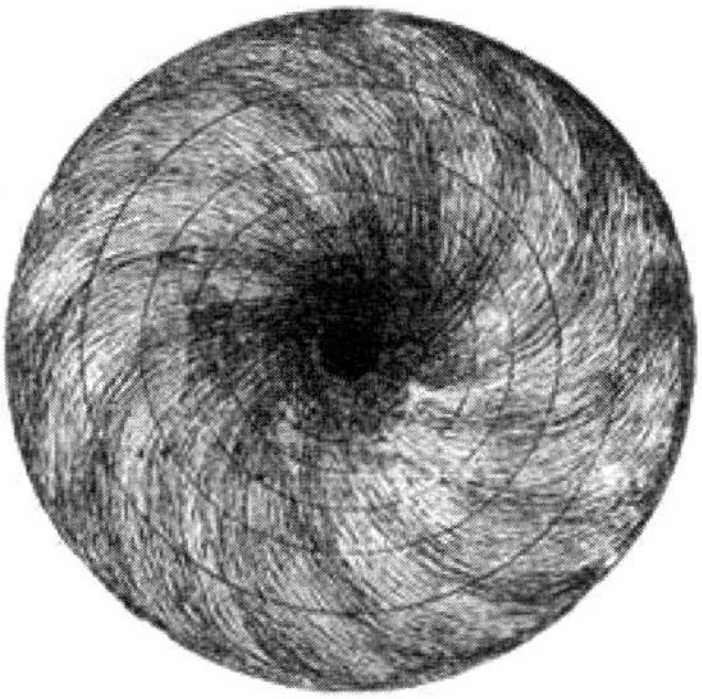

地球とアトモスフェリア：霊的な目で見ると、地球は中央の黒い円に見え、アトモスフェリアは灰色っぽいグラデーションで、渦を巻いているように見える。地球のアトモスフェリアの直径は150万4000マイル（約240万キロ）である。同心円の輪は天国の「高原」を表わし、外円の縁はエーテリア界との境界であるチンヴァットを示している。

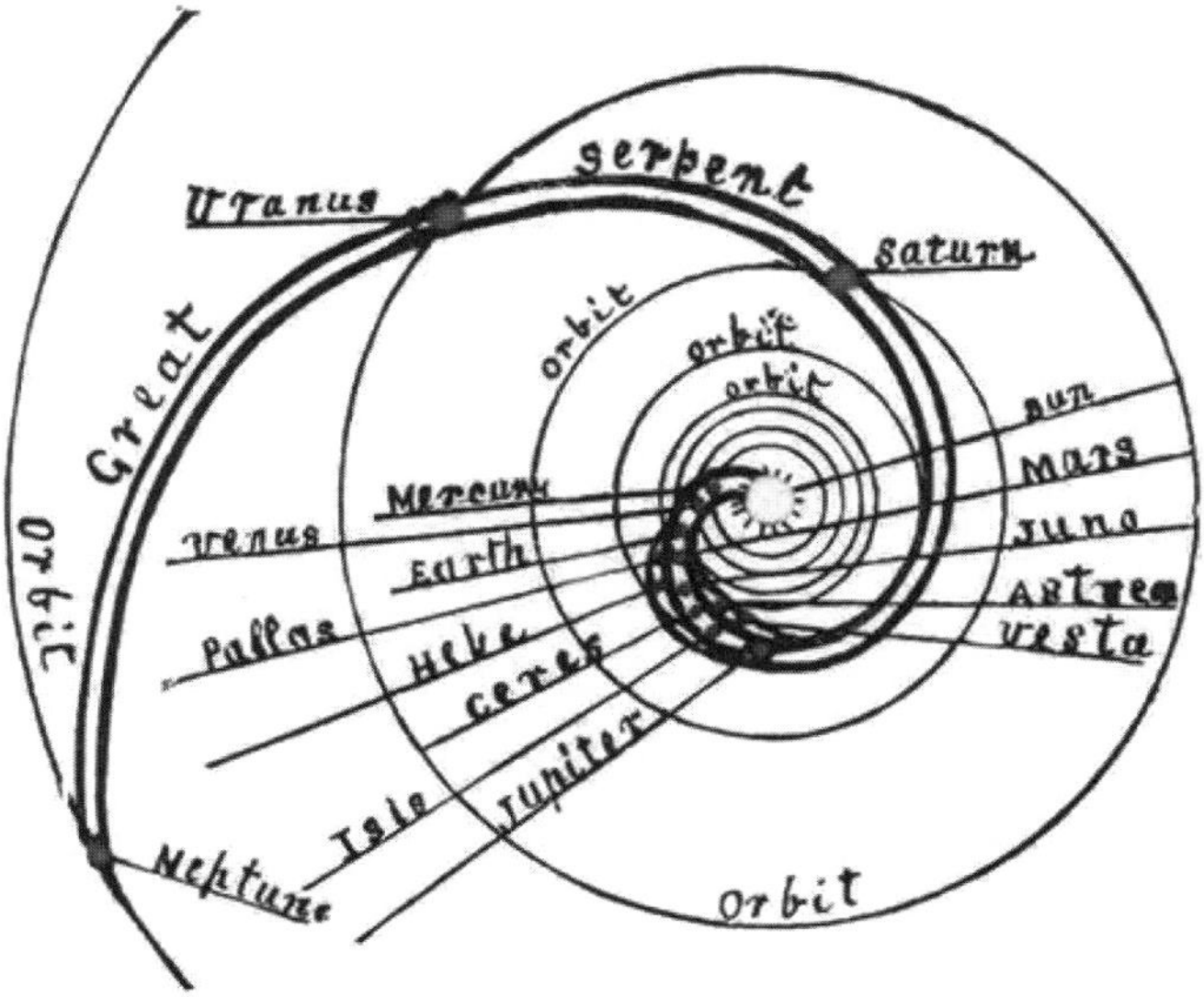

グレートサーペント（偉大なる蛇）：太陽を筆頭にして太陽系の惑星を結ぶと、太陽を頭とした巨大な蛇の形になる。その太陽団のこと。

「第５章　セザンテスの書」

最初の収穫：地球（一番下）と地球の低い天国（地球の上空）、その上に描かれた三日月形の物体がエーテリア界から来た「火の船」（セザンテスの時代）。火の船は、利己心から解放された霊をエーテリア界へと運ぶ（第二の復活の）ために使われる。

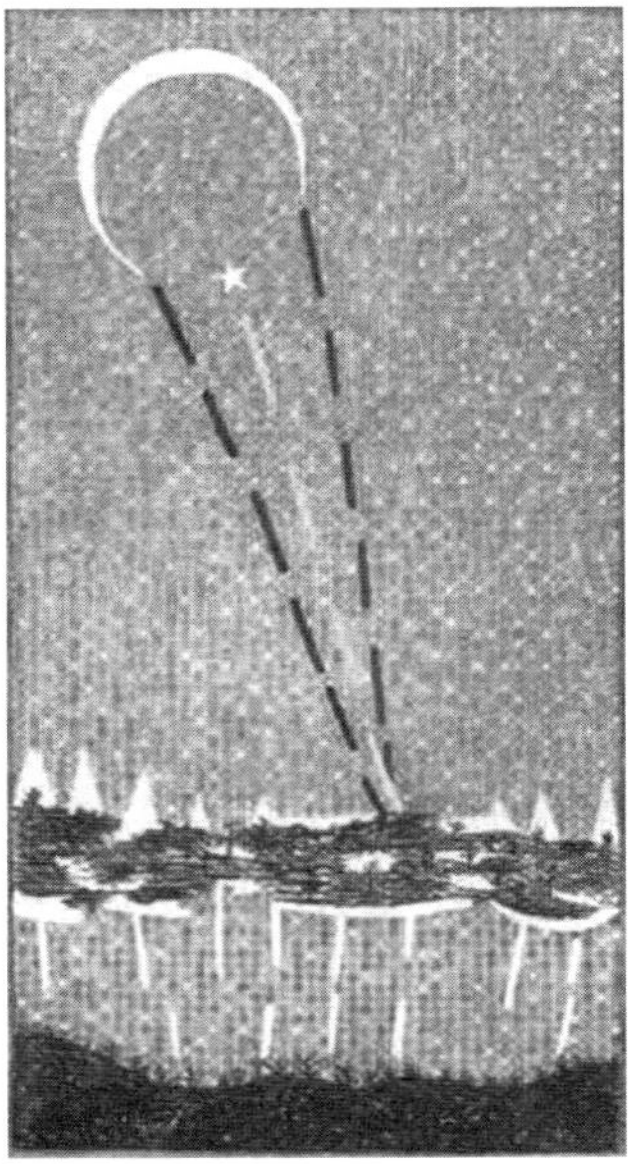

天国

地球

「第10章　アフの書」
「第14章　アポロの書」

太陽団が通ったエーテリアの道の地図：第17サイクルのアフの時代（3600年間）と第18サイクルのスーの時代（3200年間）、第19サイクルのアポロの時代（2800年間）と第20サイクルのソー（トール）の時代（3200年間）に、地球を含む太陽団が移動した道。縦の白い部分はダンハを表わす

太陽団が移動した道の幅

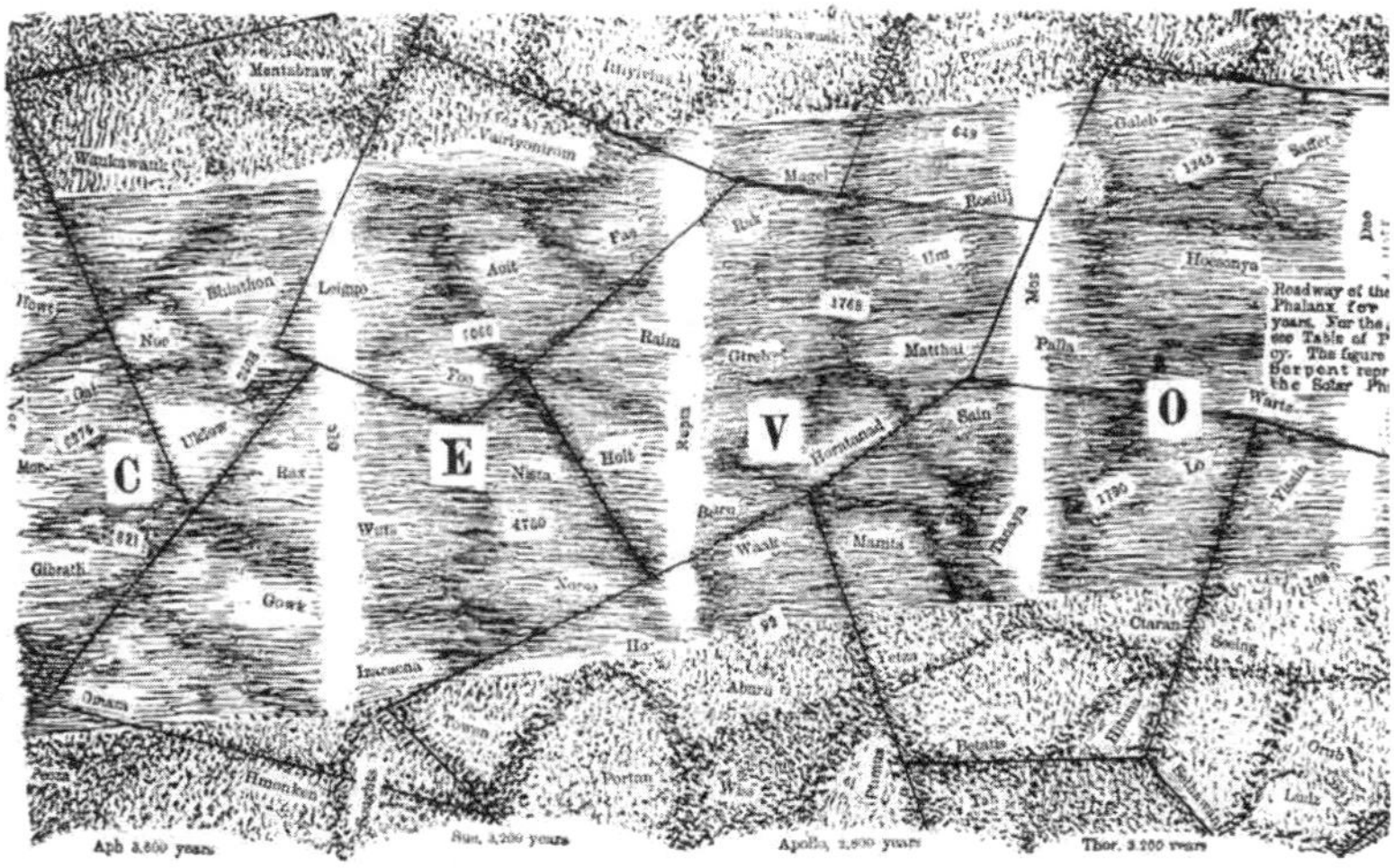

アフの時代　スーの時代　アポロの時代　ソーの時代

「第 18 章　オシリスの書」

太陽団が通ったエーテリアの道の地図：第 21 サイクルのオシリスの時代（3300 年間）と第 22 サイクルのフラガパッティの時代（3100 年間）に、地球を含む太陽団が移動した道。

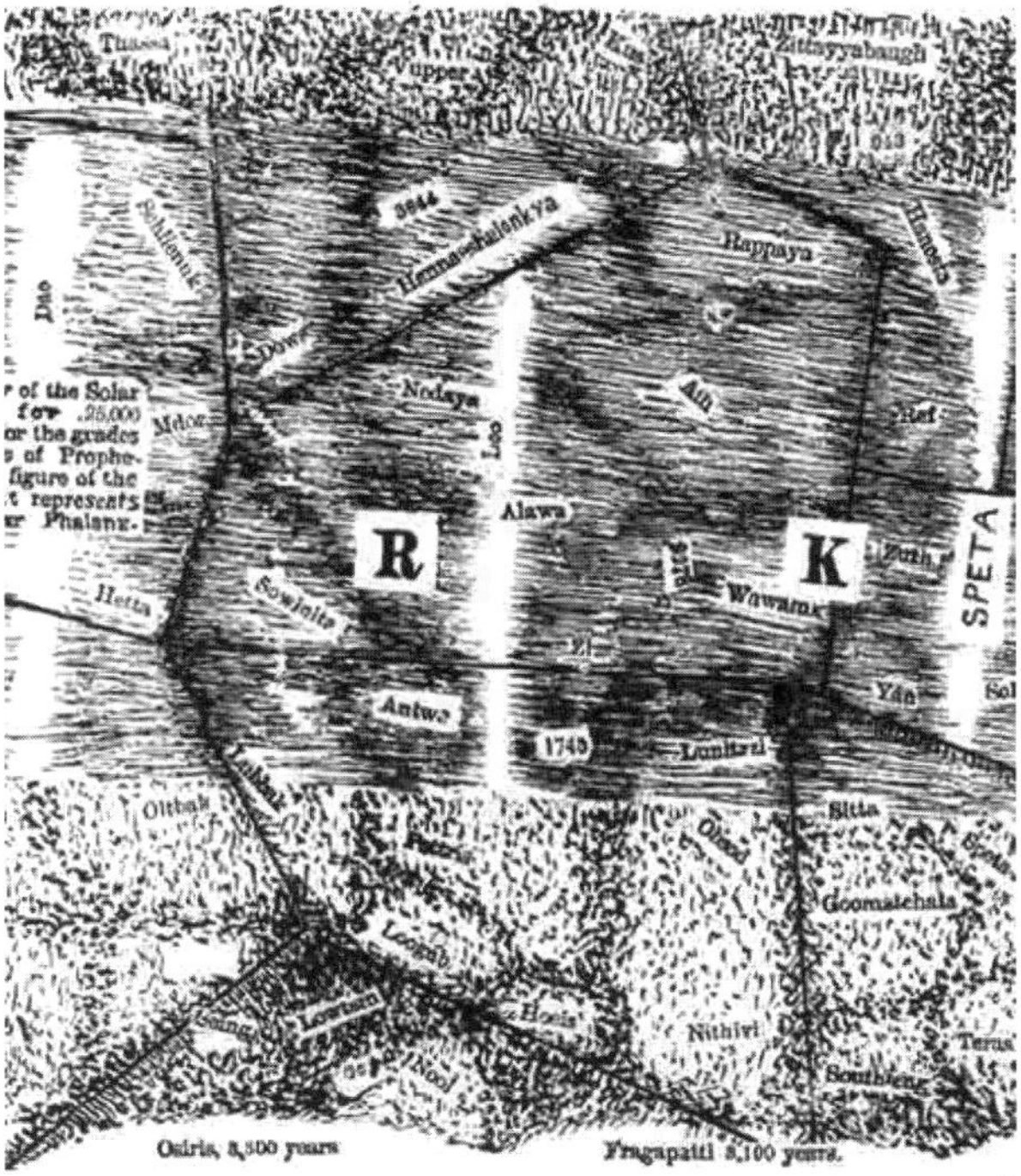

オシリスの時代　フラガパッティの時代

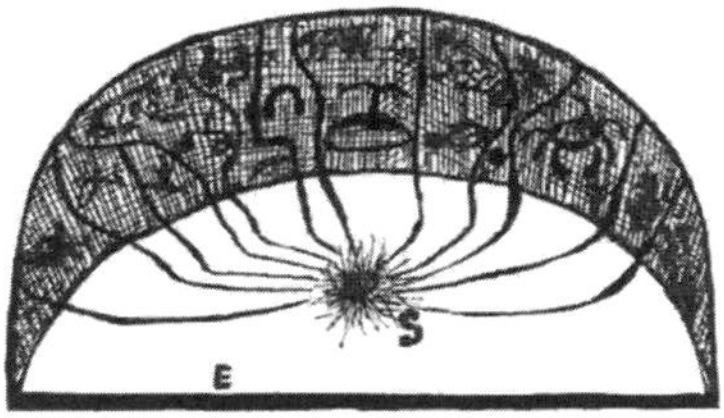

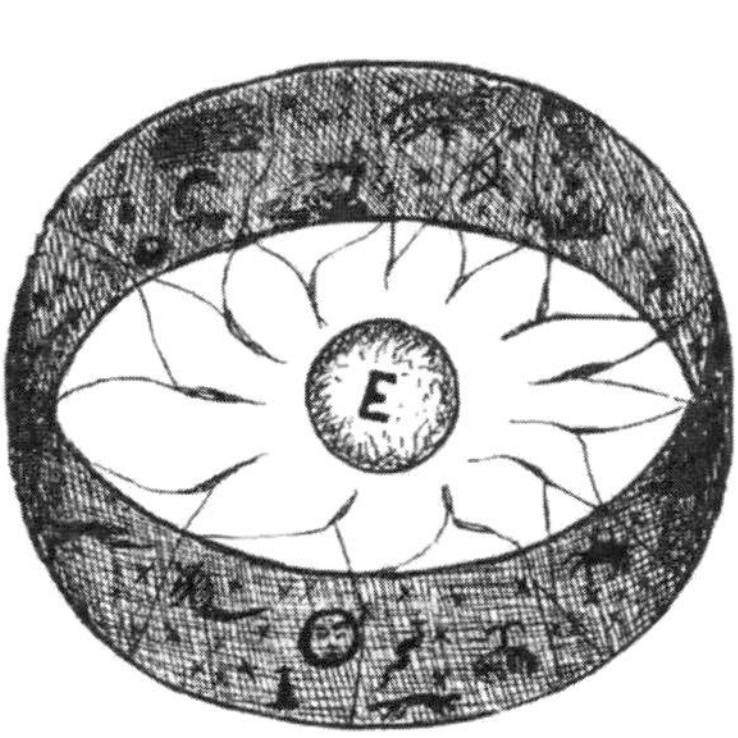

オンクまたは黄道帯：紀元前 1 万 0350 年にイヒン以外の人間に初めて明かされた黄道帯（獣帯）。E は地球で、S は太陽。

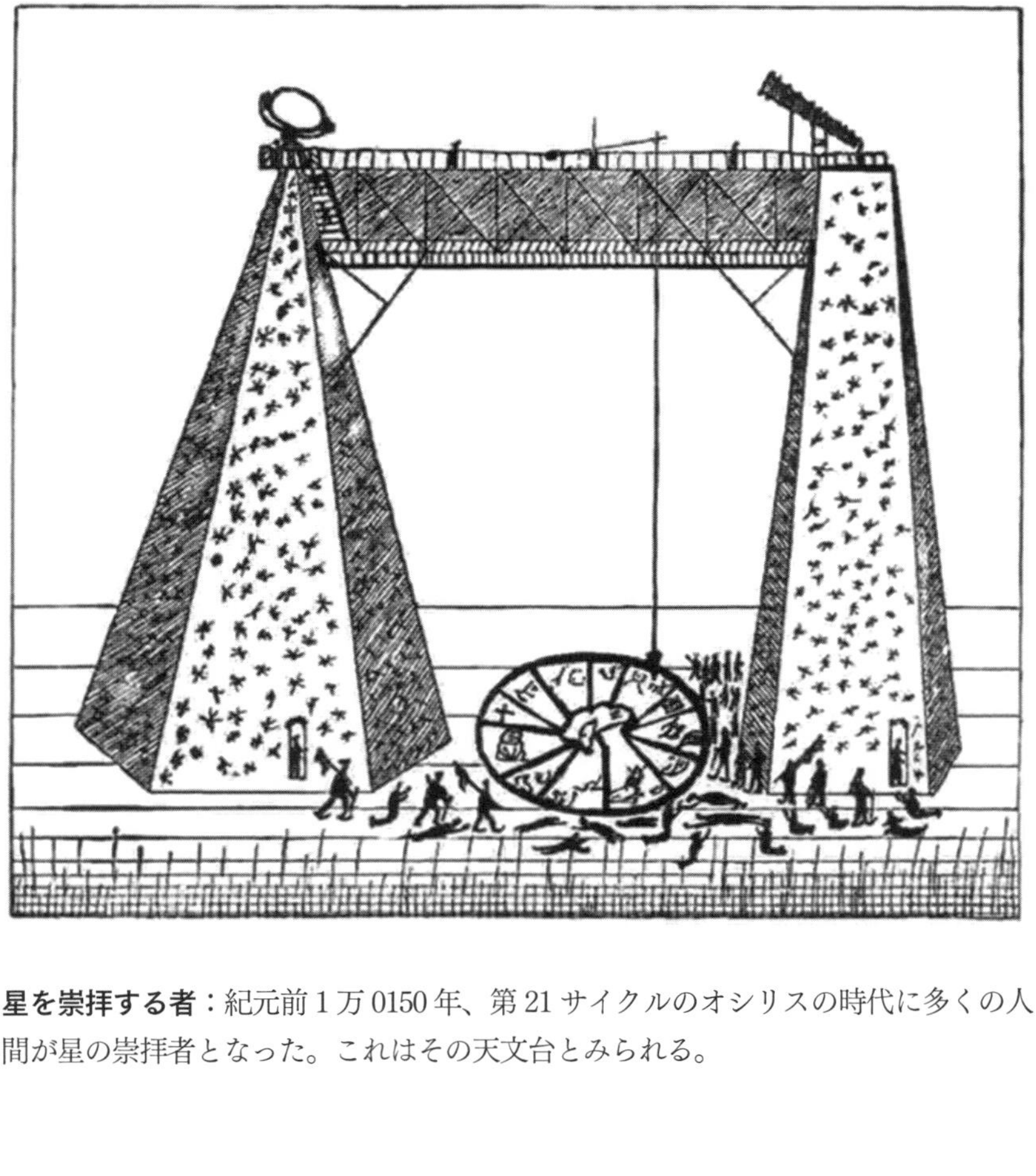

星を崇拝する者：紀元前1万0150年、第21サイクルのオシリスの時代に多くの人間が星の崇拝者となった。これはその天文台とみられる。

「第 20 章　フラガパッティの書」

フラガパッティが創設した地球のアトモスフェリア界の天国：地球に対する相対的な位置を示している。外側の点線はチンヴァット（エーテリア界とアトモスフェリア界の境界）を表わすが、実際にはもっと地球から離れた場所にある。Hはハライティ（フラガパッティの時代のもっとも階級の高い地球の天国）で、Fはゼレドー（二番目に高い地球の天国）。数字の１～７は、三番目に高い天国。この七つの天国は、「七つの天国の山」と呼ばれ、「アオアス」という名前で知られていた。Dはおそらくもっとも低い地球の天国。地獄とも呼ばれた。

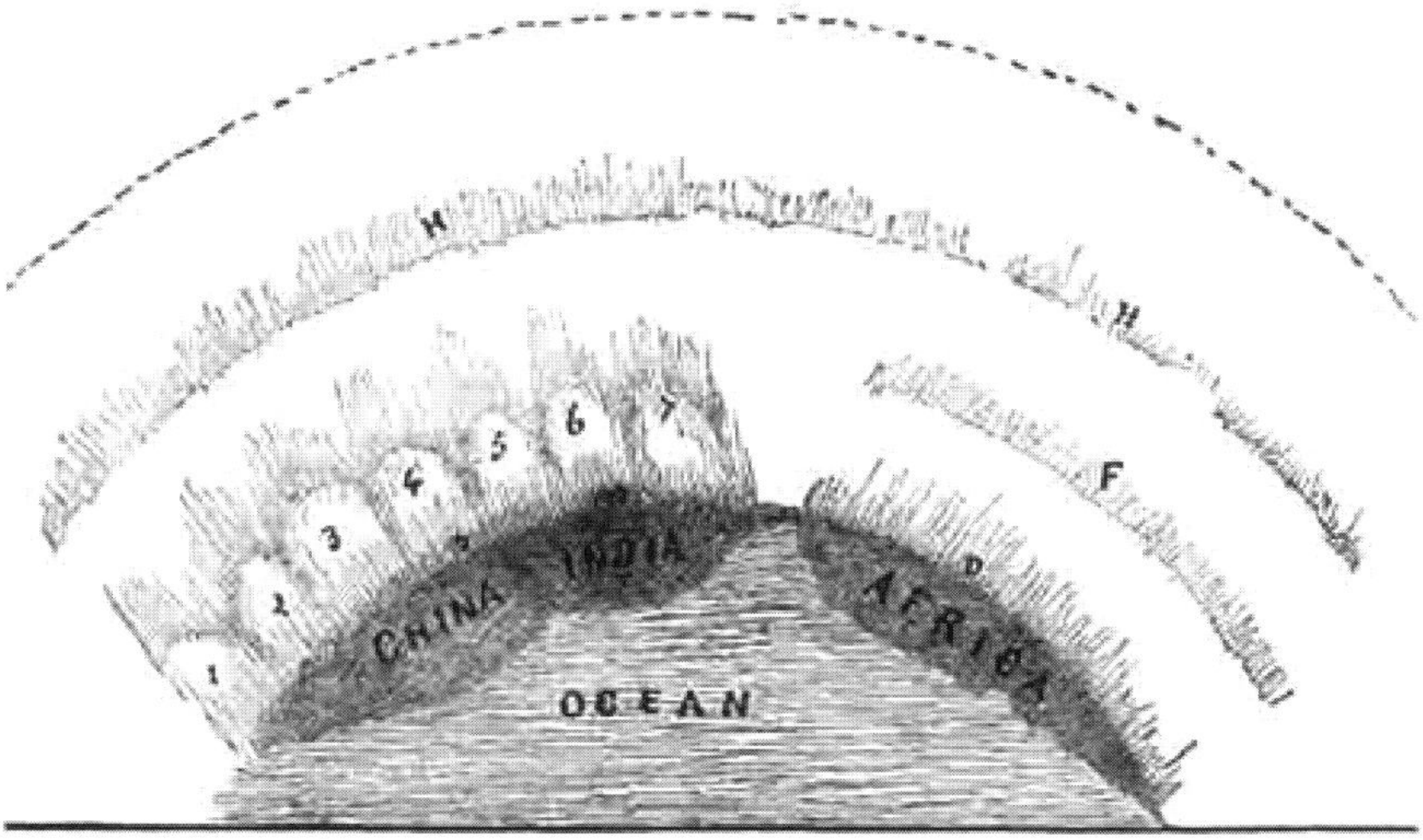

「第 23 章
スペンタアルミジの書」

太陽団が通った
エーテリアの道の地図：
第 23 サイクルのスペンタアルミジの時代（2400 年間）、第 24 サイクルのリカの時代（3400 年間）に、地球を含む太陽団（図のグレートサーペント）が移動した道が描かれてる。

アノード：スペタ時代の初めにおけるセヴォルクム（太陽団の道）とグレートサーペント（偉大なる蛇）。アノードの意味は不明。

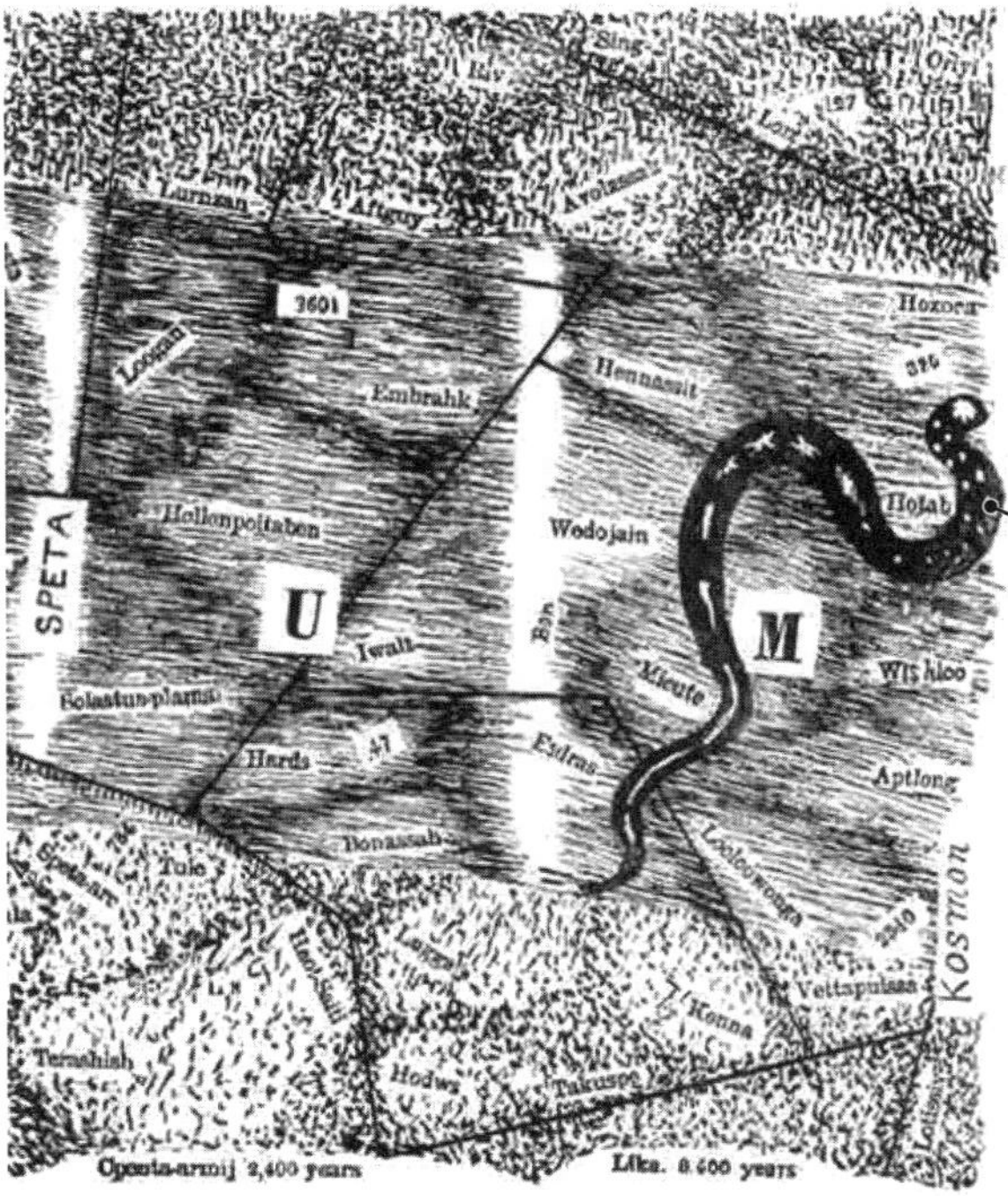

スペントアルミジの時代　　リカの時代

グレートサーペント（太陽国）

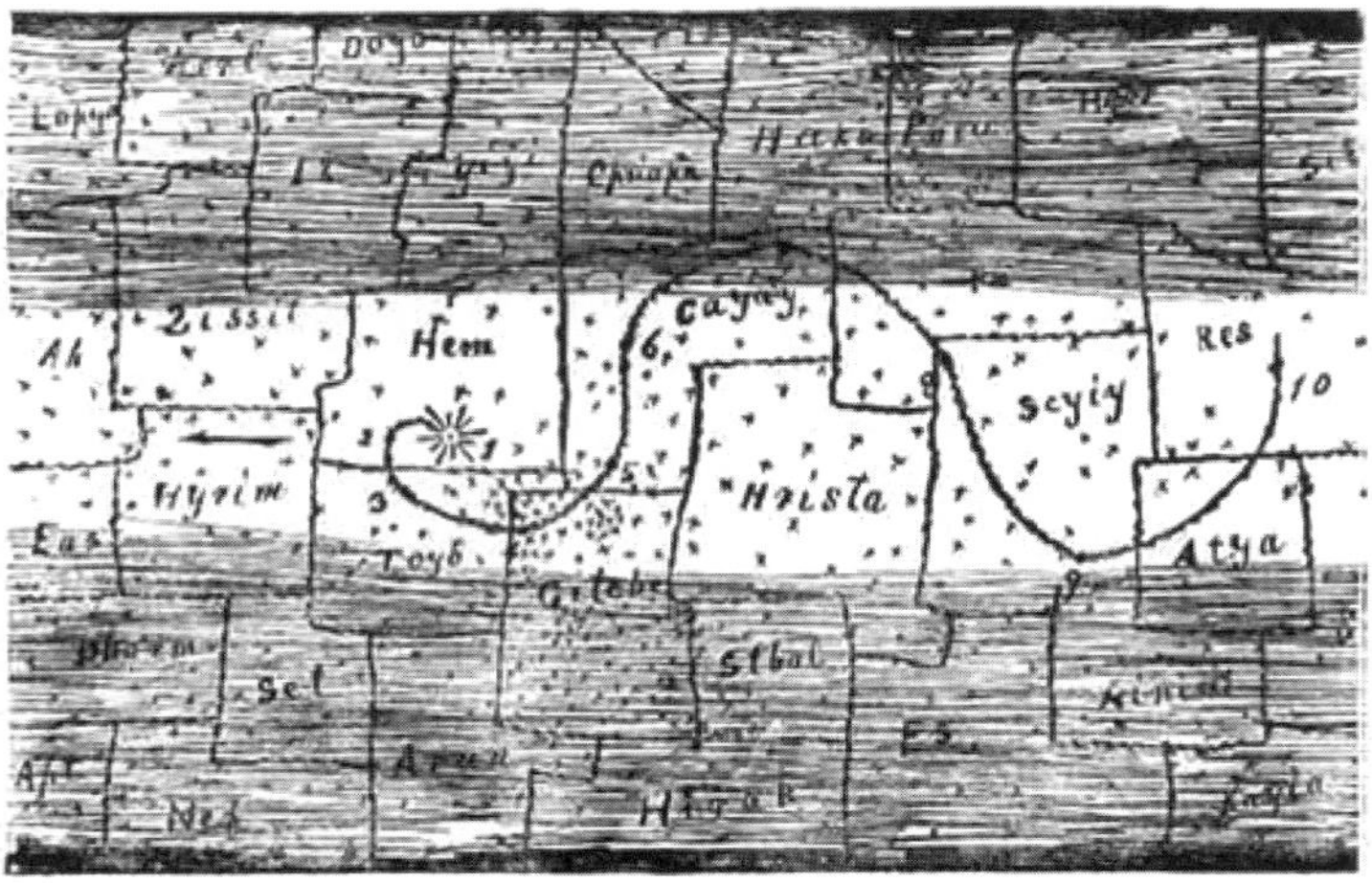

「第 24 章　神の第一の書」

トゥックシェインとチェグー：グアタマ(アメリカ)のアナグーマハハという土地の王と女王。二人とも頭が平らなのは、幼少期に頭の形を小さく変形させると、霊と会話できるようになると考えられたからである。実際、二人は霊の声をある程度聞くことができた。

「第 25 章　ジェホヴィとの戦いの書」

偽のオシリスとイシス：アヌハサジによってアラビンヤの支配者に任命された偽のオシリスと、偽のオシリスの女性性であるイシス。

偽のオシリスの刻板：この刻板は後のモーゼの時代のエジプト人が所有しており、当時確立した宗教の特徴を有している。つまり、偽のオシリスが天国から追放されてからも、偽のオシリスが確立した宗教は一定期間、地上に影響力を持ったことを示している。

「第 29 章 エスの書」

太陽団が通ったエーテリアの道の地図：第 21 のサイクルのオシリスの時代から第 24 サイクルのリカの時代まで 1 万 2200 年間に、地球を含む太陽団が移動した道。幅の広い横の帯が、太陽団が通った道で、右に描かれている巨大な蛇が、その太陽団であるグレートサーペント。白い縦の帯はダンハを表わす。それぞれダンハの名前をとって、「スペタの時代（スペンタアルミジの時代）」「ボンの時代（リカの時代）」などと呼ばれた。

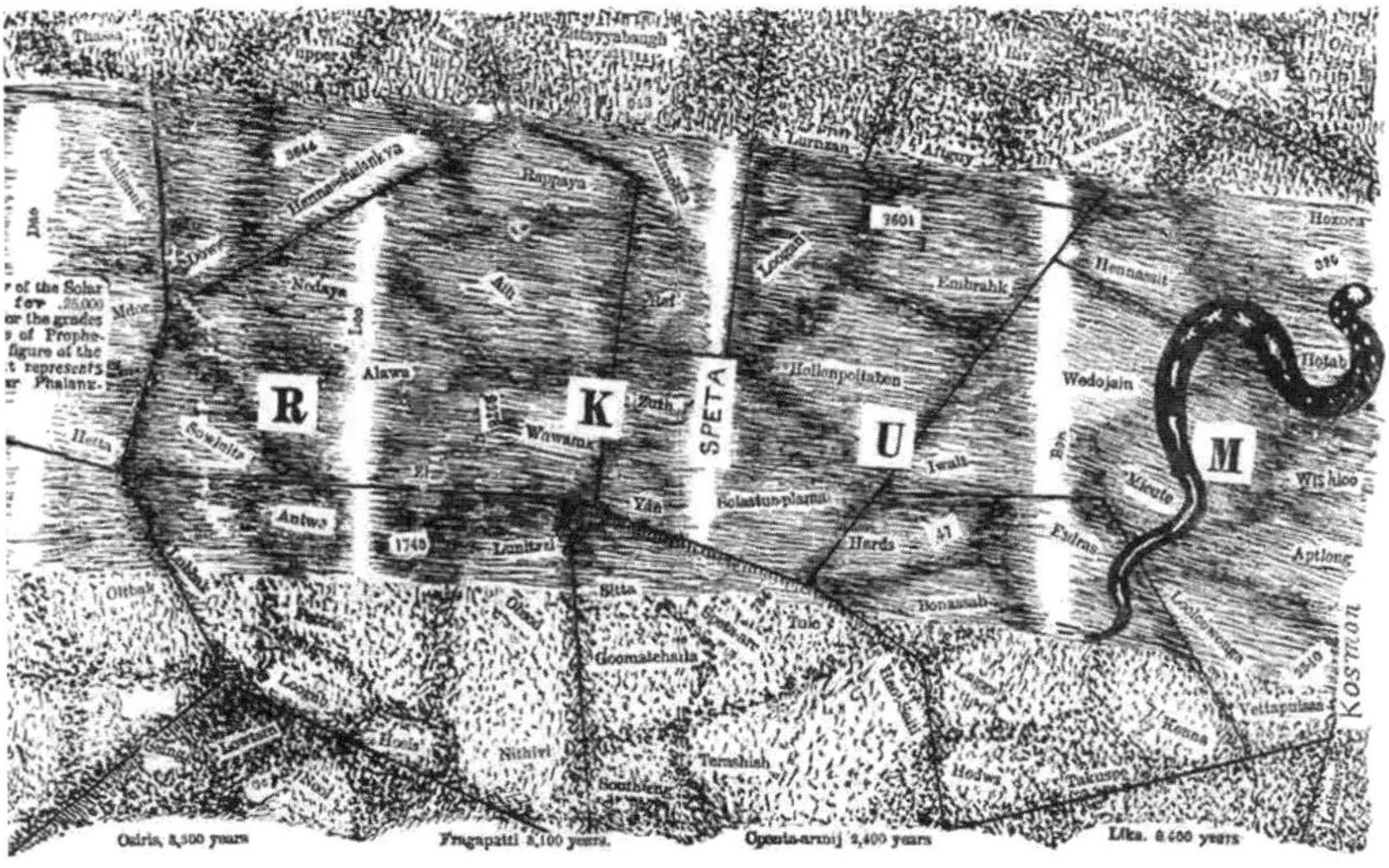

オシリスの時代　フラガパッティの時代　スペンタアルミジの時代　リカの時代

「第 35 章　サファの書」

パン語、イーハ語、ヴェーデ語、ヘブライ語、サンスクリット語の文字：現代の英語になるまでの音や文字の変化について書かれている。

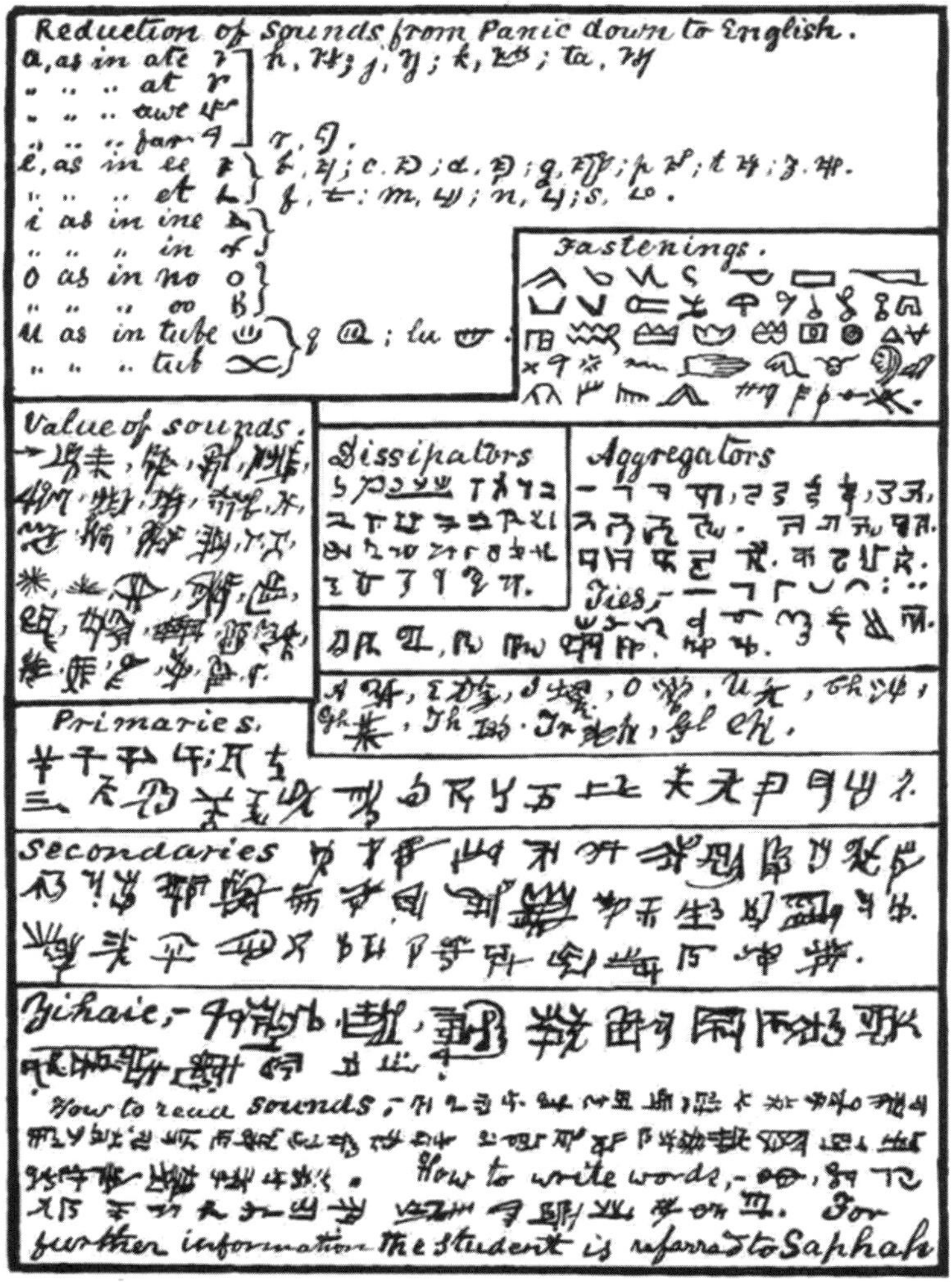

アヒオドザンの刻板：パン語の数体系。

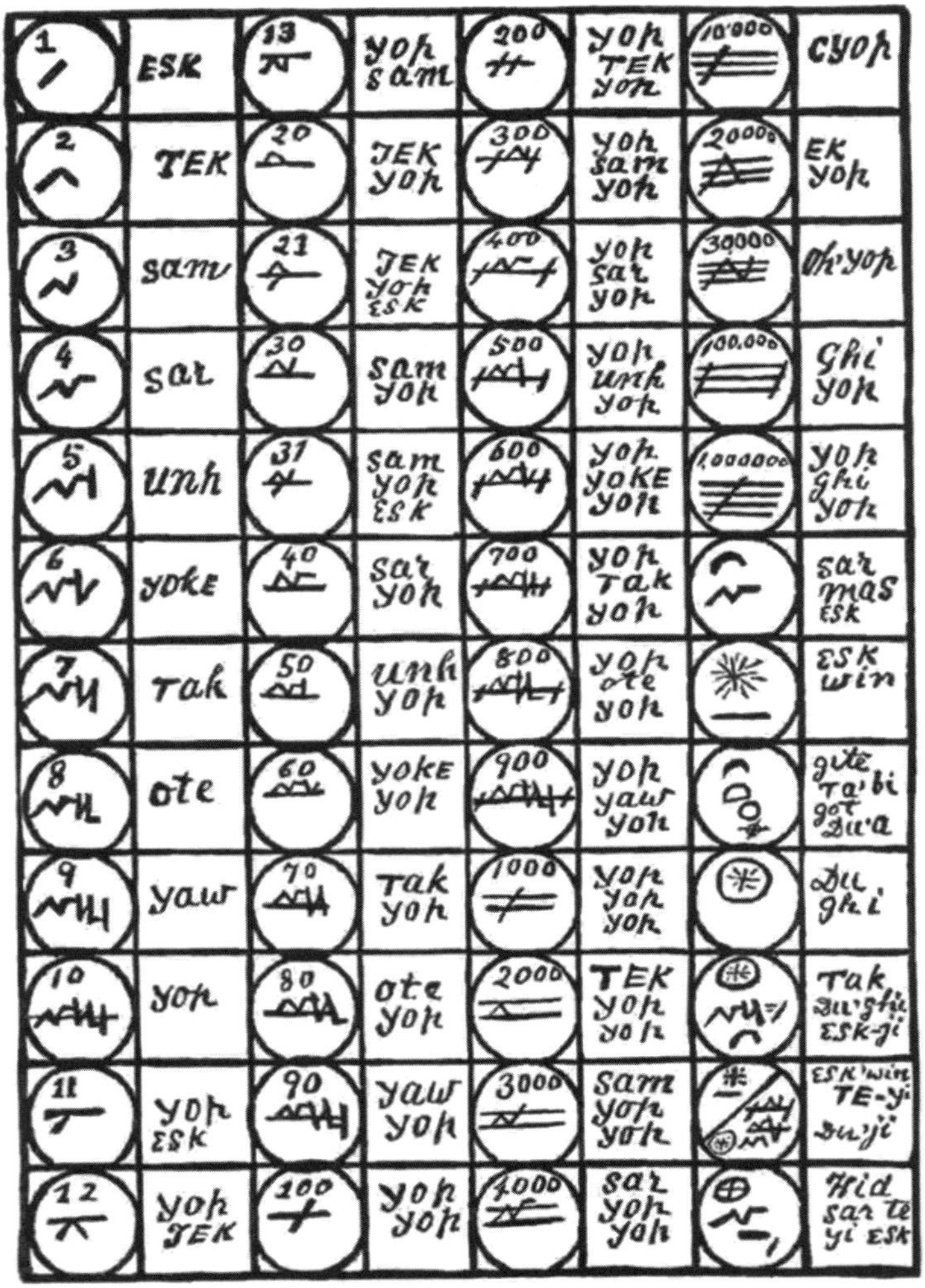

1
ESK
2
TEK
3
sam
4
sar
5
unh
6
yoke
7
tak
8
ote
9
yaw
10
yoh
11
yoh ESK
12
yoh TEK
13
yoh sam
20
TEK yoh
21
TEK yoh ESK
30
sam yoh
31
sam yoh ESK
40
sar yoh
50
unh yoh
60
yoke yoh
70
tak yoh
80
ote yoh
90
yaw yoh
100
yoh yoh
200
yoh TEK yoh
300
yoh sam yoh
400
yoh sar yoh
500
yoh unh yoh
600
yoh yoke yoh
700
yoh tak yoh
800
yoh ote yoh
900
yoh yaw yoh
1000
yoh yoh yoh
2000
TEK yoh yoh
3000
sam yoh yoh
4000
sar yoh yoh
10,000
cyoh
20000
EK yoh
30000
Oh'yoh
100,000
Ghi yoh
1,000,000
yoh ghi yoh
sar mas ESK
ESK win
gite ta'bi got du'a
du ghi
Tak du'gtu ESK-ji
ESK'win TE-yi du'ji
Hid sar te yi ESK

パン語の文字：弁明「宇宙は満たされている。万物はその構成員である。万物は言葉を持つ。万物の言葉を聞きなさい。あなた方はその言葉の記録者となりなさい。（中略）鳥は何を語っているのか。獣や星々、太陽、あらゆるものは何を語っているのか。彼らの魂が語りかけてくる。彼らの魂の声に耳を澄ませなさい。そして、それらを繰り返しなさい。光はあなたを根源へと導く」。

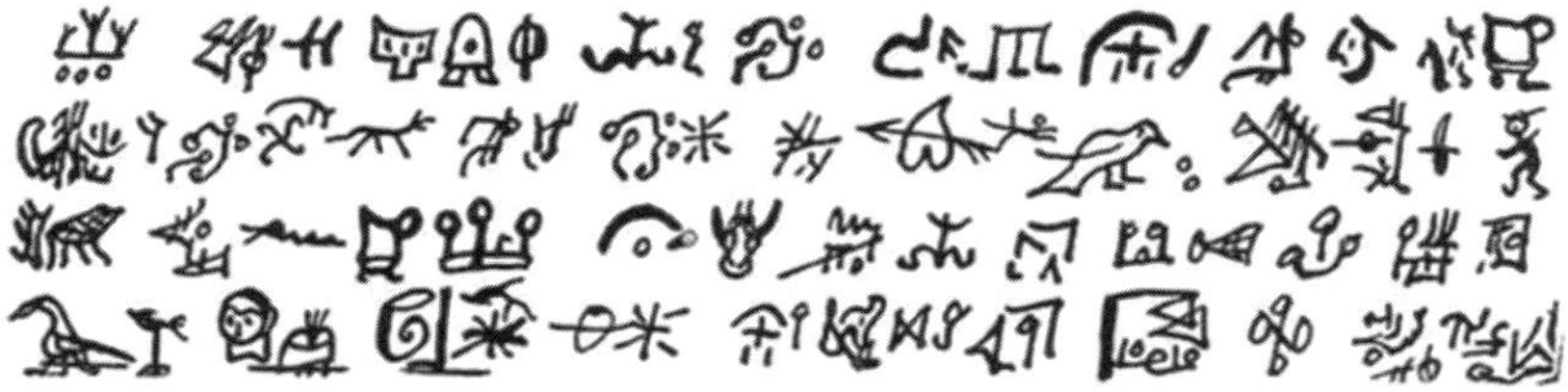

セモインの刻板：パン語は地球語を意味する。すべてのモノは発する音にちなんで名づけられた。このように、それぞれのモノの魂は話しかけ、声に出されたものはパン語と呼ばれた。パン語は、地上で最初の言語であったが、セモイン（キイ語）ができるまでは書き言葉ではなかった。セモインは最初の書き言葉としてセザンテスの時代にイヒンに与えられた。ここに書かれたセモインには、人間に対してなされた、創造についての最初の説明が記されている（右図参照）。

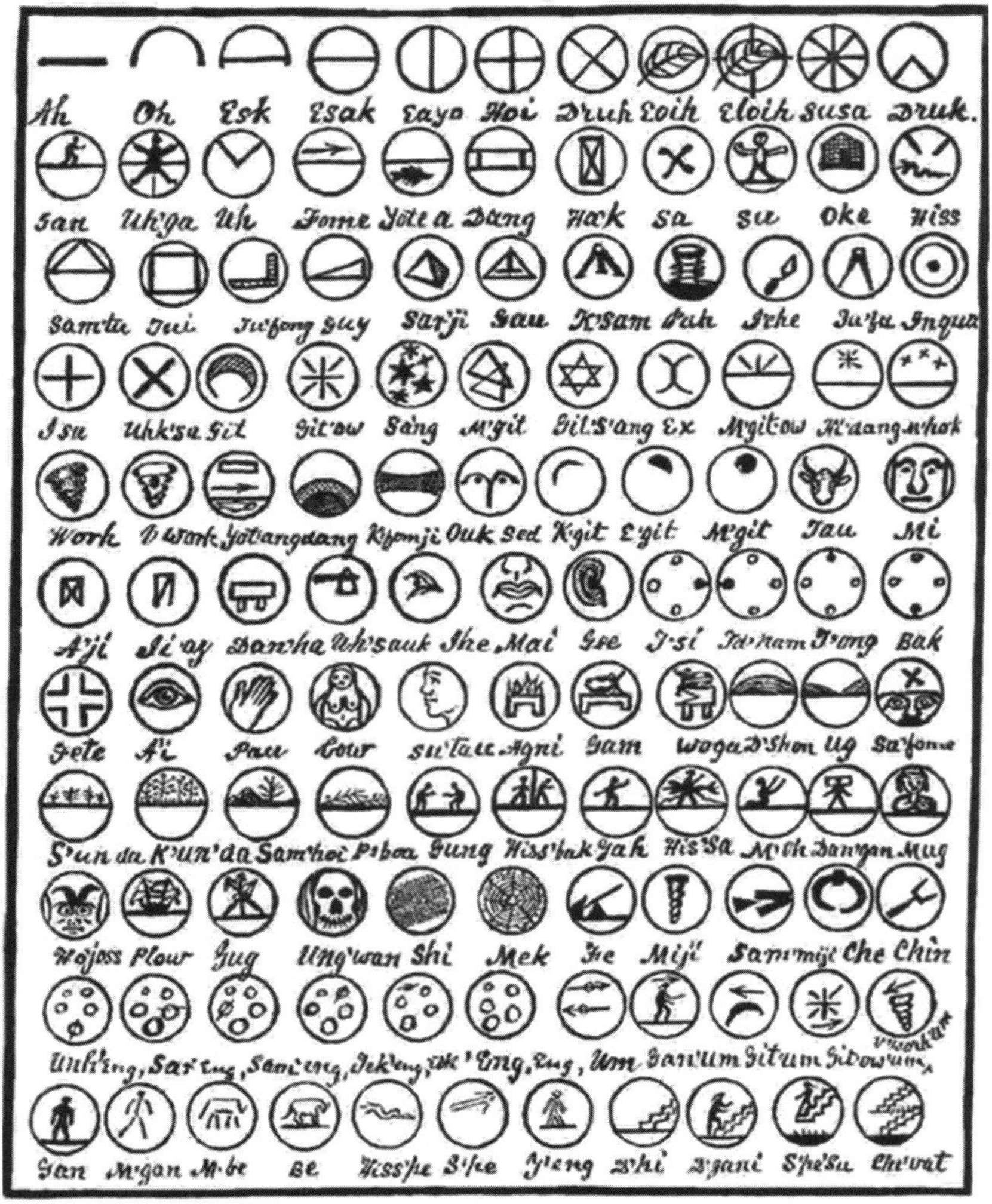
Ah Oh Esk Esak Eayo Hoi Druh Eoih Eloih Susa Druk.

バー・ガン・ガドの刻板：牡羊座の起源。女性の顔をした羊が描かれている。牡羊座は優しさを表わす。

タウ・ガン・ガドの刻板：牡牛座の起源。雄牛には計画者・突き出す者という意味がある。牡羊座（優しさ）や雌牛（受容性）の反対語でもある。

ビーネイの刻板：ビーンまたはビーヌの刻板とも呼ばれる。ここに描かれた三つのガド（獣神）は、低い天国の神の三種類の統治形態を示している。動物に関連した特徴は、おとなしさから力強さ、そして最後には破壊性にまで及ぶが、それぞれが偽の神の階級や性質に対応している。

イヒンの刻板：右上の１から始めて、下に読み進む。イヒンが使ったガウ語、ヒウト語、またはフス語とみられる。

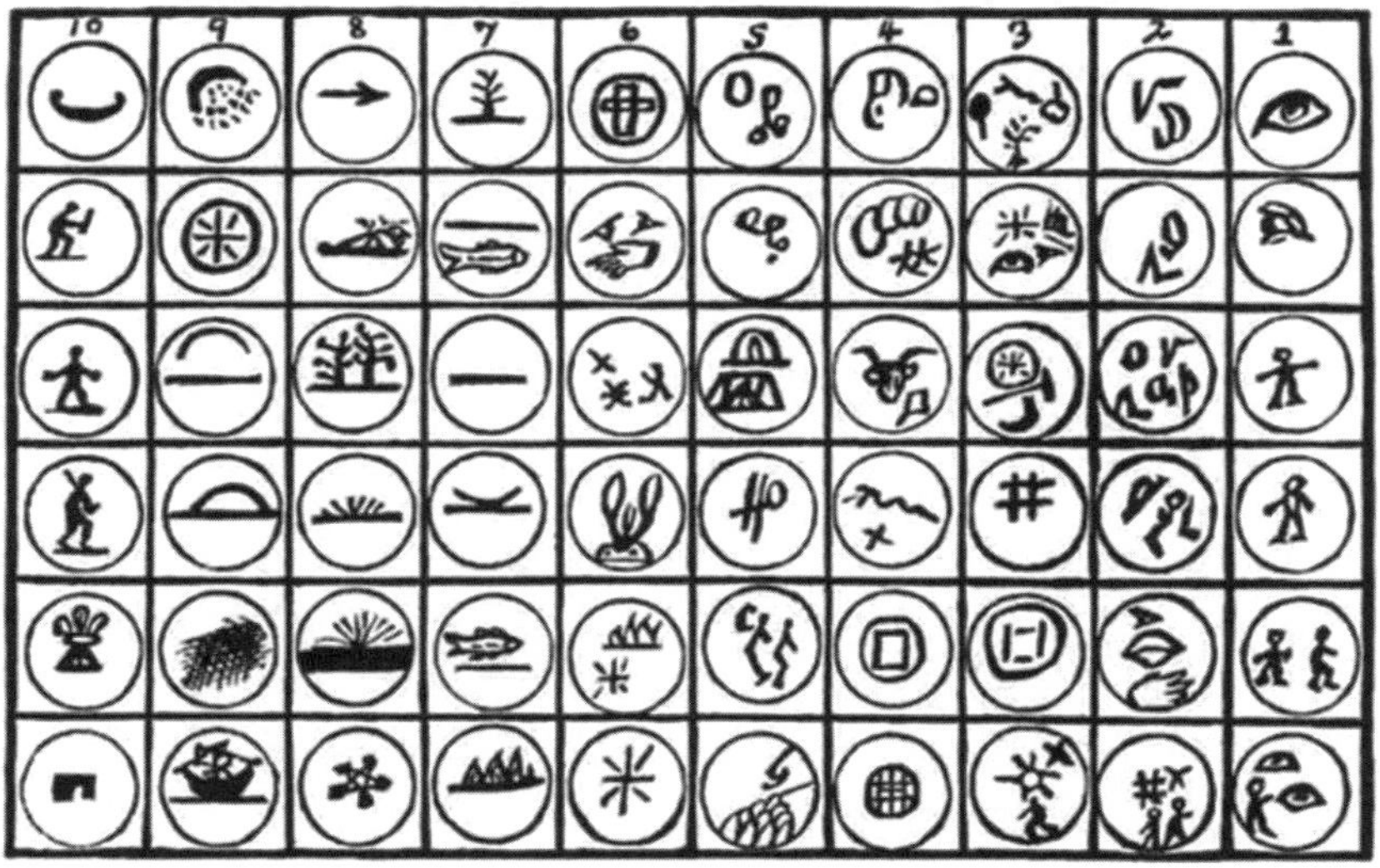

キイ語の刻板：アルファベットと重要な言葉の一覧。右上の１から始めて下に読み進む。

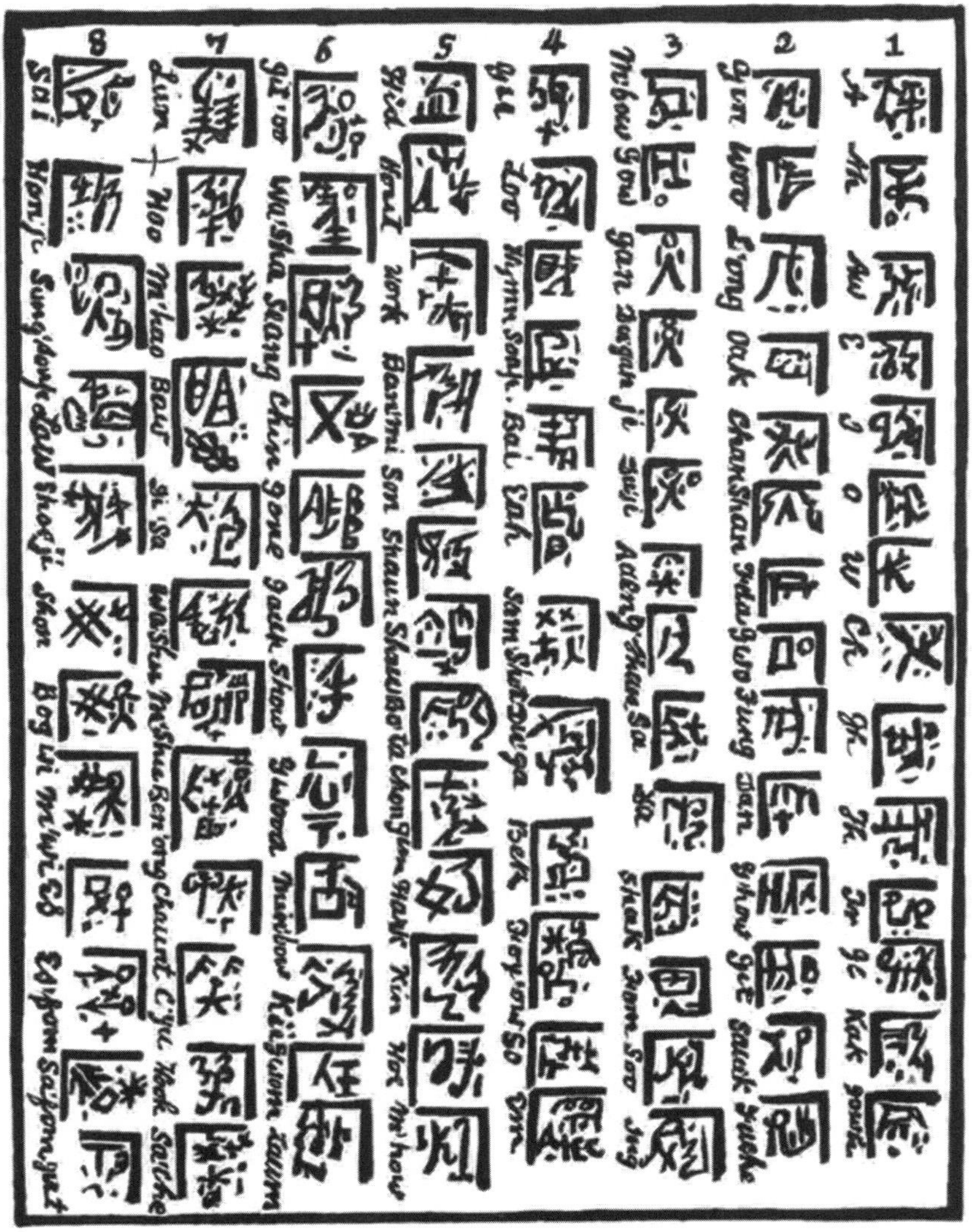

エンパガトゥの刻板：ヒジ族のフォネス語。左から右に読む。

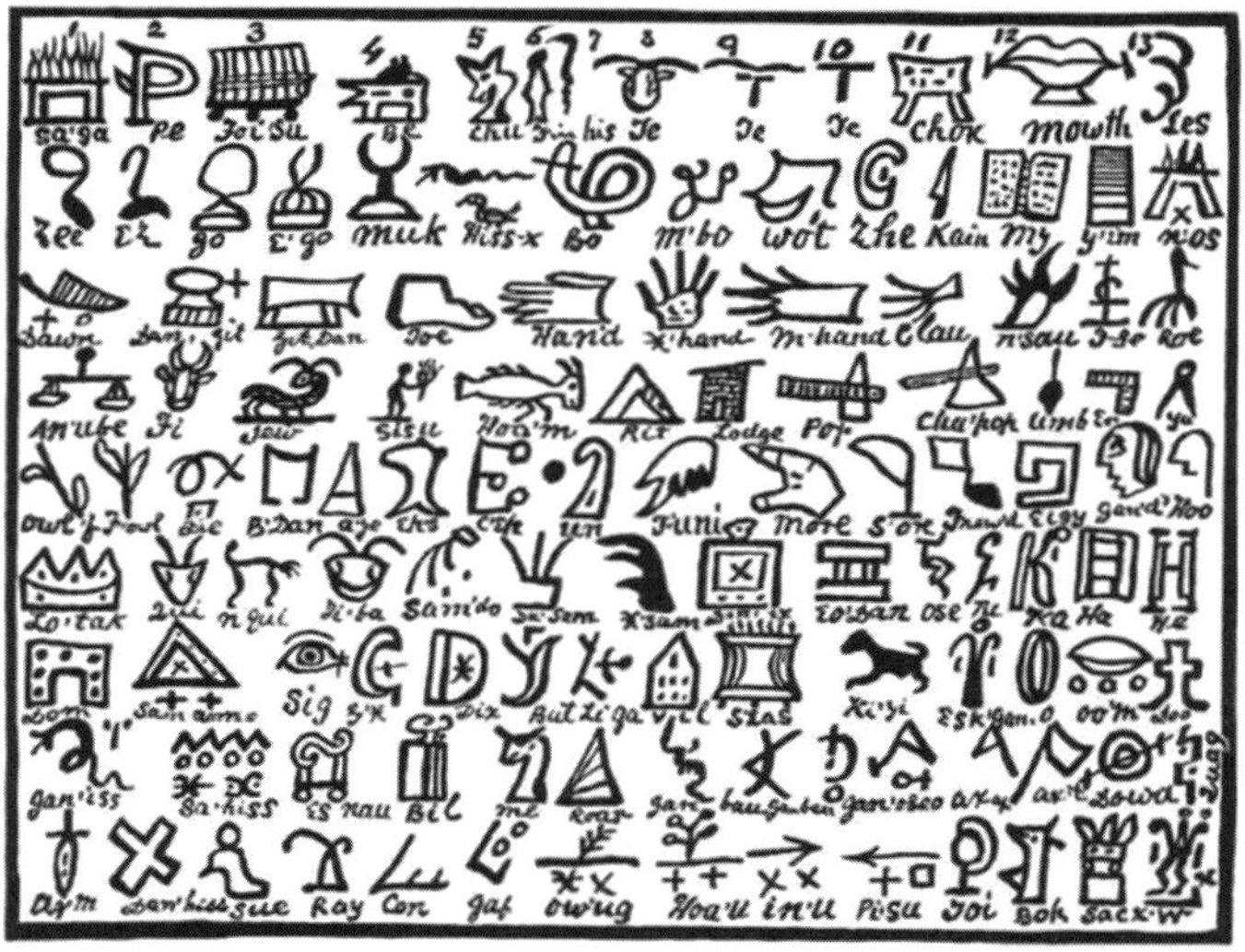

ザール語の刻板：１の列から順番に下から上に向かって読む。

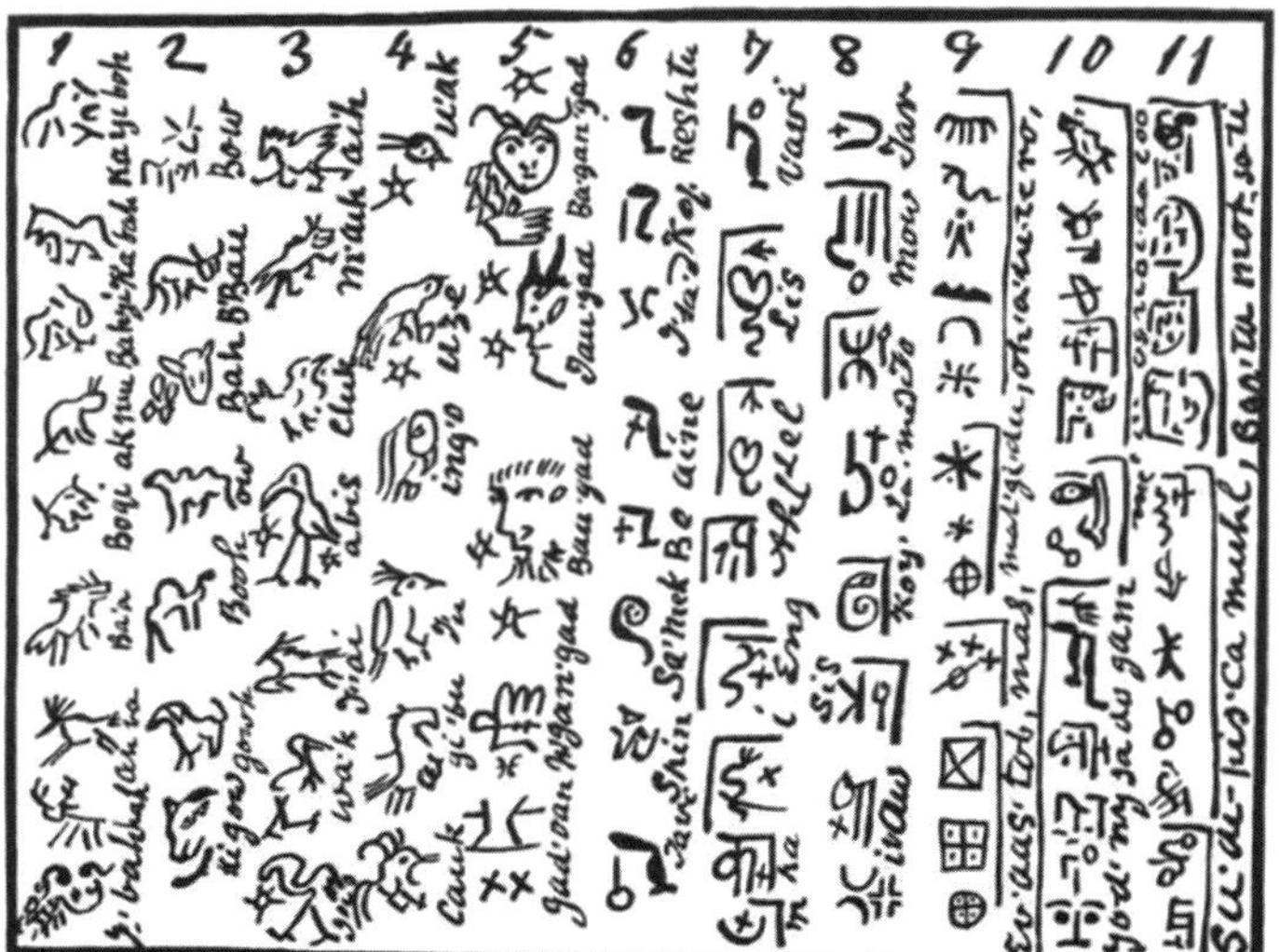

イズとザールの刻板：二つの部族、イズとザールの子孫はイザールまたはイズラエル（イスラエル）と呼ばれた。イズ語とザール語は起源が同じで、チャイン語を語根としている。

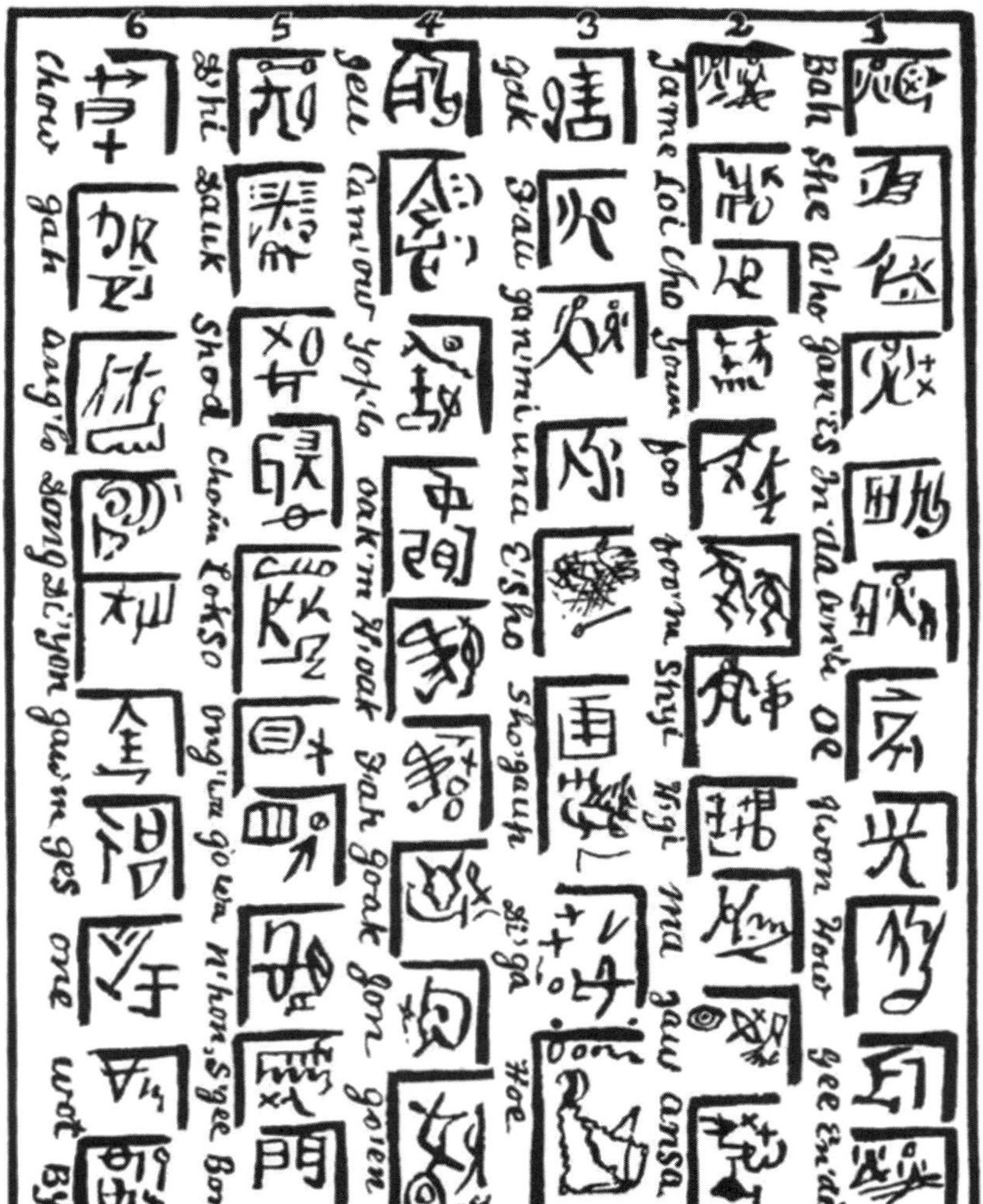

クァデス・イズ（神聖な紋章）：番号は列を意味し、上から下へと読む。

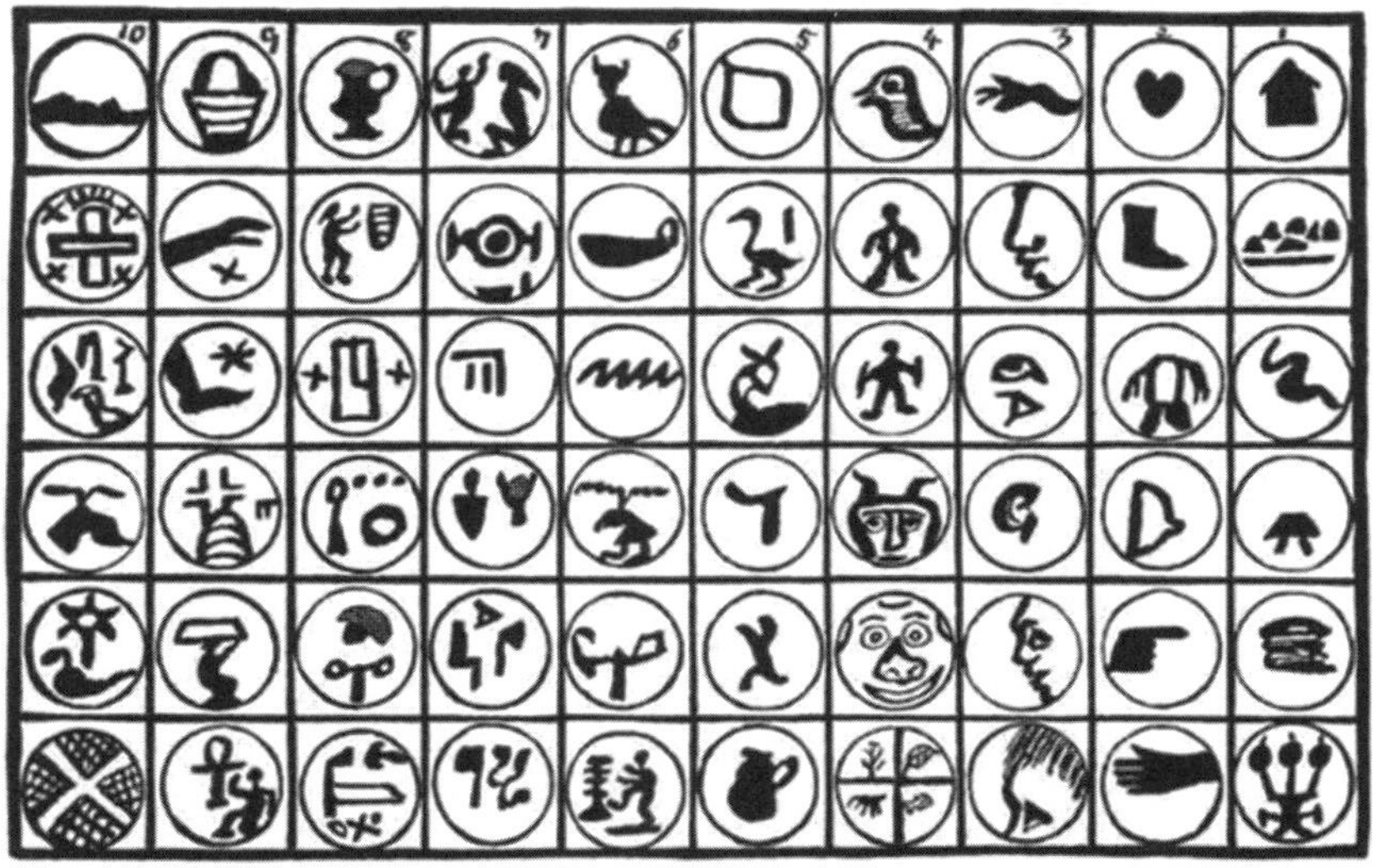

フォネス語の刻板：マスターから伝授を受ける新入会者は、この刻板の印と紋章を番号順に上から下に読むことになっている。

古代エジプトの刻板：祈りのためのシンボルが記されている。

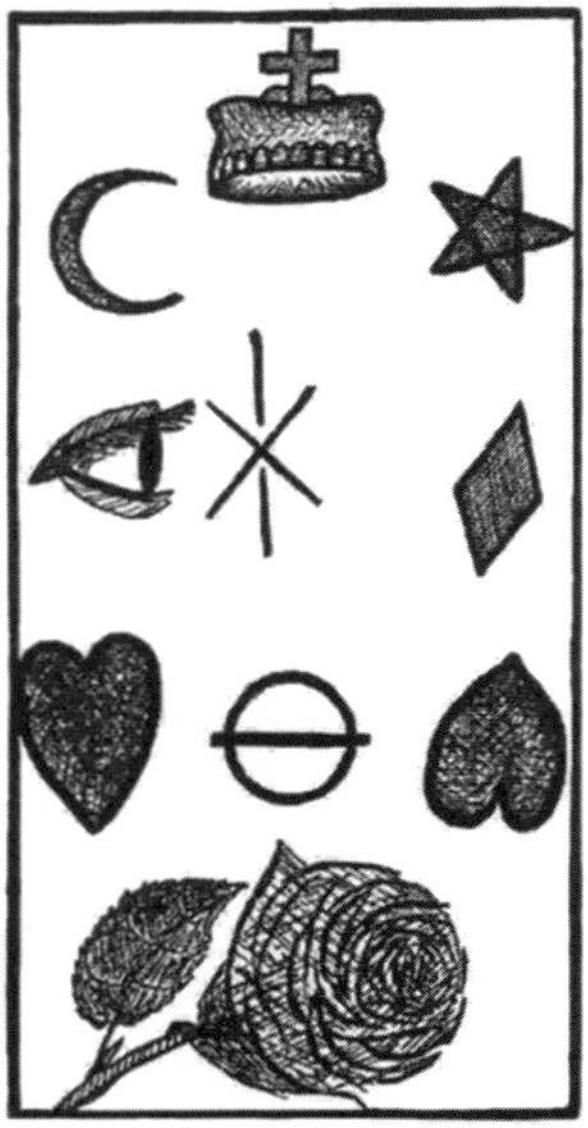

ハイイの刻板：象眼模様のテーブルに彫られた刻板で、家族がその周りに座り、霊との交感と祈りを行なった。家族の祭壇と呼ばれた。

太陽の階級の儀式：A＝マスター、B＝新入会者、C＝第一の門、D＝第二の門、E＝（不明)、F＝第三の門、G＝第四の門、H＝生贄の祭壇、I＝忠誠の誓い、J＝骨と頭蓋骨によって象徴される死の場所、K＝棺、L＝痛みを克服する霊力の証明、M＝体を槍で貫かれて降伏すること、N＝新入会者が無傷ですべての肉体的拷問に耐えられたという証明。これらの儀式は内側の半円の部分に描かれている。外側の新月（三日月）の部分は、天国の神々および人間の使者の宝石と場所を示すとともに、各人に割り当てられた職業や、道具と器具が描かれている。これらは儀式の最中の観衆を表わし、労働者は内側の半円に配置された。これは紀元前 7150 年ごろの儀式であった。

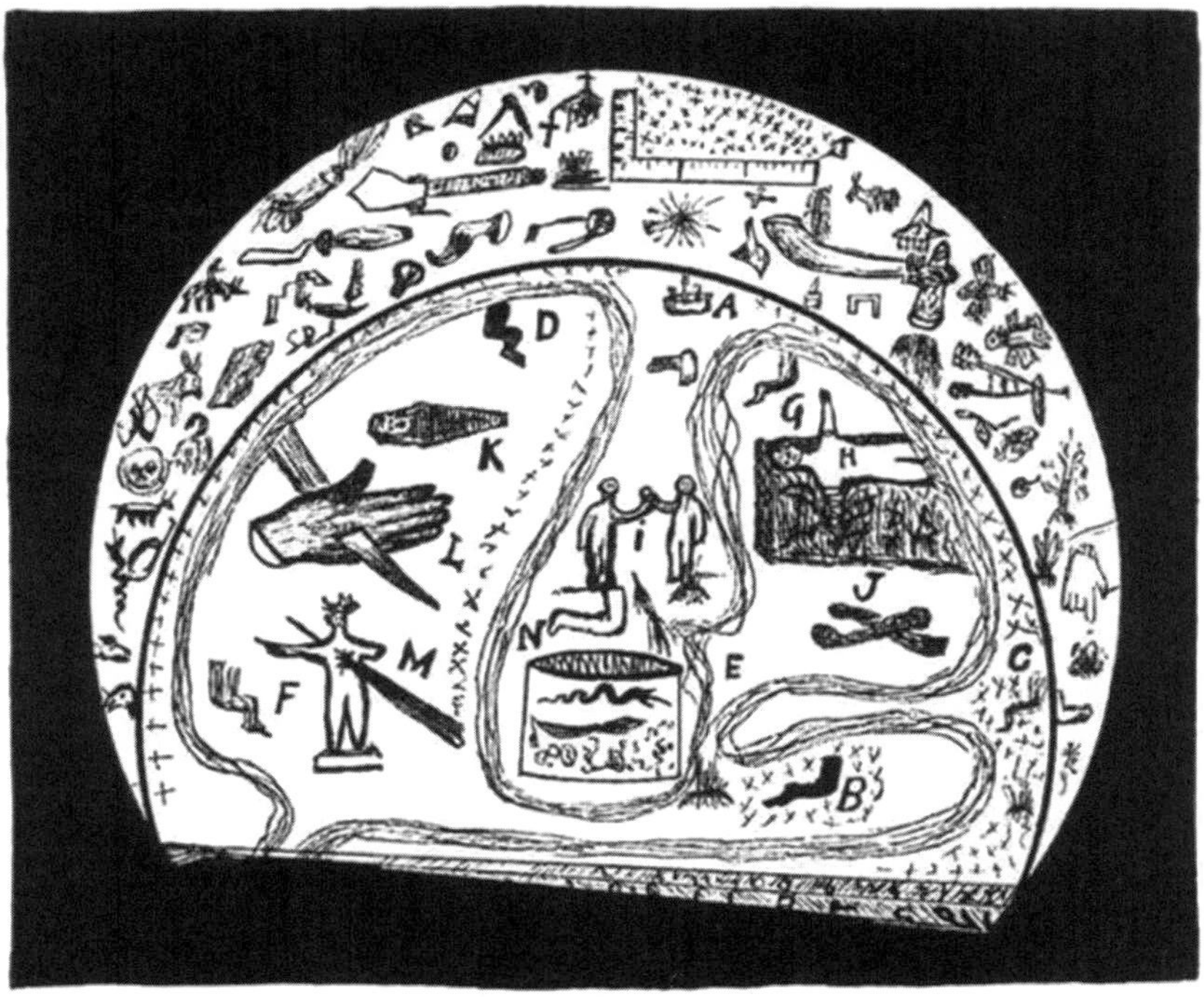

キイの儀式の刻板：この刻板と儀式は、ペルシャ、アラビア、ギリシャ、トルコと、アルゴンキン族（アメリカ大陸の先住民）のものであった。時代は紀元前 3350 年ごろ。

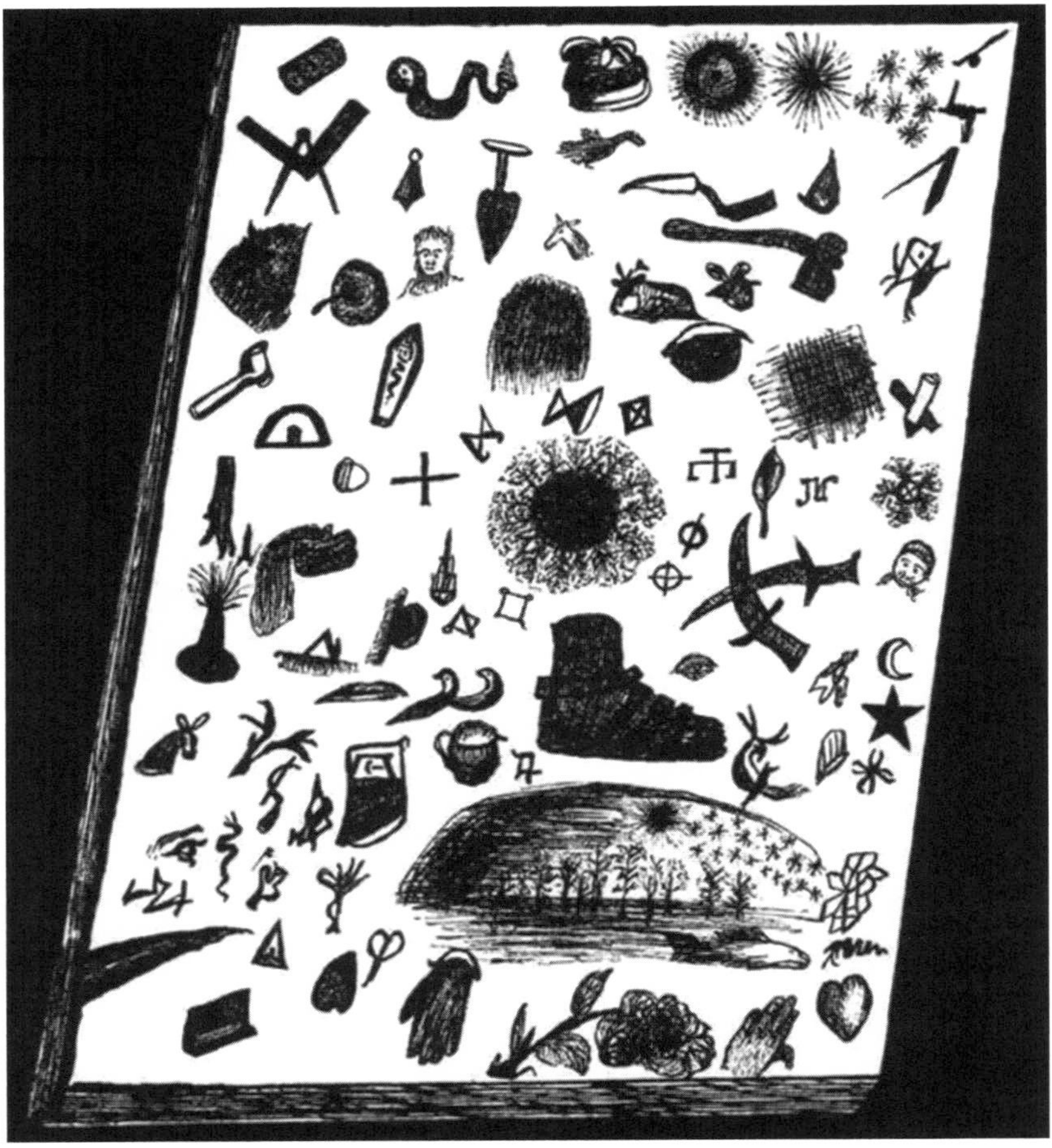

ポートパン・アルゴンキン：聖なる民イヒン（土塁造り）による入門者と、マスターの問答を記録したアルゴンキン族の刻板。

アヌビスの刻板：古代エジプト人による刻板。

「土塁造り」の聖書：グアタマ人（アメリカの先住民）のイヒンによる刻板。上から始めて、左から右に読む。天国の神々の 12 の祝宴のための区域が描かれている。

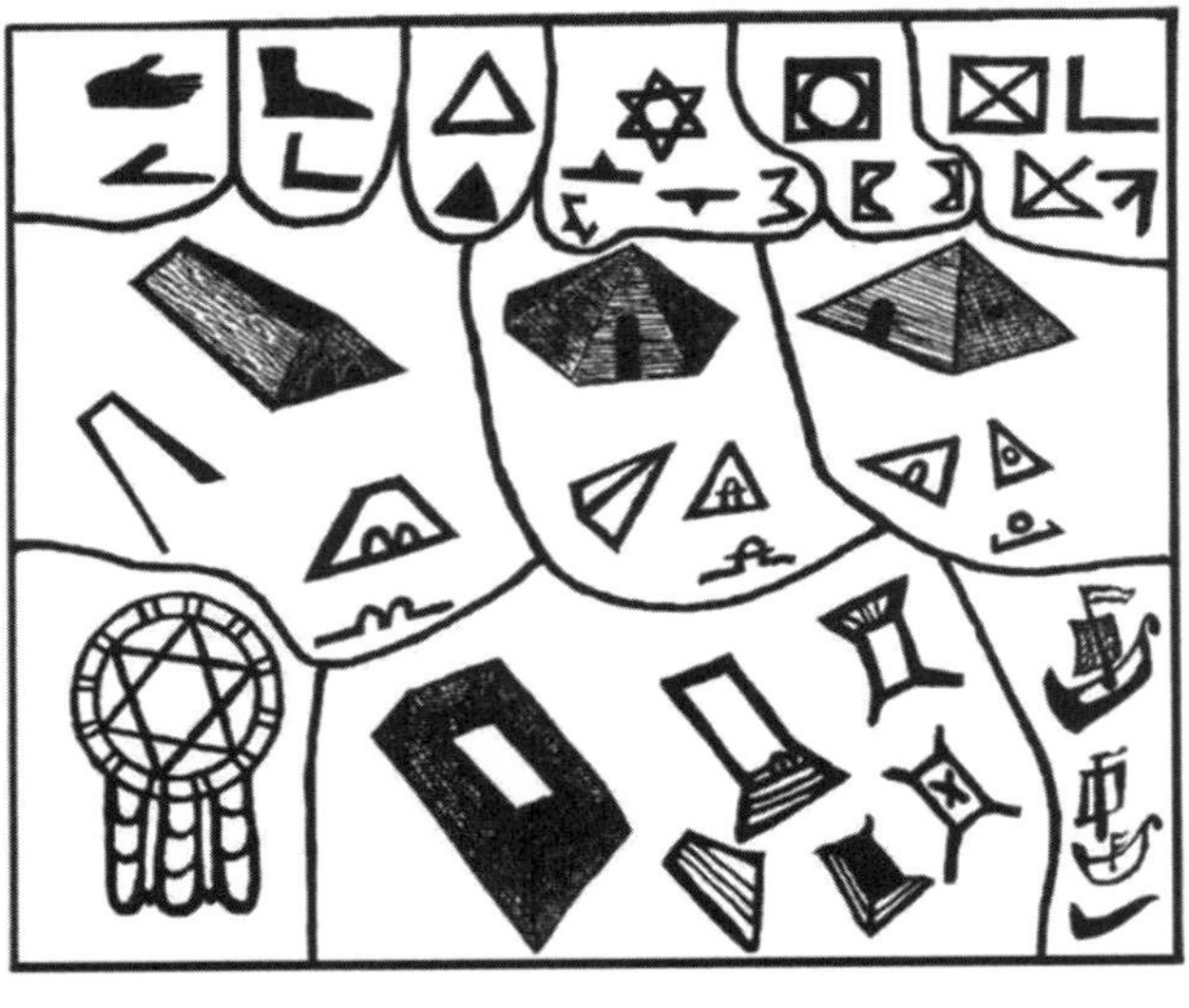

ボウ・ガン・ガドの刻板：獅子座の起源。恐れずに進む力を表わす。ザラザストラが地上に現れる前、地上に破壊と殺戮をもたらした力の象徴でもある。

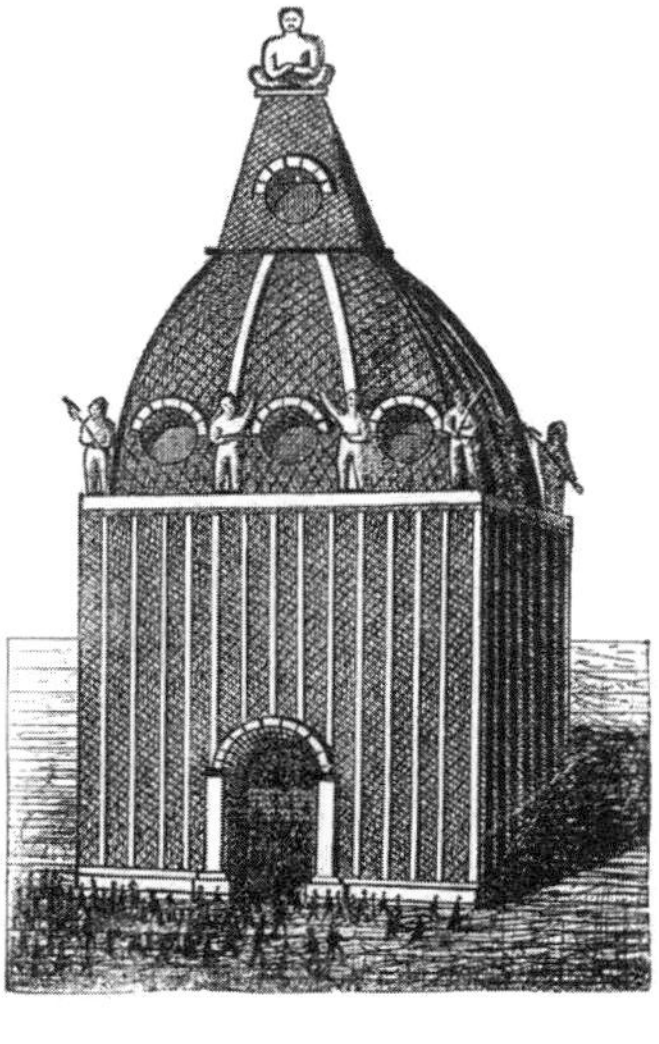

ドクロの神殿：ザラザストラが出現する前の紀元前 9150 年ごろ、ガハイテ（訳注：エルサレムとみられる）に建てられた「ボウ・ガン・ガドの神殿（ゴルゴタの神殿）」の遠景。神殿の壁には、少なくとも 8000 人分のドクロが使われたとみられる。

ドクロの神殿（拡大図）：紀元前 9150 年ごろの「ゴルゴタの神殿」の部分的な拡大図。

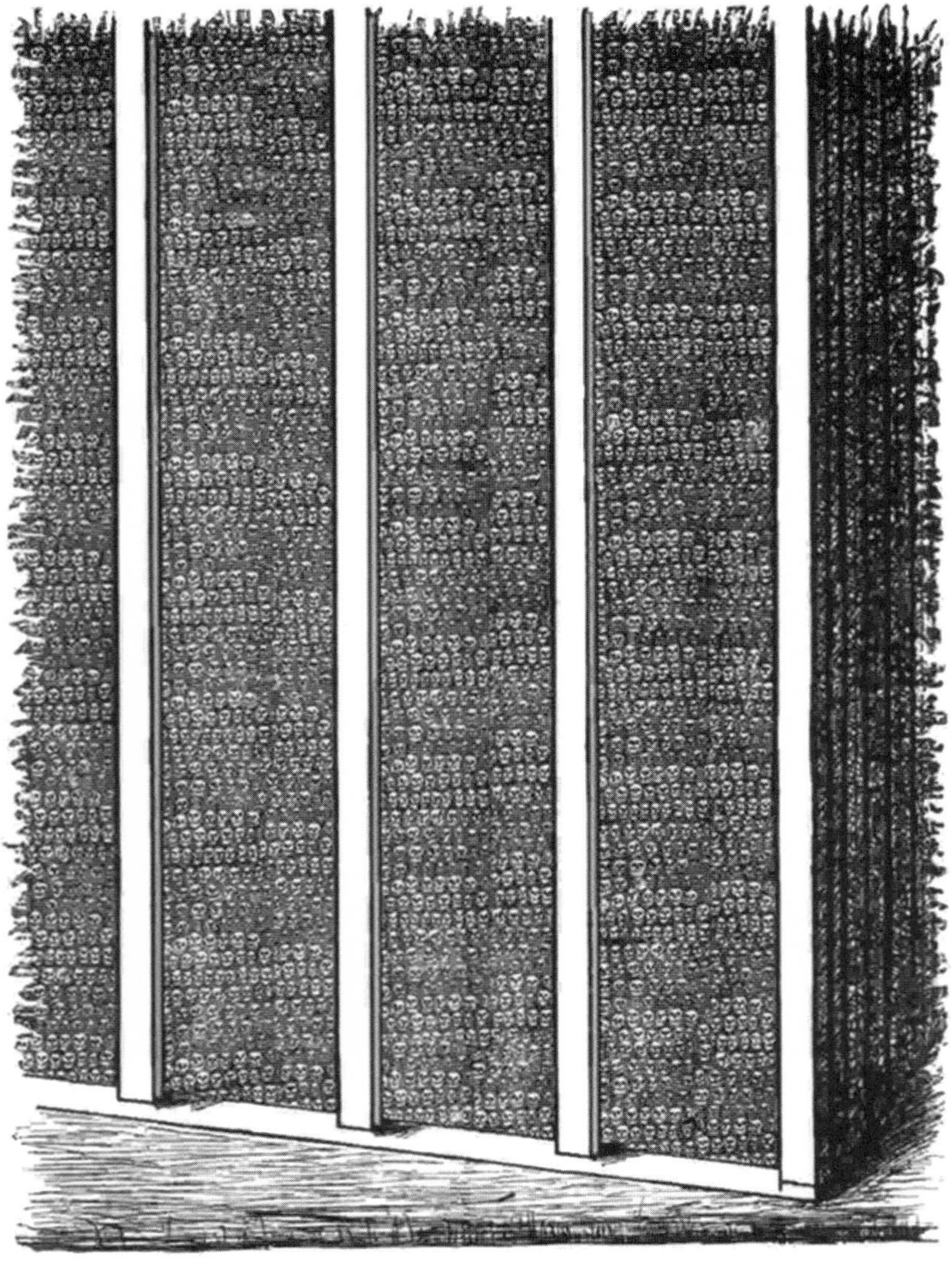

エメサチャヴァの刻板：ムギトウ（夜明け）、ヒダング（正午）、ムハク（金色の部屋）という三つの段階を表わしている。内側の円の中に描かれた小さな星々のマークは、儀式の間の部屋の中での人間の位置を示している。ザラザストラの時代と関係する刻板。

聖なるミサ（月）の儀式： 1 〜 12 の数字は十二宮を表わす。13 〜 25 の数字は月の 13 の印、すなわち 13 の月（13 カ月）を意味する。A、B、C、D は月の満ち欠けの状態を表わし、E は太陽、F は十二宮の印、G は月の印を示している。A 〜 G のそれぞれに別々の讃美歌があったとみられる。

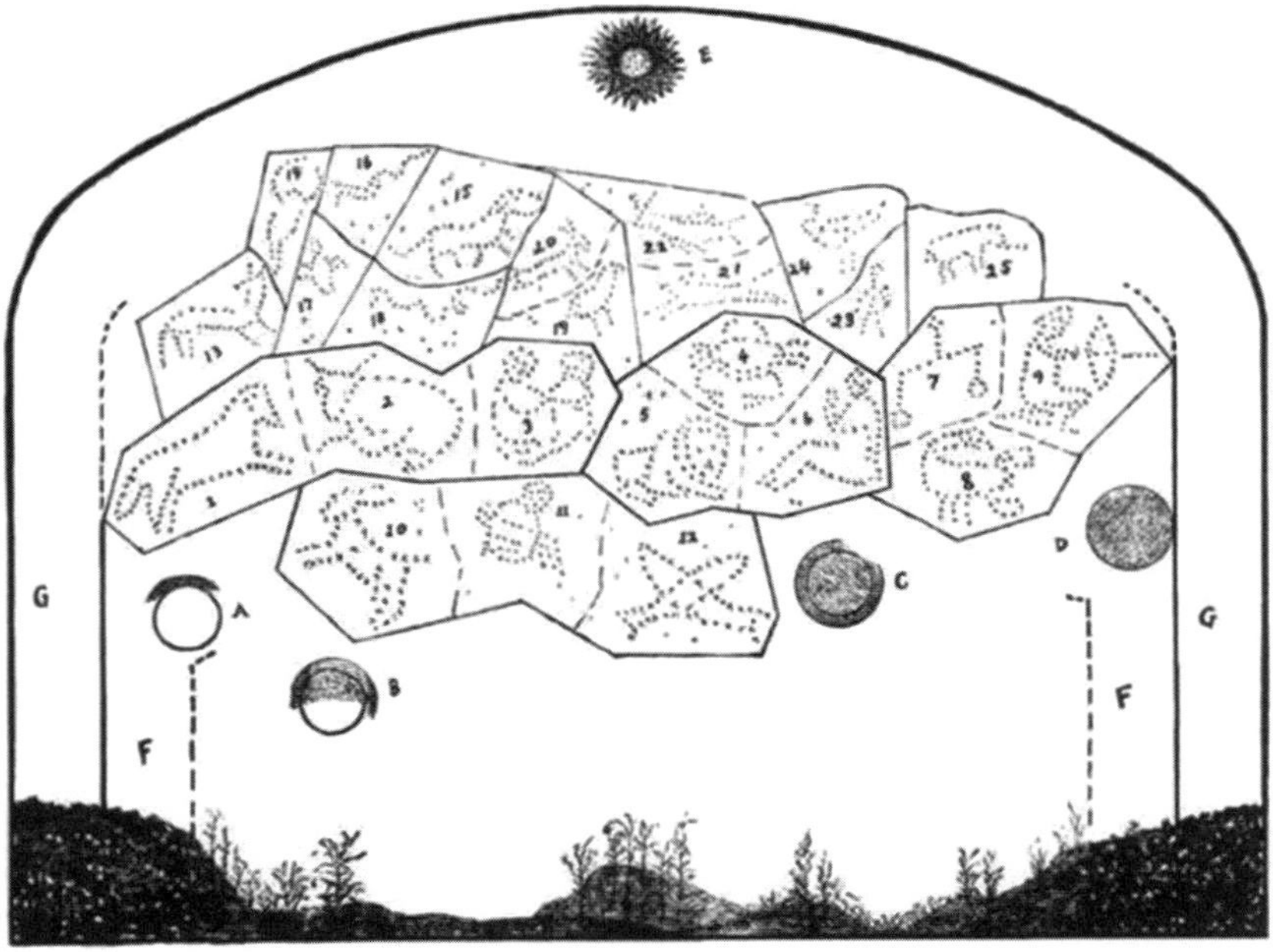

「第 36 章　ベンの神の書」

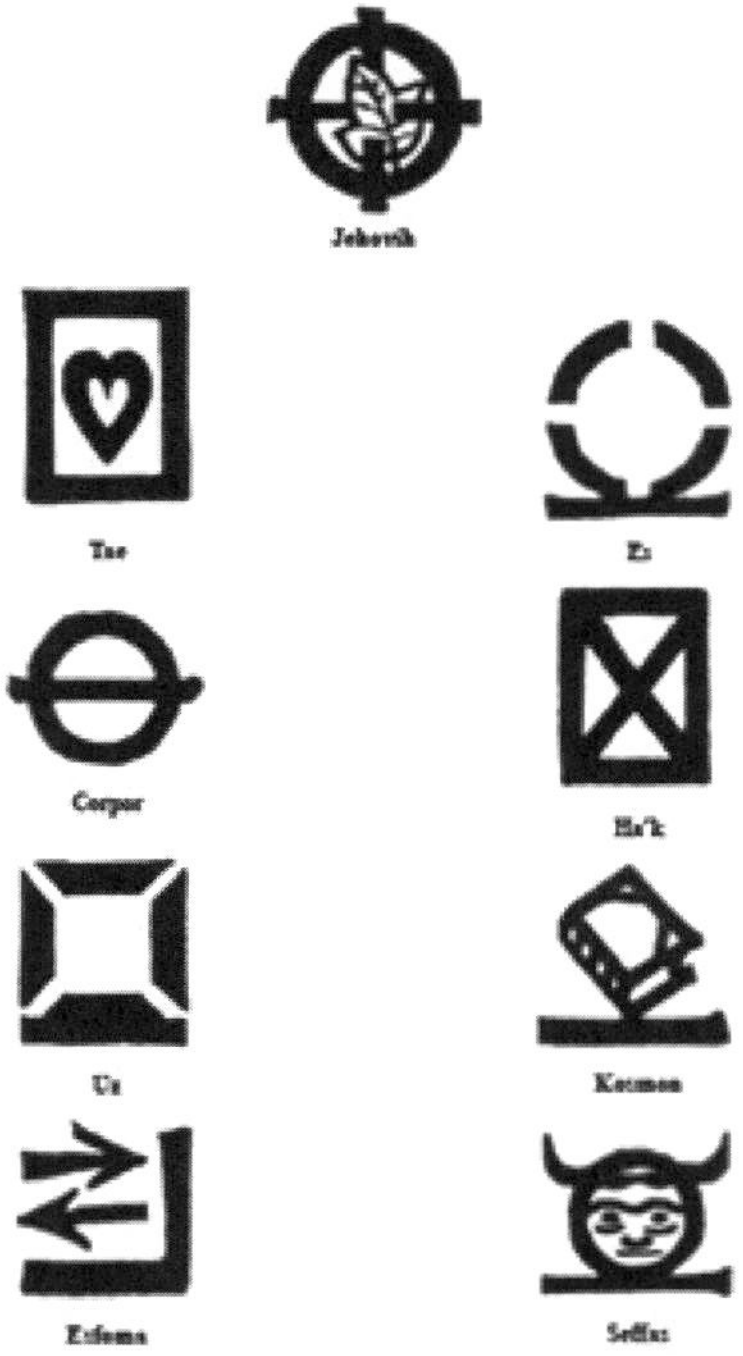

九つの実在：ジェホヴィ、タエ、エス、コーパー、ハク、ウズ、コスモン、エスフォマ、セファスという、もっとも基本的な生命の九つの構成要素。「完全な光の樹」とも呼ばれる。それぞれの意味は、巻末資料の「オアスペ用語解説」参照。

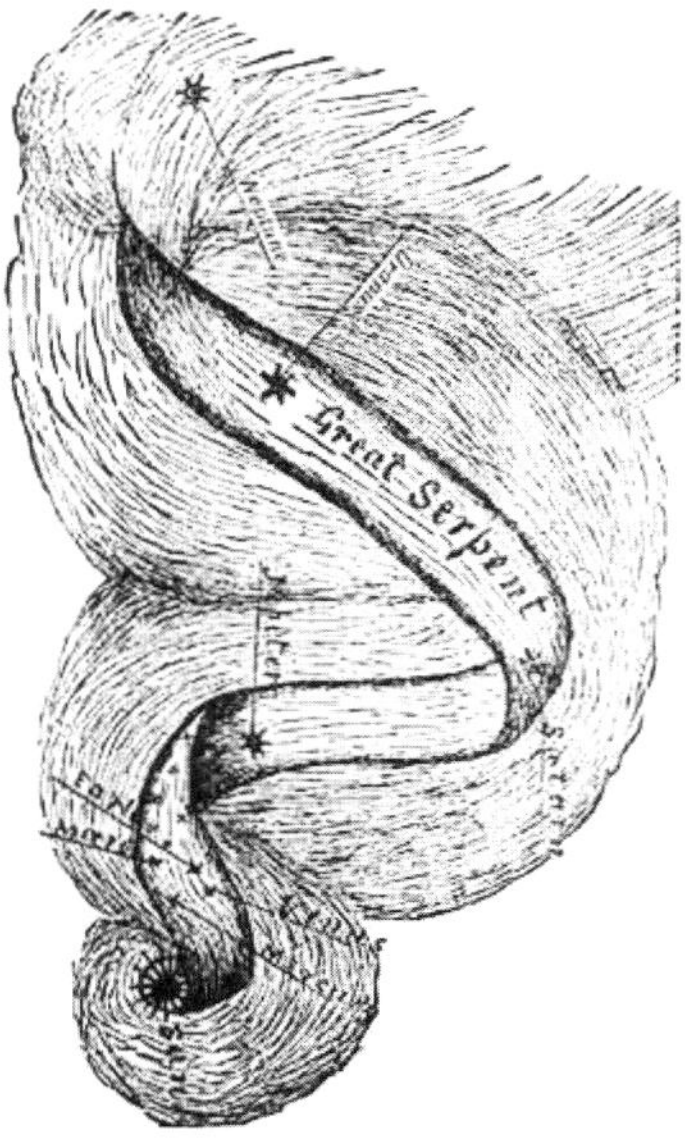

循環コイル：「トーサング」と呼ばれるヴォルテックスの流れを示している。この渦巻きの中に、太陽と、水星から海王星までの八つの惑星が星印で描かれている。原書の編集注によると、循環コイルの中では距離は円の3分の2となるため、3000 年のサイクルのうち 2000 年は「獣の影響」を受けることを表わしている。「獣の数」が「66」や「666」とされるのは、3 分の 2 が「0.666……」となることと関係があるのだという。

「第 37 章　知識の書」

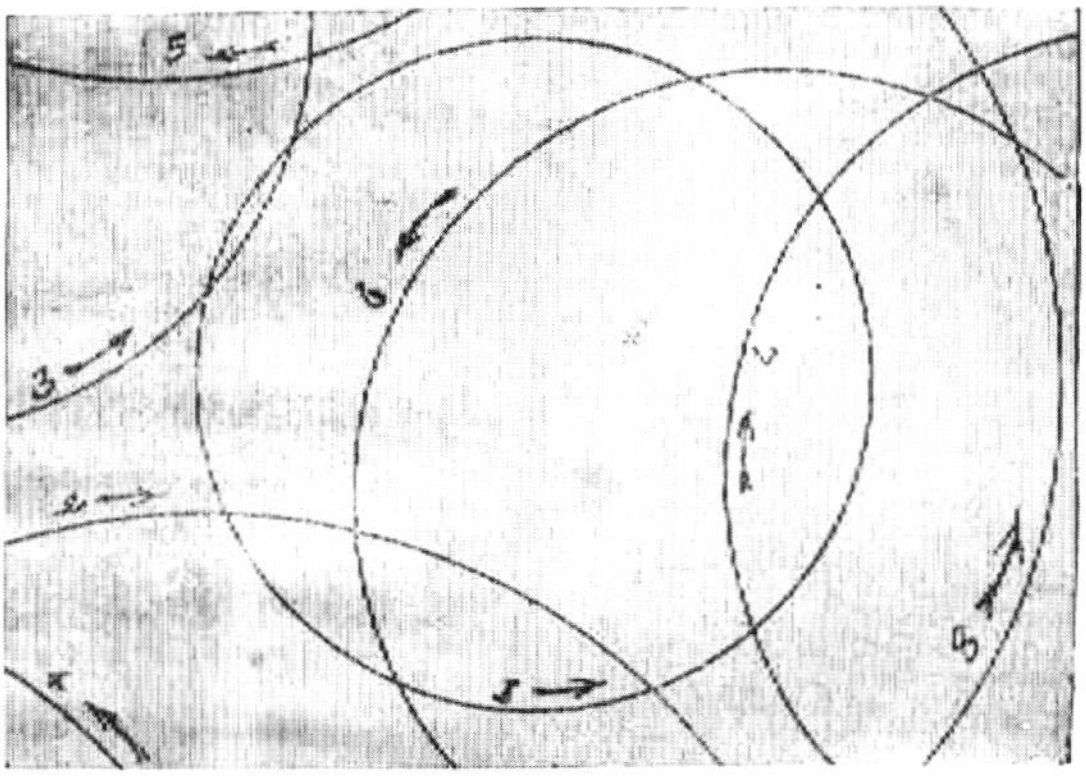

サーペント（蛇）の軌道： 1 ＝地球の太陽団の軌道を表わす。周期は 470 万年に相当。他の数字は他の太陽団の軌道。下方中央の左周りの数字が 1。

セヴォルクム（「太陽団の道」の意）：a は異なる流れのラインで、b は横断する流れ。交差する点は、最高のエーテリアの光が通る場所を示している。シンボルマークがついた数字は、グレートサーペント（偉大なる蛇）が各サイクルを通過するときの密度を示す。

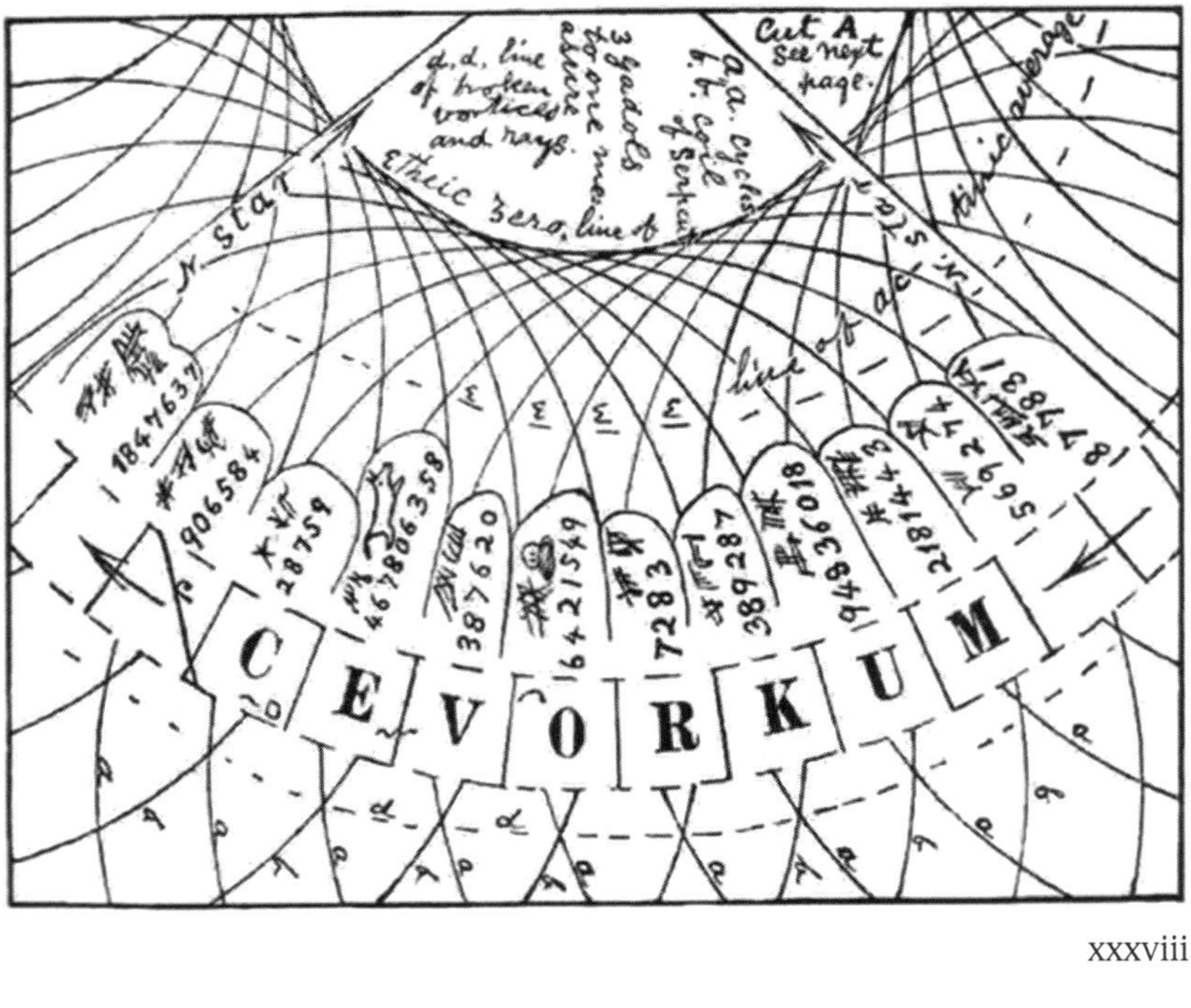

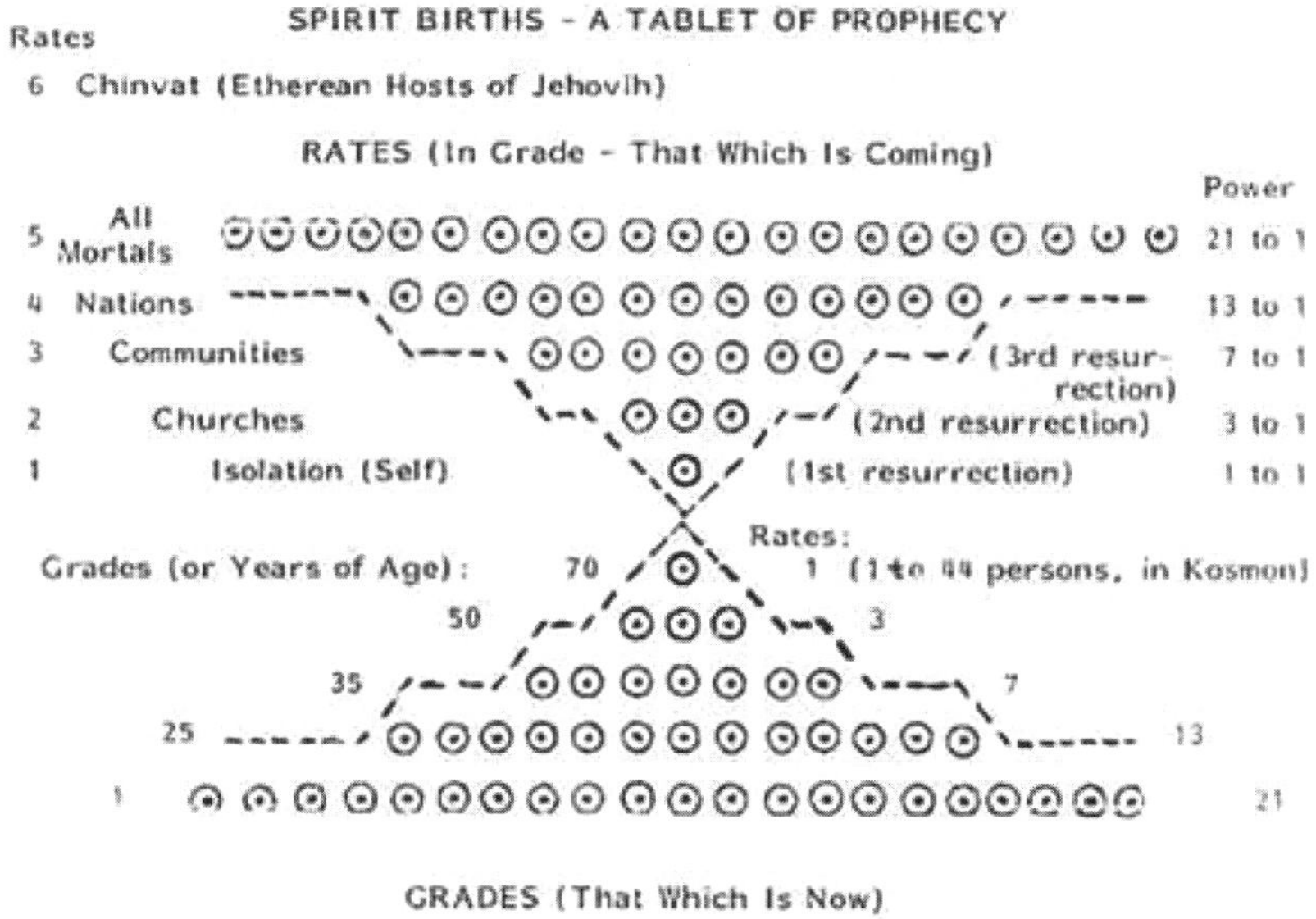

現在と未来の階級の刻板：コスモン時代の始まりにおける、人間と天使の階級と割合を示した刻板。ちなみに70歳で、すべての世俗的な欲望や激情を絶ち、利己心を手放した者は、平均的な霊の誕生において1対44の割合であることを示している。

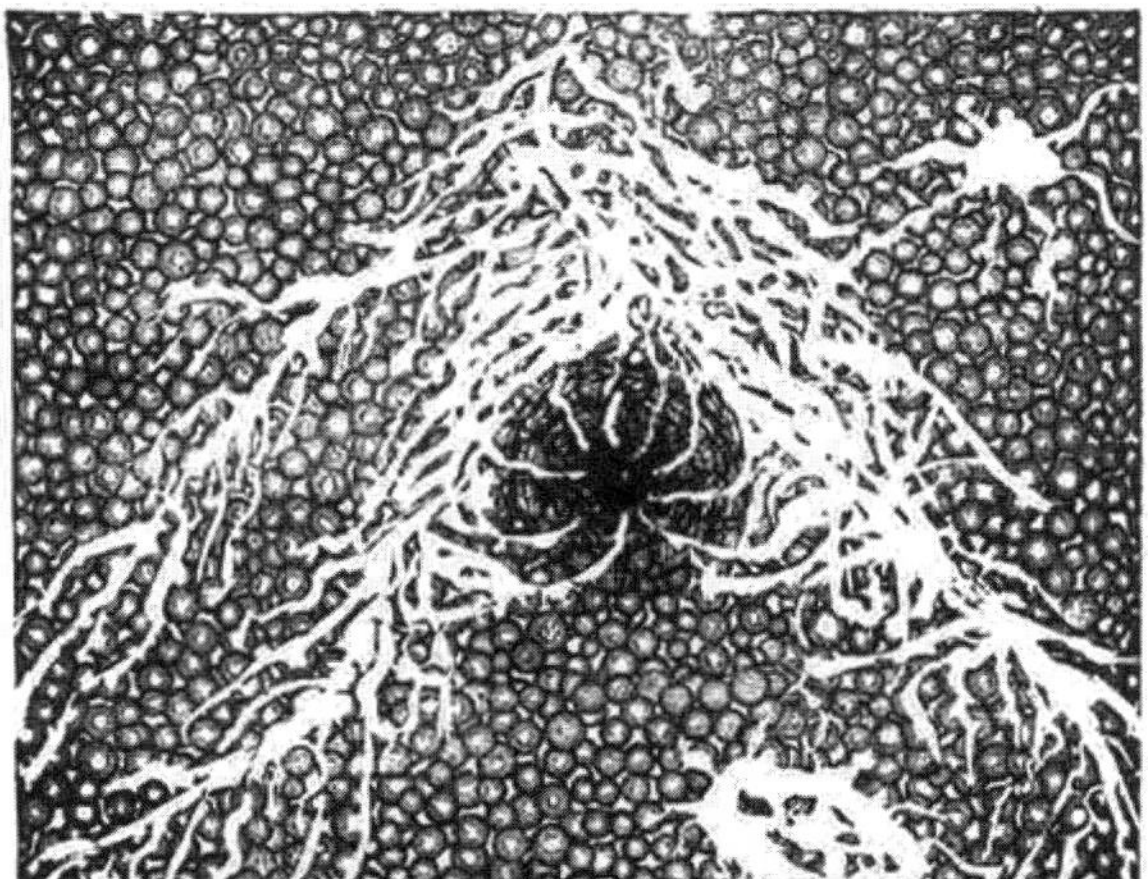

コスモンのアーク：1880年ごろの地球の姿を示している。コスモンが地球の真正面から現れ、地球を包み込んでいる様子が描かれているとみられる。これによって国々や人々は、新しい光で活性化されたのだという。

「第 38 章　宇宙進化論と予言の書」

ヴォルテックスの流れ：図 1（Fig 1）、2、3 は、ヴォルテックスの流れの進路と形の拡大図。

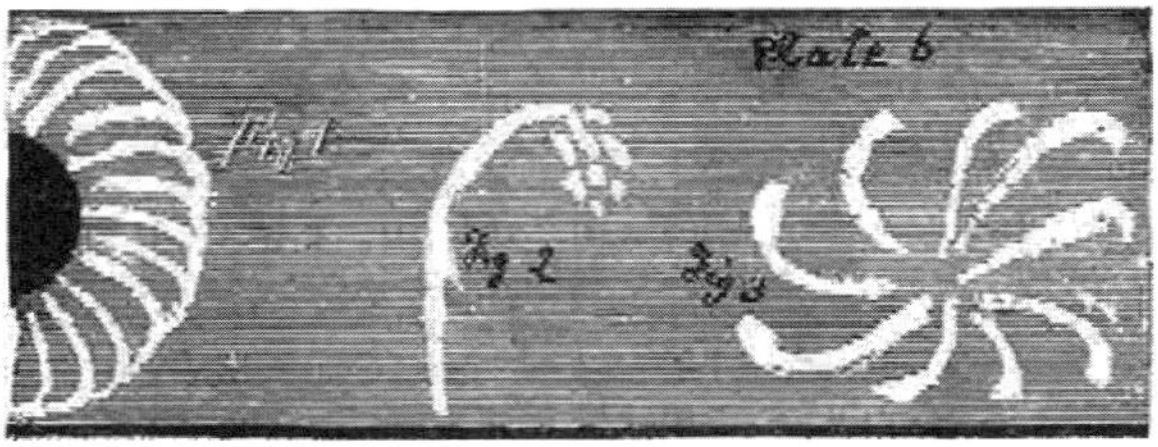

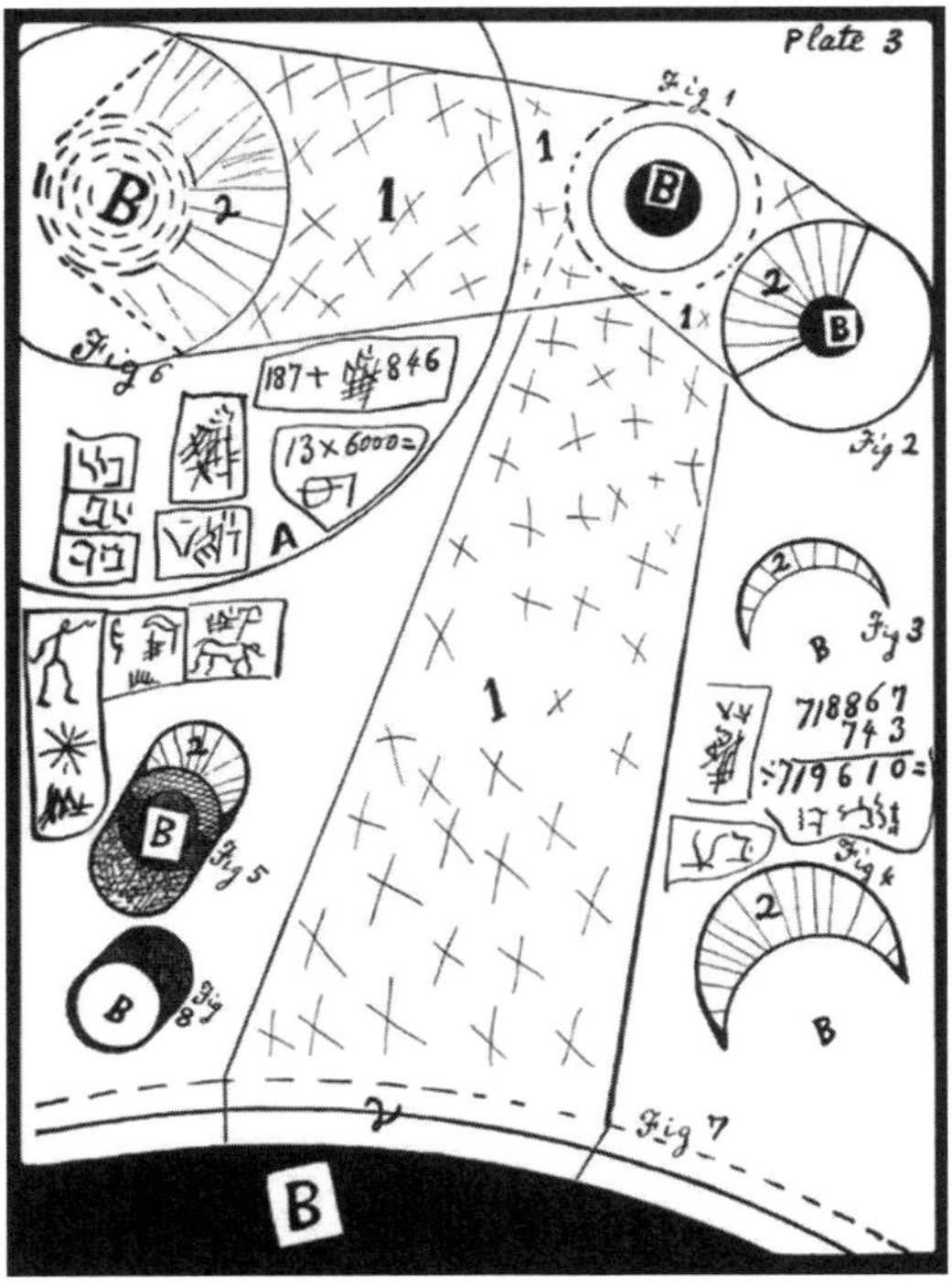

ヴォルテックスのレンズ：B は惑星。図 1（Fig 1）は光球。図 2（Fig 2）は負電流。図 3（Fig 3）は惑星の照らされた側の相対的な拡大図。図 4（Fig 4）は惑星の年齢を表わす数字。図 5（Fig 5）と図 8（Fig 8）はヴォルテックスの変種。数字の 1 はエーテリア界。2 は光線による化学変化力のある（光の届く）場所で、アトモスフェリア界と一致する。

砕け散ったウォーク：
エーテリア界のウォークはアジの雲となり、砕け散る。

ヴォルテックスの力の現れ：
図２および図３は、二つのＬ字形の磁石がお互いを打ち消し合っていることを表わしている。図４はマスター・ヴォルテックスの流れを示す。図５は二つの物体のレンズと、その間のヴォルテックス力の線を表わす。図６（右上の図）はコロナをともなう日食の様子を表わしており、図７は光源が当たるとヴォルテックス力によって羽根が回転するモーターを描いている。図８（右下の図）は地球のヴォルテックスのレンズを表わしている。

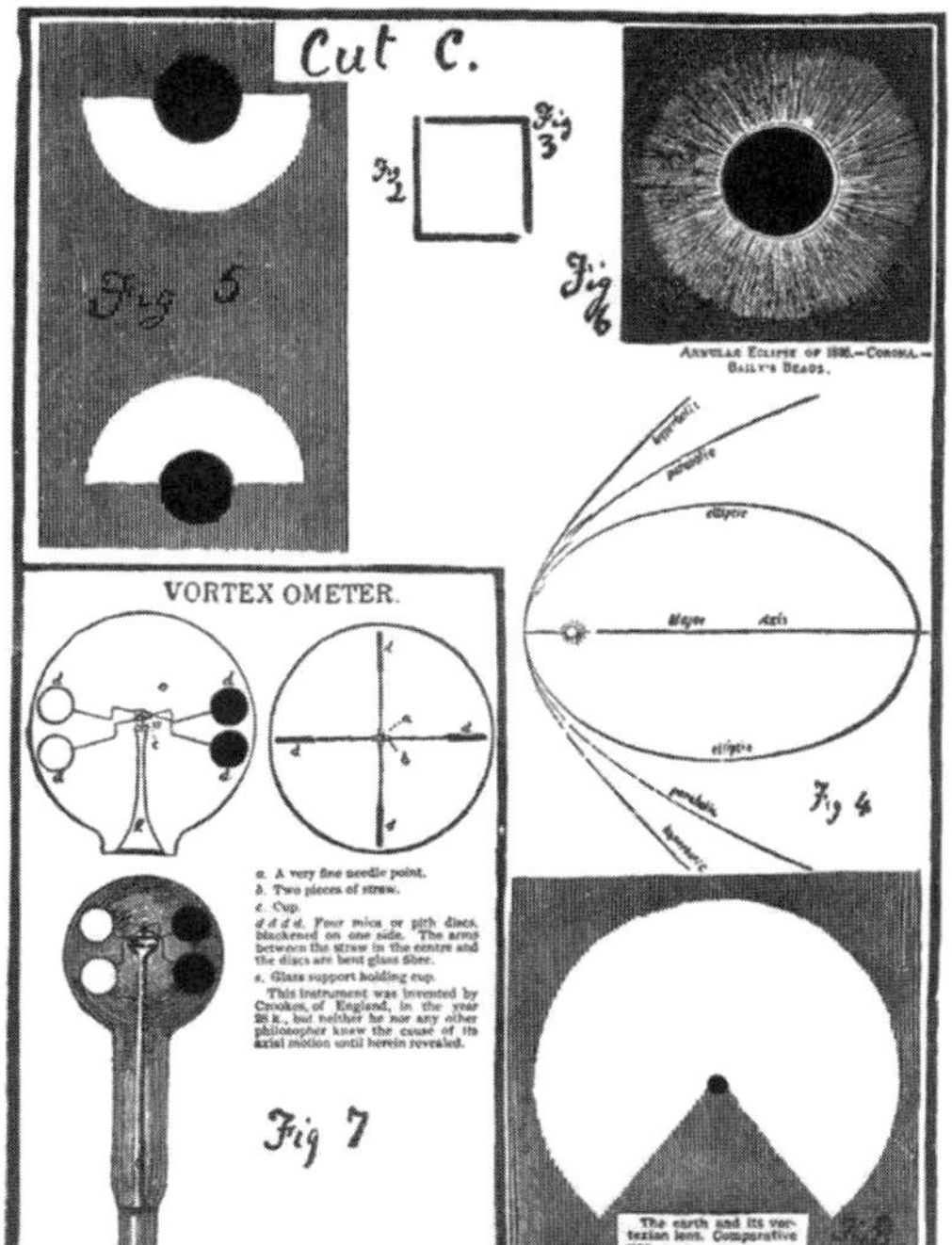

有機的なウォーク：地球の大気の中のウォーク。流星体の起源。アトモスフェリア界の中でウォークは有機的になり、地球に降り注ぐ。その途中で実体を失うが、物質的な破片は隕石と呼ばれる。

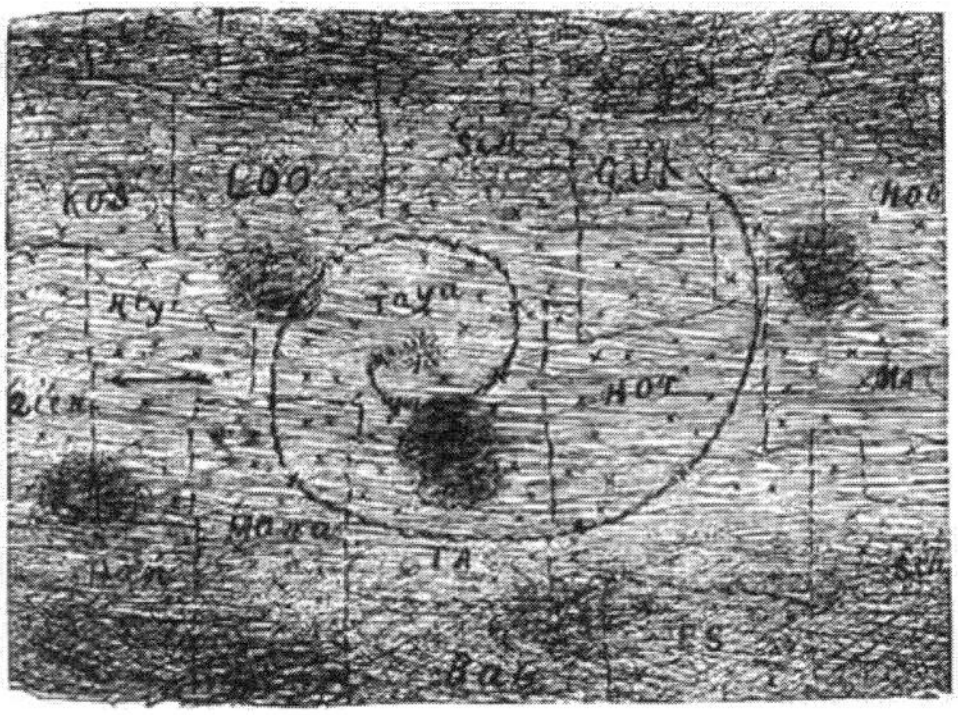

セムの中の地球：アジとジアイがもたらされた時代の地球。この時代の地球の陸と海と大気の中で、生命の種が生まれた。

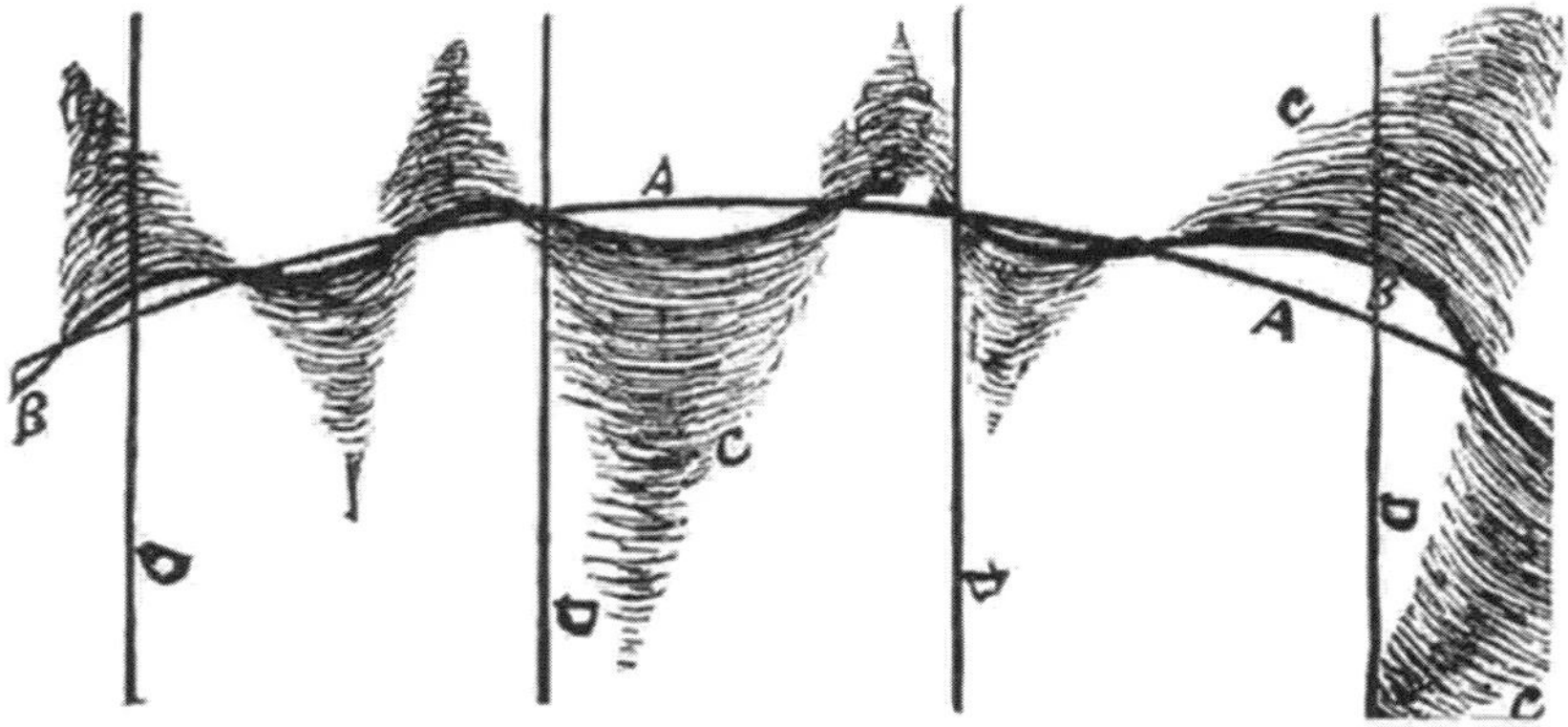

太陽のヴォルテックスの軌道の逸脱度合い：Aはトーサングのヴォルテックスまたはグレートサーペントの経路（右から左へ移動）。Bは経路から逸脱したヴォルテックスの逸脱曲線。Cは世界の他のヴォルテックスの兆候。Dはダンで、DとDの間は約3000年。

惑星振動の計算：中央やや下の図で、速さの線と交差する横の平行線は、ヴォルテックスとの境界の印である。惑星の振動は、曲線によって描かれている。毎年、2 億 8600 マイルごとに、地球には二つの振動が割り当てられている。

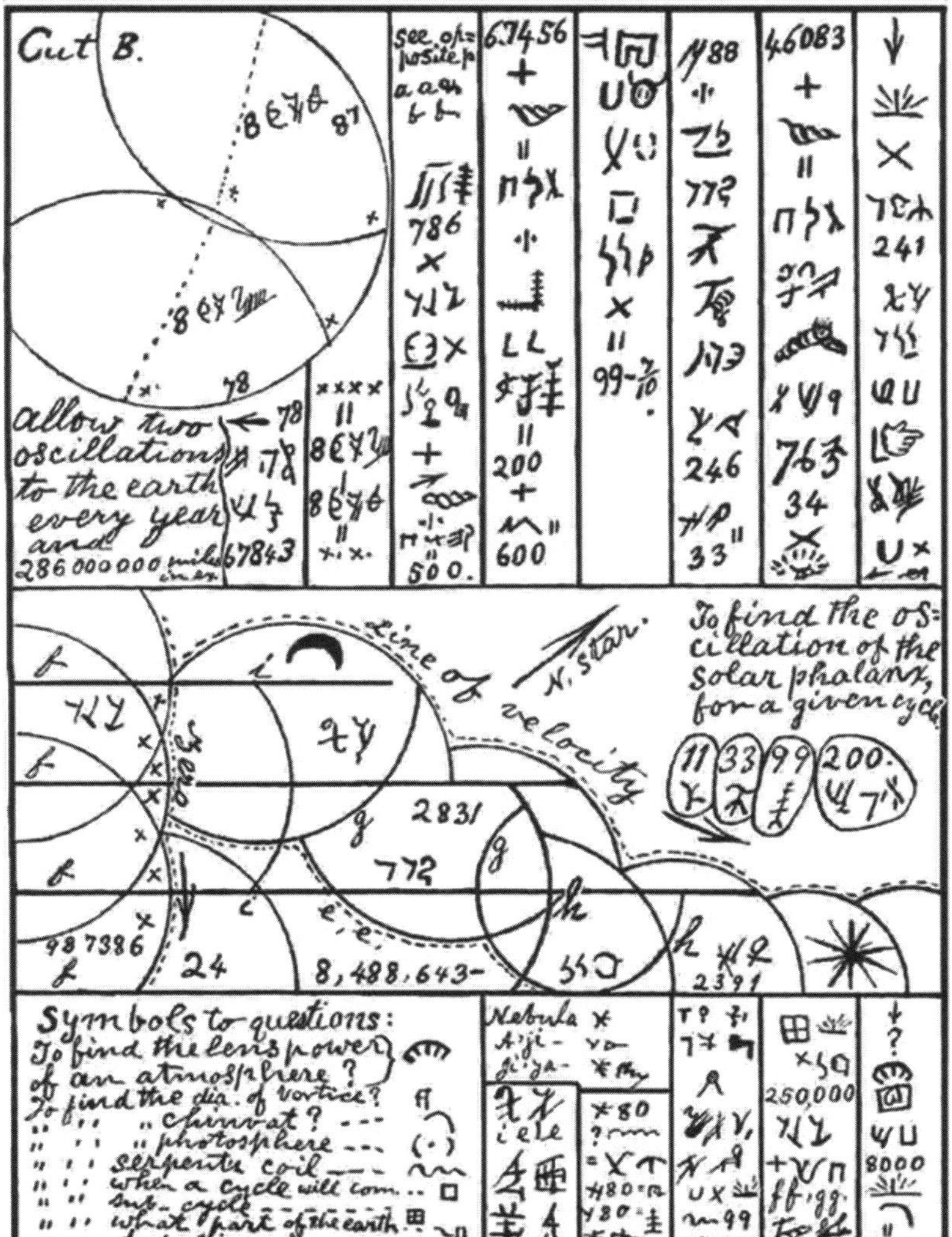

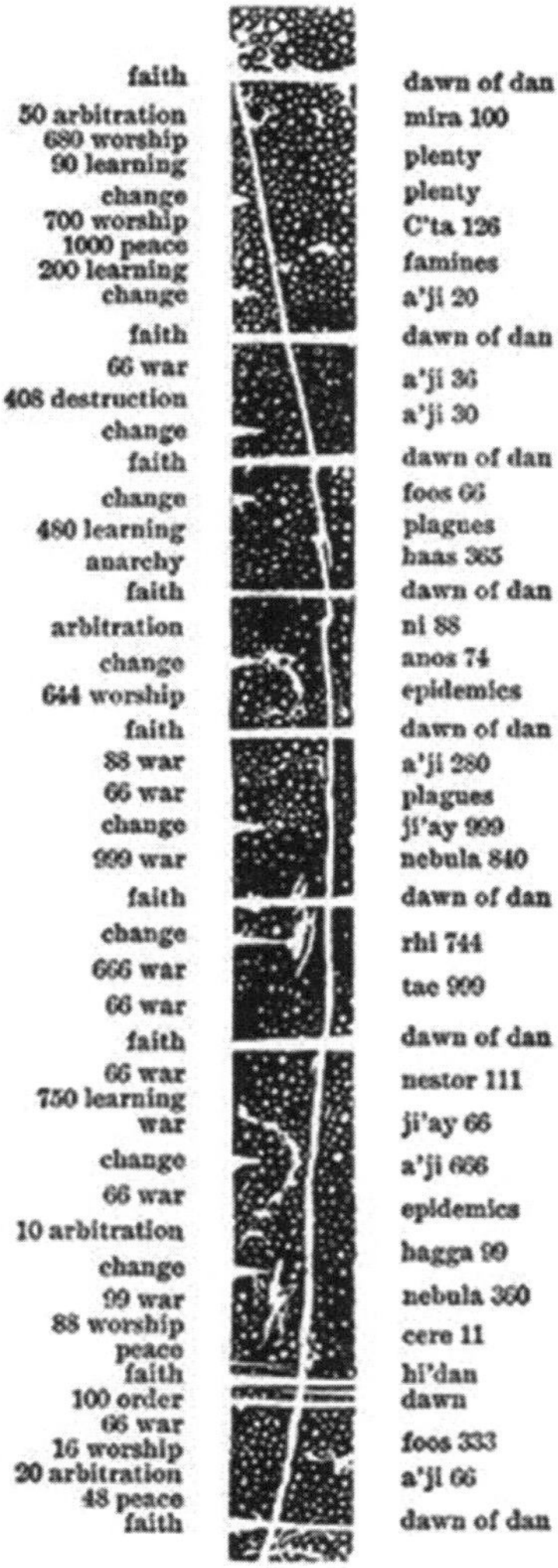

オラチネブアガラ：予言の刻板、新月の刻板とも呼ぶ。戦争、平和、信仰、破壊、学び、変化など、人間が善と悪と呼ぶ状態が周期的に出現することを予言した光と闇の地図。

シャマエル：地球が最後を迎えるときのグレートサーペントを表わした図とみられる。ジェホヴィの預言者は、「あまりにも強い光のため、地球のヴォルテックスは閃光を放ち、破裂する。そして、何事もなかったかのように、地球全体が砕け散り、消えてしまうだろう」と言う。ジェホヴィは言う。「地球はその役割をまっとうし、太陽のヴォルテックスは丸くなるだろう。地球があった場所には、はるか彼方の世界がやってきて、割り当てられた役割をまっとうするだろう。そして、そのときにまだ闇から救済されていないアトモスフェリア人は、新しい世界に舞い降りて、自らの役割をまっとうするだろう」。

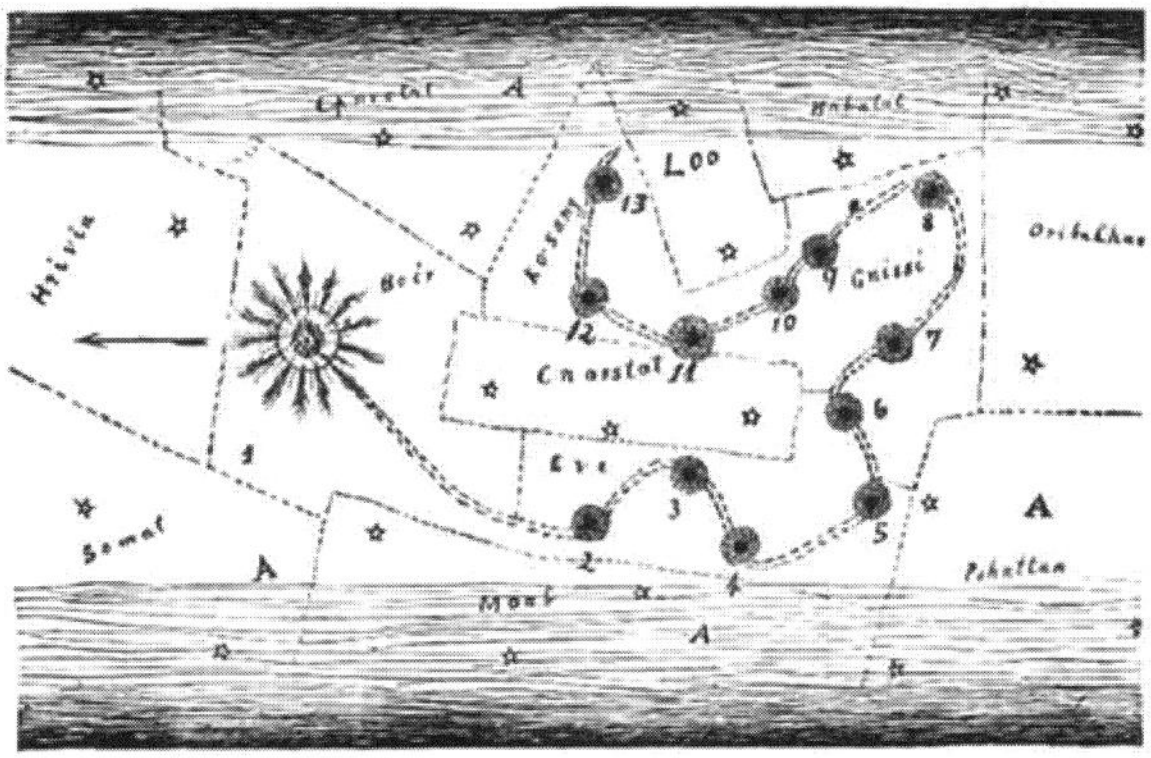

『オアスペ』関連年表

1828年	ジョン・ニューブロー、オハイオ州モヒカンヴィルで生まれる（6月5日）。
1848年	ニューヨーク州ロチェスターのフォックス家で心霊現象が始まる（3月31日）。
1849年	ジョン、クリーヴランド医科大学を卒業。 フォックス家の姉妹による最初の公開交霊会がロチェスターで開かれる（11月14日＝コスモン時代の幕開け）。
1851年	ジョン、金鉱採掘に成功し、世界旅行へ。
1855年	ジョン、アメリカに戻り、歯科医に。 ジョン、カリフォルニアの金鉱探しを題材にした小説を発表。
1860年	金鉱探し仲間の妹、レイチェル・ターンブルと結婚（2月24日）。
1870年頃	ジョン、菜食主義者（ヴィーガン）になる。
1874年	霊との交信について書いた『スピリタリス』を出版。
1878年	ジョン、天使の指示でタイプライターを購入。
1880年春	ジョン、『オアスペ』の自動書記始まる。
1881年春	『オアスペ』完成。
1882年	『オアスペ』出版。
1883年	『オアスペ』の主張に賛同する63人がニューヨーク州のパール川沿いに、「フェイシストのオアスペ支部」を結成（11月）。
1884年	ジョンと歯科助手フランシス・ヴァンドウォーターの間に娘、ジャスティンが生まれる（1月1日）。 妻レイチェル、ジョンをニューヨークの家から追い出す（4月）。 ジェホヴィの信奉者（フェイシスト）のための集落「シャラム・コロニー」を形成。
1886年	ジョン、妻レイチェルと離婚。 ジョン、フランシス・ヴァンドウォーターと結婚。
1891年	ジョン、インフルエンザにかかって死去（4月22日）。 『オアスペ』改訂版の出版。

1893年	寡婦となったフランシス、コロニー支援者のハウランドと結婚。
1900年	フランシスが維持していたコロニーが資金難で消滅。
2014年	1882年版と1891年版を併せた『オアスペ』現代語版出版。

布施泰和（ふせ・やすかず）

ジャーナリスト。1958年生まれ。英国ケント大学留学を経て、国際基督教大学教養学部（仏文学専攻）を卒業。共同通信社経済部記者として旧大蔵省や首相官邸を担当した後、1996年に退社し、渡米。ハーバード大学ケネディ行政大学院とジョンズ・ホプキンズ大学高等国際問題研究大学院で学び、それぞれ修士号（行政学、国際公共政策学）を取得。帰国後、『ニューズウィーク日本版』編集部の世界経済・ビジネス担当編集者を経て、独立。現在は専門の国際政治・経済だけでなく、古代史や精神世界など多方面の研究・取材活動を続けている。『竹内文書と平安京の謎』、『「竹内文書」の謎を解く』、『「竹内文書」の謎を解く②—古代日本の王たちの秘密』、『異次元ワールドとの遭遇』（以上、成甲書房）、『誰も知らない世界の御親国日本』（ヒカルランド）など、著書多数。秋山眞人氏との共著では、『日本のオカルト150年史』『シンクロニシティ』のほか、『Ｌシフト』、『秋山眞人のスペースピープル交信全記録』（以上、ナチュラルスピリット）、『神霊界と異星人のスピリチュアルな真相』、『あなたの自宅をパワースポットにする方法』（以上、成甲書房）、『楽しめば楽しむほどお金は引き寄せられる』（コスモ21）などがある。

布施泰和ブログ「天の王朝」

http://plaza.rakuten.co.jp/yfuse/

http://tennoocho.blog.fc2.com/

秋山眞人、布施泰和両氏のプロフィール

秋山眞人（あきやま・まこと）

1960年生まれ。国際気能法研究所所長。大正大学大学院文学研究科宗教学博士課程前期修了（修士論文のテーマは、大正期における霊術及び霊術家の研究）。13歳ころの神秘体験後、1974年にユリ・ゲラーの来日とともに超能力少年としてメディアに取り上げられる。警察官、郵政事務官の公務員生活を経て（7年間）、上京。商社、出版社勤務後、教育ビジネスの現場でノウハウ研究を重ねる。並行して、現在では日本最古となる潜在未知能力の実用性研究を行なう研究所を運営。その間、2誌の雑誌の編集長も兼務。ソニーや富士通、日産、ホンダなどで、超能力開発や未来予測のプロジェクトに関わる。日本および世界の神話、占術、伝承、風水などに精通し、各国の王族、政治家、セレブ、研究者とも交流、国際的なネットワークを形成する。精神世界、能力開発の分野では名実ともに日本を代表する一人であり、テレビ、雑誌、ラジオの取材協力は数千件におよぶ。画家としても活動、コンサルタント、映画評論も手がける。著書は100冊を超え、布施泰和氏との共著では、近著に『日本のオカルト150年史：日本人はどんな超常世界を目撃してきたか』、『シンクロニシティ』（以上、河出書房新社）などがある。また、訳書にCIAの超能力トレーナーであり、学者でもあった全米最強の超能力者インゴ・スワン氏の著書『ノストラダムス・ファクター』や、ユリ・ゲラーの著書（2冊）などがある。

秋山眞人オフィシャルサイト

https://makiyama.jp/

世紀の啓示書『オアスペ』の謎を解く！
創造主ジェホヴィの教えと人類7万8000年史の真相

●

2020年6月24日　初版発行
2023年10月10日　第4刷発行

著者／秋山眞人・布施泰和

編集／五目舎
装幀・本文デザイン・DTP／細谷 毅

発行者／今井博揮
発行所／株式会社ナチュラルスピリット
〒101-0051　東京都千代田区神田神保町3-2　高橋ビル2F
TEL 03-6450-5938　FAX 03-6450-5978
E-mail info@naturalspirit.co.jp
ホームページ https://www.naturalspirit.co.jp

印刷所／創栄図書印刷株式会社

ISBN978-4-86451-339-5 C0014
落丁・乱丁の場合はお取り替えいたします。
定価はカバーに表示してあります。

Lシフト

スペース・ピープルの全真相

秋山眞人、布施泰和 著

エル、ペル、ゲルの
3種類のスペース・ピープルから
教わった真実とは!?

UFOコンタクティーの第一人者が明かす
ディスクロージャー情報
真正アセンションが始まり第三宇宙に移行する！

四六判並製／定価＝本体 1800 円+税

お近くの書店、インターネット書店、および小社でお求めになれます。

●新しい時代の意識をひらく、ナチュラルスピリットの本

秋山眞人の スペース・ピープル 交信全記録

UFO交信ノートを初公開

秋山眞人 著／布施泰和 聞き手

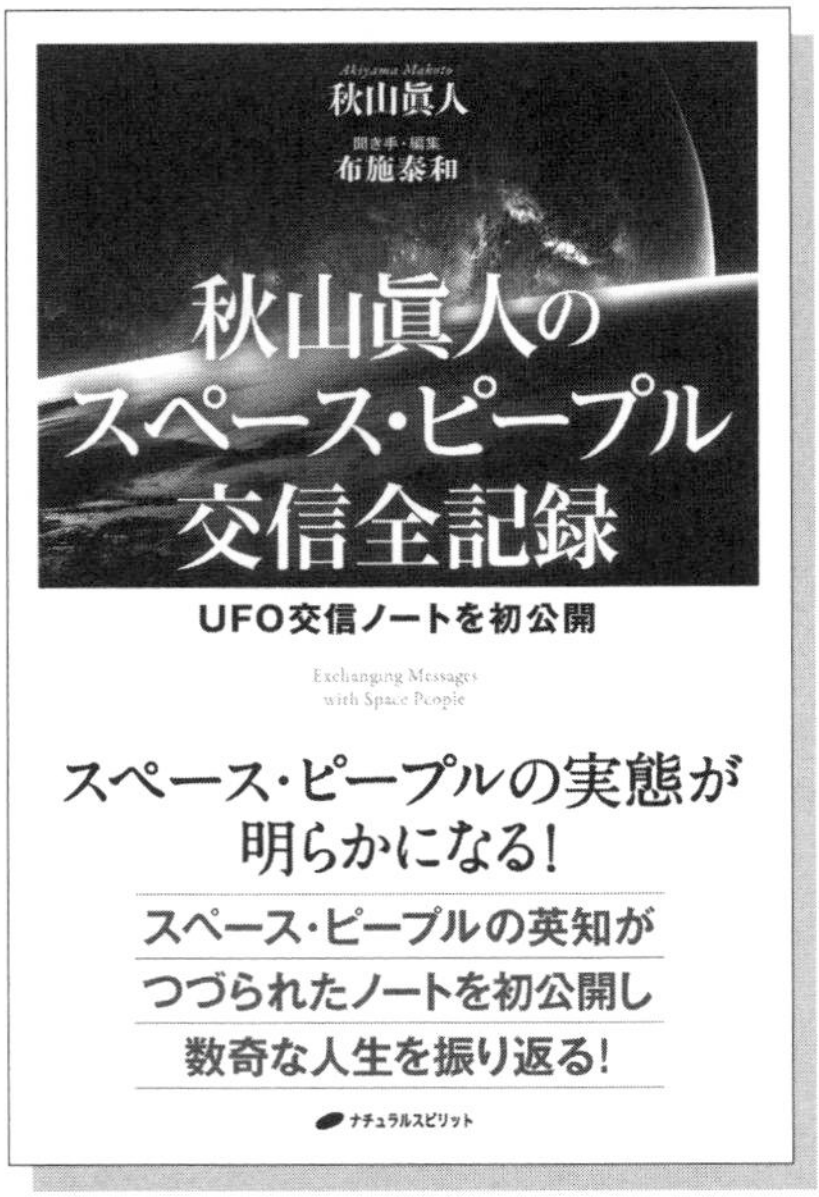

人類史、科学、文字学、宇宙連合の系統図……
英知が詰まったノートを解説つきで掲載。

スペース・ピープルの実態が明らかになる！
スペース・ピープルの英知がつづられたノートを初公開し
数奇な人生を振り返る！

四六判並製／定価＝本体 1800 円＋税

お近くの書店、インターネット書店、および小社でお求めになれます。